税理士 伊藤 俊一 著

- 債務超過に係る税務上の諸論点
- M＆A（不動産M＆A）
- 信託受益権複層化
- 議決権分離スキーム
- 保険、節税商品
- 不動産所有型法人
- 総則6項対策

Q&A
中小企業のための
資本戦略
と実践的活用スキーム

［組織再編成・スクイーズアウト・税務上適正評価額］

LOGICA
ロギカ書房

はじめに

　本書の特徴は一言でいえば、実際に税理士等士業様からいただいた現場の税務コンサルティング案件について、既存の祖税法等法制度を踏まえて、ノウハウ・テクニカルなご回答をした税務コンサルティングにおけるヒント・アイディア集といえます。

　弊所伊藤俊一税理士事務所は、主に中小企業・零細企業の事業承継、資本戦略、組織再編成、M&A、相続対策等に係るご質問に特化した「コンサル質問会」（主催：株式会社 KACHIEL（カチエル）http://kachiel.jp/lp/consulting-question/）のご回答、及び複数社の会計事務所、税理士法人様の上記に係る顧問業務を取り扱っています。

　本書の Q&A は上記「コンサル質問会」等の「実際に税理士等士業様」からご質問・ご相談を受けた事項を一部改変し、Ⅰ 中小・零細企業の資本戦略スキーム、Ⅱ 税務上適正評価額、Ⅲ 不動産所有型法人等／その他総則6項対策等、に分類しなおし、筆者自身が更に回答を再編集したものになります。本書の性格上、上記理由から極めて実践的な書籍になったものと思われます。

　中小企業・零細企業の事業承継、資本戦略、組織再編成、M&A に関しては類書においても「基本的な課税関係」や「（法務等含めた）諸手続き」については網羅されている節があります。当然、そういった網羅性を重視した「教科書」も重要であり必要であることは否定していません。

　しかし、本書でも繰り返し登場するスクイーズアウトについては会社法上の規定通りの対策や、M&A における表明保証条項、従業員持株会等の新規設立等々は中小企業・零細企業では、事業承継や資本戦略において、何の実効力も

有しないというのが実務です（各々の理由、価格決定申立へ移行、売主逃亡するのが現実、幽霊持株会になる）。そこで、本書では、それら教科書的な事項をかなり逸脱した「ノウハウ」「アイディア」「知恵・創意工夫」といったものを現場のコンサルティングでの所感を踏まえながら、執筆したつもりです。従来の類書であれば、上述の教科書的な内容が列挙されていることが常で、教科書的な事項をかなり逸脱した「ノウハウ」「アイディア」「知恵・創意工夫」といったものを現場のコンサルティングでの所感を踏まえながら、というものはなかったはずです。筆者自身、それを極力意識して執筆に備えた次第です。

本書の大きな特徴は、以下の点に集約されます。
・類書の教科書的な説明は意識的に排し、上記の「ノウハウ」「アイディア」「知恵・創意工夫」を全面に打ち出した構成になっています。
・中級者から上級者まで幅広い読者のニーズにこたえるものを意識したこと、一方で基本的な記載方法や課税関係については極力省略しました。
・論点は周辺実務に関して限って言えば、課税実務に真に即した網羅性を重視し、類書では軽く扱っている記載についても誌面の許す限り詳細な解説を加えています。
・裁決・裁判例・判例についても網羅性を重視し、できるだけ実務上のヒントになるような汎用性のあるものを厳選して掲載しました。
・苦手意識を持っている実務家が多いため表現はできるだけ平易に、また、随所に非常に簡単な「よくある」事例を組み込み、具体的な取引をイメージしていただけるようにしたこと、一方で実務上稀な事例についても上級者向けに汎用性のある取引のみを厳選し掲載したこと
（この点に関しては論点の切り貼りと感じられる読者もいらっしゃることと存じますが、課税実務での多くの失敗は「不知・うっかり」によるものです。したがって論点は誌面の許す限り掲載しました。しかしながら、リストリクテッド・ストックや国外転出時課税などは意図的に割愛し、あくまで「普段よく使う周辺課税実務」にこだわっています。）

執筆にあたっては、細心の注意を払ったつもりですが、初めての試みが多かった点もあり、至らぬ点が多いと思います。読者の皆様にはお気づきの点があれば、ぜひご指摘をいただきたく存じます。

　企画段階から編集等、力強くサポートしていただいた、株式会社ロギカ書房代表取締役橋詰守氏また、普段から多数の質の良いご相談・ご質問事項を下さる「コンサル質問会」（主催：株式会社 KACHIEL（カチエル）http://kachiel.jp/lp/consulting-question/）の会員様、及び私が顧問業務をさせていただいている複数社の会計事務所、税理士法人様には心から感謝申し上げます。

　令和元年10月

税理士　伊藤　俊一

目次

はじめに

I 中小・零細企業の資本戦略

QI-1 兄弟間の株主が喧嘩した場合の資本構成変更スキーム……*2*

QI-2 税理士法人等、特殊な法人の資本戦略：中小・零細企業版アーンアウトの導入可能性……*3*

QI-3 関係会社間の債権放棄に係るみなし贈与……*6*

QI-4 債務超過 DES の処理……*10*

QI-5 株式交換による子会社株式の原則的な処理……*12*

QI-6 同族関係者が介在するスクイーズアウトの基本的な課税関係……*14*

QI-7 債務超過会社に対する有利発行等における純然たる第三者概念：租税回避目的があるかの判定……*17*

QI-8 債務超過会社に対する有利発行等における純然たる第三者概念：純然たる第三者の範囲……*19*

QI-9 上場会社の資産管理会社に係る資本戦略……*21*

QI-10 スクイーズアウトの実務における実効性ある手段……*26*

QI-11 第三者割当増資に係る高額引受と純然たる第三者概念……*28*

QI-12 合併直前の金庫株……*30*

QI-13 少数株主の持分比率を可能な限り希薄化させない組織再編成手法：株主間契約等……*33*

QI-14 オーナー貸付金に関する相続対策：貸付金評価の減額判定……*39*

Ｑ Ｉ-**15** M&A 実行前（プレ M&A）の財務内容の精査：オーナー貸付金、滞留債権の解消方法……*62*

Ｑ Ｉ-**16** M&A 関連費用の取扱いについて基本的な考え方・関連裁決……*66*

Ｑ Ｉ-**17** 株式買収の取得価額に算入すべき M&A 費用等の算入すべき金額の時期……*68*

Ｑ Ｉ-**18** 事業譲渡スキームにおける M&A 費用等の取扱い……*70*

Ｑ Ｉ-**19** 不動産 M&A：適格分割型分割＋清算スキームに係るみなし贈与……*73*

Ｑ Ｉ-**20** 事業譲渡におけるのれん等の留意事項：負ののれんの計上妥当性……*77*

Ｑ Ｉ-**21** 中小・零細企業における実務直結的なスクイーズアウトの交渉事例……*81*

Ｑ Ｉ-**22** 中小・零細企業のスクイーズアウトの実務直結型の交渉事例……*84*

Ｑ Ｉ-**23** 持株会社・グループ関連会社への収益付け……*86*

Ｑ Ｉ-**24** 第三者 M&A における株式譲渡スキームでの交渉事項：中小・零細企業版アーンアウト……*92*

Ｑ Ｉ-**25** 持株会社スキームへの移行：株式譲渡か現物出資か……*95*

Ｑ Ｉ-**26** 同族グループ間の事業譲渡に係る基本的な留意点……*97*

Ｑ Ｉ-**27** 相互持合い解消の基本的な考え方……*99*

Ｑ Ｉ-**28** 経営者株主グループと同一の議決権行使に同意していると認定された裁決・裁判例……*101*

Ｑ Ｉ-**29** グループ法人税制回避の留意点……*106*

Ｑ Ｉ-**30** グループ間で不動産を売却する場合、最低限必要なエビデンス……*109*

Ｑ Ｉ-**31** 国外子会社の評価と株特外しの基本的な留意点……*126*

Ｑ Ｉ-**32** 株式交換完全子法人が株式交換前に保有していた自己株式の解消方法……*129*

QⅠ-33　グループ法人税制下における基本的な節税スキーム……*129*

QⅠ-34　表明保証ドラフティングにおける税理士から弁護士への税務面のアドバイス／役員の任務懈怠責任……*134*

Ⅱ　税務上適正評価額

QⅡ-1　亡父が主宰法人に同社株式及び貸付金を遺贈した場合に株式の譲渡所得の金額の計算上、同社の借入金は負債に計上できないとされた事例……*140*

QⅡ-2　株価算定時に業種目別株価が公表されていない場合の株価の洗替え……*144*

QⅡ-3　純資産価額評価方式の時期の考え方：仮決算を組むか組まないか……*146*

QⅡ-4　国外子会社の不動産時価評価額が高い場合の対処方法……*149*

QⅡ-5　スクイーズアウトにおける税務上適正評価額……*152*

QⅡ-6　非上場会社でのストックオプションの基本的な考え方……*164*

QⅡ-7　国外会社評価額の純資産価額への反映時期の判定方法……*167*

QⅡ-8　経過措置型医療法人（持分あり）の評価に関する考え方……*169*

QⅡ-9　配当還元方式の適用範囲……*169*

QⅡ-10　経済的実質に着目した税務バリュエーション：ノウハウ設定契約……*172*

QⅡ-11　税務上、不確定概念に該当する場合の合理的な税務バリュエーション：著作権評価における税務上の留意点……*175*

QⅡ-12　税務上、不確定概念の権利を用いた持株会社への収益付け：意匠権評価についての税務上留意点……*178*

QⅡ-13　エンプティ・ボーディングに係る諸論点：議決権分離スキームの是非……*181*

QⅡ-14 信託受益権の複層化「質的分割」：受益権分離型スキームの問題点、危険性……*193*

QⅡ-15 受益権分離型スキーム、信託受益権の質的分割における具体的な裁判例……*203*

QⅡ-16 税務上適正評価額の「基本的な考え方」……*217*

QⅡ-17 DES に係る負債の税務上時価……*219*

QⅡ-18 会社分割＋清算スキーム等で特に留意すべき株価評価……*223*

QⅡ-19 事業譲渡の場合の営業権の適正評価……*227*

QⅡ-20 保険積立金は譲渡損益調整資産か、また、適格現物分配できるか……*229*

QⅡ-21 節税商品（コンテナ・コインパーキングの機械 /LED/ オペレーションリース（航空機・船舶）/ 特区民泊 / マイニング機器 / 海外不動産 / コインランドリー/ 足場（レンタル・リース含む）/ 中古トラック等）で税務上適正評価額に疑義ある問題点及び従来の節税保険（全損保険）のピーク時解約にあたって、これら節税商品をぶつける時の留意点……*232*

Ⅲ 不動産所有型法人等／その他総則6項対策等

QⅢ-1 不動産所有型法人：建物適正売買価額と当局審理資料……*242*

QⅢ-2 不動産管理会社の資本戦略：中小・零細企業版アーンアウト、組織再編成における事業単位の考え方……*262*

QⅢ-3 不動産管理法人、不動産所有型法人の基本的な考え方……*268*

QⅢ-4 相続した賃貸物件を相続直後に売却する行為について今後の動向・対策……*270*

QⅢ-5 総則6項への目配せ、普段から留意すべき点……*289*

資料1　総則6項発動のための要件チェックシート……*291*

資料2　グループ法人税制における譲渡損益の実現事由について……*317*

【凡例】

相法	相続税法
民	民法
相基通	相続税基本通達
相令	相続税法施行令
所令	所得税法施行令
評基通	財産評価基本通達
所法	所得税法
所基通	所得税基本通達
措法	租税特別措置法
措通	租税特別措置法関係通達
通法	国税通則法
法法	法人税法
法令	法人税法施行令
法規	法人税法施行規則
会法	会社法

I

中小・零細企業の資本戦略

Q I-1 兄弟間の株主が喧嘩した場合の資本構成変更スキーム

兄弟間で仲が悪い会社の適切な解消方法をご教示ください。

Answer

下記のようなケースが考えられますが、議決権制限株式を利用するより、早めに精算することが定石です。

【解説】

2つの方法があります。1つは適格分割型分割を用いる方法です。結果、本体兄会社と本体弟会社とで交差してくる部分が出てきますので、当該部分につき譲渡制限株式を設定するのが定石だと一般的には言われています。しかし、下記の理由で筆者は早めの精算が良いと考えています。

1）株主権は

　　・配当期待権

　　・残余財産分配請求権

　　・議決権

　からなるといわれています。このうち前者2つが会社法上、自益権といわれます。議決権（こちらを、会社法上の共益権といいます）を制限したところで生き続ける権利となります。

2）株式分散のリスクです。兄、弟が死亡すれば、経営に参画しない相続人が株式を手中にすることになります。

3）2）で最もおそろしいのは少数株主からの株主買取請求権の行使です。

結果として、早めに精算してしまうことが定石です。一方の分社型分割方式の方はそれで問題解決してみました。以下に図解します。

I 中小・零細企業の資本戦略 3

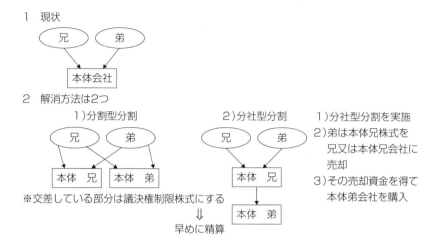

Q I-2 税理士法人等、特殊な法人の資本戦略：中小・零細企業版アーンアウトの導入可能性

税理士法人同士の合併に関する基本的な留意点をご教示ください。

【前提】
・第三者である2名の税理士が代表
・出資持分は半々

【前提となる税務リスク】
※間違っていたらご指摘ください。
・税理士法人の税務上の株価は純資産価額方式で算定
・代表のまま持分を手放せば、みなし贈与課税
・出資分を払い戻せば、みなし配当課税

【質問】
吸収合併をする。

4

> ⇒出資持分の継続保有
>
> ⇒数年後に役員退職金の支給
>
> 　上記については問題があると思っています。退職金をいつ、いくら払うかは確約とれないからです。
>
> 　税理士法人が売却する際に、考え得るスキームなどありましたら、ぜひご教示ください。

Answer

　以下の具体的な設例で考えてみます。

【解説】

　上記における前提ですが、確認しておきます。

・税理士法人の税務上株価は純資産価額方式で算定

　　『税理士法人の手引き』（日本税理士連合会）にその旨記載があります。

・代表のまま持分を手放せば、みなし贈与課税

　　民法組合やLLPと同じ課税関係です。なお、出資持分放棄の場合のみなし贈与課税関係については拙著『みなし贈与のすべて』（ロギカ書房）をご参照ください。

・出資分を払い戻せば、みなし配当課税

　　一般法人における金庫株が税理士法人ではできませんので、みなし配当は生じません。

　　つまり、出資持分の払戻しというケースが考えられるのは自己持分を相対で誰かに売却する場合「のみ」現金化が可能となります。この場合、個人間相対になりますから当然みなし配当は生じません。

　　いわゆる金庫株ができない旨の規定は下記です。

http://www.t-atom.com/wp-content/uploads/2010/10/zeirishihoujin-QA110628.pdf　Q19になります。

　　さて上記「手引き」を抜粋しますと

　　「その脱退する社員の出資の額を超えるときは、その超える部分の金額

は、利益の配当又は剰余金の分配とみなされ、配当所得としての課税を
受けることに留意する必要があります。」
とあります。

　仮にこのみなし配当が金庫株であれば「みなし配当」と単に表現される
ところ、「手引き」においては「配当所得」とはっきり明示され、個人所
得に分類されることが読みとれます。

　すなわち、ご指摘の「みなし配当」は法人課税の洗礼は受けず、他の社
員に転嫁されるものとなります。

　なお、税理士法人は同族会社ではないので行為計算否認規定も適用されませ
ん（『税理士法人の手引き』参照のこと）。

　原則として税理士法人の出資持分変動は下記が考えられます。

１）上記の吸収合併

　役員退職金支給で純資産額評価額を減少させ、そのタイミングでの持分異動
が常套手段です。確約はできないとはいいますが契約書で、例えば、

　①　「買戻し特約」等を付しておく

　②　停止条件付譲渡契約にしておく

等の契約での縛りはかけられると思われます。

　また、第三者同士の社員であれば最終的に手離す役員の方へ予め役員報酬を
上乗せしておくことも可能です。その上乗せ分が、いうなれば役員退職金の分
割支給分になるからです。

　純然たる第三者間なので原則として、みなし贈与課税は生じませんし、同時
に法人の純資産価額評価額も痛めつけることができます。

２）通常の相対売却

　現在、第三者である２者がいて、片方に集約したいのであれば、集約するタ
イミングで役員退職金を支給します。純資産額評価額を痛めつけたところでも
う片方へ贈与・譲渡します。当然、上記の役員報酬上乗せスキームも事前に同

時に実行します。

上記の手段は「持分あり」医療法人の承継でも全く同じことがいえます。

また、中小・零細企業版アーンアウトを導入することも検討できます。

Q I-3　関係会社間の債権放棄に係るみなし贈与

表題に係る課税関係についてご教示ください。

【前提】

・X社の株主はA社長が筆頭株主で約60％、それ以外の株主はAの純
然たる第三者で数名いる。

・X社の繰越欠損金は約1億円

・A社長が100％株主で1人役員であるY社（実質的に資産管理会社）
が、X社に対して約7,000万円の貸付けをしている。

・上記X社に対する貸付金を債務免除したい。

・今期は数百万円の所得がでる予定ですが、繰越欠損金は貸付金の範囲
内で収まりますし、当面は同じ状況と予想されます。

・債権放棄の目的は、新規で銀行から借入したく、銀行からは「現在債
務超過なので貸付けは難しいが、足元の利益はでているので、B/S
を改善してくれれば大丈夫」と言われている状況です。

【質問】

1）A社長が貸付をしていて債権放棄した場合はみなし贈与課税にな
るのは理解していますが、Y社が債権放棄した場合、みなし贈与は
あり得るのでしょうか。

2）DESをした場合も同じでしょうか。

3）みなし贈与のリスクがないなら債権放棄するつもりですが、みなし
贈与のリスクがあるなら別の方法を考える必要性があります。他に良

Ⅰ　中小・零細企業の資本戦略　　**7**

> い方法はあるのでしょうか。

Answer

　詳細は拙著『みなし贈与のすべて』をご覧いただくとして、関係会社間でよくある事例を下記の設例を基に考えてみます。

【解説】

1）について

　あり得ます。

　みなし贈与規定は相続税法第9条が適用されます。第9条においてはその贈与原因は個人、法人について問わないものと読みとれます。この点、当該ケースではY社が債権放棄した場合、法人間の課税所得ではグループ法人税制が適用されませんし、仮に適用されても、それが相続税法第9条には影響を与えません。

　この場合のみなし贈与の課税標準の計算方法は、

　　「債権放棄後の株価」－「その前の株価」

です。

　注意すべきは債権放棄後の株価において類似業種比準要素のⒷ、Ⓒ、Ⓓの計算でⒹに「Ⓓ＋債務免除益」を計上することです。

【相続税法第9条】

第9条　第5条から前条まで及び次節に規定する場合を除くほか、対価を支払わないで、又は著しく低い価額の対価で利益を受けた場合においては、当該利益を受けた時において、当該利益を受けた者が、当該利益を受けた時における当該利益の価額に相当する金額（対価の支払があった場合には、その価額を控除した金額）を当該利益を受けさせた者から贈与（当該行為が遺言によりなされた場合には、遺贈）により取得したものとみなす。ただし、当該行為が、当該利益を受ける者が資力を喪失して債務を弁済することが困難である場合において、その者の扶養義務者か

ら当該債務の弁済に充てるためになされたものであるときは、その贈与
又は遺贈により取得したものとみなされた金額のうちその債務を弁済す
ることが困難である部分の金額については、この限りでない。

この点、相続税法基本通達9-2を文理で読むという指摘もあります。

【相続税法基本通達9-2】

(株式又は出資の価額が増加した場合)

9-2　同族会社（法人税法（昭和40年法律第34号）第2条第10号に規定する
　　同族会社をいう。以下同じ。）の株式又は出資の価額が、例えば、次に掲
　　げる場合に該当して増加したときにおいては、その株主又は社員が当該
　　株式又は出資の価額のうち増加した部分に相当する金額を、それぞれ次
　　に掲げる者から贈与によって取得したものとして取り扱うものとする。
　　この場合における贈与による財産の取得の時期は、財産の提供があった
　　時、債務の免除があった時又は財産の譲渡があった時によるものとす
　　る。（昭57直資7-177改正、平15課資2-1改正）
　(1)　会社に対し無償で財産の提供があった場合　当該財産を提供した者
　(2)　時価より著しく低い価額で現物出資があった場合　当該現物出資を
　　　した者
　(3)　対価を受けないで会社の債務の免除、引受け又は弁済があった場合
　　　当該債務の免除、引受け又は弁済をした者
　(4)　会社に対し時価より著しく低い価額の対価で財産の譲渡をした場合
　　　当該財産の譲渡をした者

　しかし、A社長がダイレクトに債権放棄して債務免除益が生じるのに対
し、A社長が100％関連会社を設立し、その会社に貸し付け、さらにX社に貸
し付けた場合、後者は単なる迂回行為と認定されると考えられます。後者は
A社長のダイレクト貸付と経済的実態は全く同じであり、経済的実質が同様

のものは課税の公平・中立の観点から、課税すべきという租税法の原則からすれば、平仄を合わせなければならない場面と考えます。以上より、みなし贈与は発動されると考えます。

２）について

　DES の場合は、基本的にはみなし贈与は生じません。しかし、上記のみなし贈与の課税標準算式で一応チェックします。

　　「DES 後の株価」−「その前の株価」

です。

　債権放棄と異なり、①については「＋債務免除益」を計上する必要はありません。

　本事例では債務超過 DES に該当しますので当該債務の税務上時価評価額は「０」になります。財産評価基本通達205項の適用余地はありません。

　つまり、会社法上・会計では DES 時の出資額は「債務額額面」（額面評価額説）となりますが、税務上は０なので、税会不一致が生じ、申告調整が必要になるということです。

３）について

　今回のケースでは次の方法が考えられます。

・合併

　　合併による混同により債権債務は消滅します。

　　しかし、第三者株主がいるので税制非適格となり、課税関係が煩雑になるため、個人的には反対です。

・擬似 DES

　　前提によると金融機関が協力してくれそうにないので Y 社の出資を期待する以外にありません。Y 社に資力があるかどうかが問題となります。みなし贈与は生じません。

・債務超過 DES

10

　私見では当該ケースでは債務超過 DES、もちろん上述のみなし贈与課税標準チェックをしてからですが、の実行が最もよいと思われます。原則として DES の場合、みなし贈与の課税関係は生じません。

Q I-4　債務超過 DES の処理

債務超過 DES の基本的な課税関係や処理についてご教示ください。

Answer

　下記となります。

【解説】

　以下の数値は、すべて仮値です。

1）会計処理及び税務申告書上の処理

　債務超過 DES の場合、税会不一致が生じます。下記に会計処理及び税務申告書上の仕訳等を列挙します。

　下記の仕訳は一貫して評価額説を採用しています（実務通説）。

①　債務超過 DES 対象会社において

　㈠　会計処理

　　平成31年 3 月31日

　　借入金　　　15,000,000 / 資本金　　　32,500,000

　　借入金　　　30,000,000 / 資本準備金　32,500,000

　　借入金　　　20,000,000 /

　㈢　税務処理

　　別表四　加算・留保

　　債務消滅益計上もれ　65,000,000

　　別表五（一）

Ⅰ　中小・零細企業の資本戦略　**11**

　（増加項目）資本金等の額　65,000,000

②　債権者側において（法人債権者がいた場合）

㈠　会計処理

平成31年３月31日

有価証券　15,000,000 / 貸付金　　　15,000,000

㈡　税務処理

別表四　減算・留保

債権譲渡損　15,000,000

２）法人住民税均等割の資本金等の額の基準

　対象会社においては平成31年３月期以降、資本金等の額が65,000,000円上昇します。これは下記の通り欠損填補目的でなされたことから、進行期（令和２年３月期）以降、無償減資しても、足し戻されることになります（平成27年度税制改正）。

　債務超過 DES は基本的に欠損填補目的となり、上記の通り、法人住民税均等割計算上、無償減資したところで足し戻されます。通常 DES の場合、無償減資すること（又は住民税均等割削減スキーム）することは効果的です。

３）みなし贈与の発動可能性

　債務超過 DES をした場合のみなし贈与の計算方法は下記の通りです。

１．下記の「相続税評価額（原則）」を算定します。

２．債務超過 DES「後」の決算報告書……(A)

※１　増資実行日と決算期日に近い場合、直後期末の決算報告書をご用意していただくことをお勧めします。

※２　類似業種比準価額算定上、Ⓑ、Ⓒ、Ⓓがあると思いますが、Ⓓには今回の債務消滅益65,000,000を加算しなくて結構です。加算しなくてはならないケースは債務免除益のケースです。それ以外については算定方法は通常通りです。

債務超過 DES「前」の決算報告書……(B)

※　通常、前期の決算報告書を用います。しかし、純資産価額算定上、より精緻に行いたい場合には、平成31年2月末の試算表の貸借対照表をベースに算定していただいても構いません。

3．(A)-(B)＝1株当たりの課税標準

これに株式総数（自己株式を除く）を乗じたものが贈与税の課税標準額となります。

通常は先述の通り、課税関係は生じません。

Q I-5　株式交換による子会社株式の原則的な処理

株式交換による子会社株式の処理についてご教示ください。

【前提】

現在、①と②の状態にある兄弟会社A社・B社を適格株式交換により③の親子会社の状態にすることを検討しています。

①　株主X（100%）　→　A社

②　株主X（100%）　→　B社

③　株主X（100%）　→　A社（100%）　→　B社

そして③の状態にした後でA社株式を後継者Yに承継することを考えています。所与の条件により③の状態にすることで株価低減を図ることができると試算した結果です。

ただしクライアントから各社の規模や歴史、役割を考えたときにA社が親会社でいるよりも、B社が親会社でいる方が組織運営上は良いかもしれないとの提案がありました。しかし事業承継を控えていることからクライアントの意向としては、

・とりあえず③の状態で後継者に事業承継をしたい

・その後、組織運営状況によっては、親子逆転の④の形にする道も残しておきたい

とのことです。

④　株主 Y（100%）　→　B 社（100%）　→　A 社

【質問】

　この場合③にした後で④の形にするために、再度、適格株式交換を行うことは可能でしょうか。

　可能だとした場合、A 社が親会社 B 社の株式を保有することになるのかと思いますが、B 社株式を適格現物分配で B 社に渡すことで④の状態を実現することが可能なのでしょうか。

　つまりは次の順番で課税関係なしに取引を行うことは可能なのでしょうか。

①　「株主 X → A 社→ B 社」の状態で適格株式交換を行う。

②　①により「株主 X → B 社⇔ A 社」の形になる。

　※ A 社が親会社 B 社の株を取得してしまう。

③　A 社が取得した親会社 B 社株を適格現物分配により B 社に渡す。

④　③によって持ち合いが解消し「株主 X → B 社→ A 社」の形になる。

　このスキームについて税務上のリスクや会社法上の制限等があればご教示願います。

Answer

　上記の具体的設例でご説明します。

【解説】

　会社法上は当該 A 社株式の早期の処分を求められますから、通常の金庫株の他に、現物配当も視野に入ってくると思います。会社法上の現物配当は資産性あるものに限定されますので B 社の株価が 0（欠損等法人）の場合、現物配当はできません。

　上場会社事例では現物分配以外の組織再編成手法も列挙されていますが、当該ケースは100％支配関係にありますので、仮に組織再編成手法を用いるので

あれば現物分配が最も簡単です。税務的にも会社法上の諸手続的にもです[1,2]。

しかし、自己株式を適格現物分配したときは親会社の自己株式取得と同様の課税関係になります（実質主義の原則より、経済的実態が変化せぬものは課税関係は結果として同様になるという原則）。

したがって、税務上の詳細な留意点は金庫株取得の時と同様です[3]。中小企業の課税実務では課税関係が単純かつ手続的にも簡便な金庫株がおすすめです。

Q I-6 同族関係者が介在するスクイーズアウトの基本的な課税関係

スクイーズアウト時の基本的な課税関係について具体的例示を挙げてご教示ください。

【前提】

(1) A社……現代表 X が主宰する事業会社

(2) B社……後継者 Y が主宰する資産運用会社

※現代表 X と後継者 Y は親子です。

(3) 株主構成

① A社

・現代表 X……40%

・後継者 Y…… 1 %

・その他少数株主……59%（すべて税務上、配当還元方式での評価が

---

1 原則的手続については
https://www.shinnihon.or.jp/corporate-accounting/ota-tatsuya-point-of-view/2013-09-03.html
2 上場会社事例については
https://www.dir.co.jp/report/research/law-research/law-others/08082001commercial.pdf
3 詳細な税務手続については
https://www.shinnihon.or.jp/corporate-accounting/theme/pdf/info-sensor-2013-12-01.pdf

可能）

　　②　B社

　　　・後継者Y……100%

　⑷　株価情報

　　　・A社　原則評価 @25,000円　配当還元 @2,000円

　　　　　　　小会社方式 @50,000円　当初出資額 @1,000円

　　　・少数株主からA社株を買い取るときの予定金額 @6,000円

　今後の事業承継を踏まえA社の少数株主の整理を考えています。まずは少数株主のうち、A社の旧役員（非親族）から1％程度を後継者Yに移したいと考えています。

　このときに、

　1．後継者Yが買い取る方法

　2．B社が買い取る方法

の2案を検討しています。

　この2案について適正株価と課税関係を次のように思案しています。

　1．後継者Yが買い取る方法

　　・個人→個人間取引なので適正株価は財産評価基本通達

　　・後継者YはA社の同族株主に該当するため適正株価は相続税評価原則

　　・原則評価より低額で譲渡した場合は、後継者Yに贈与税課税

　2．B社が買い取る方法

　　①　売主の課税関係

　　・個人→法人間取引なので適正株価は所得税基本通達59-6

　　・売主は同族株主に該当しないため適正株価は配当還元方式価額

　　・買取金額 @6,000円が配当還元 @2,000円を超えているため売主にみなし譲渡課税は生じない。

　　②　買主の課税関係

　　・法人の適正株価は法人税基本通達9-1-14

・買主は同族株主に該当するため適正株価は小会社方式 @50,000円

【質問】

1）・買取金額@6,000円で買い取った場合は買主に受贈益課税
 ・さらに少数株主から後継者Yにみなし贈与課税
 この2点の課税が発生してしまうのでしょうか。

2）一方で、旧役員は所基通59-6・法基通9-1-14ともに登場する「純然たる第三者」に該当するものとして、当事者合意価格の@6,000円でも問題はないのかと考えています。

3）ただB社が買い取った場合も後継者Yが買い取った場合も、実質的に後継者Yが支配株を取得したと同視できるため、課税上弊害があるのではないかと心配しています。
 B社が低額で買い取る場合の課税関係についてはどうなるのでしょうか。

Answer

上記の設例が中小企業実務では最もよくある事例かと思われます。具体的に詳細を見ていきます。

【解説】

1）について

B社が買い取る場合に該当すると思われます。

この場合、同族関係特殊関係者間では上記の課税関係は生じます。もちろんA社が買い取る場合、つまり金庫株の場合、資本等取引に該当するため、上記の課税関係は生じません。

2）について

旧役員の具体的な属性がご質問からは読みとれませんが、いわゆる「赤の他人」であれば当事者間合意価格が時価です。税務上でもそれで認められます。

課税上弊害がない限り「純然たる第三者」間の取引では原則として課税関係は生じません。

3）について

そうとは思いません。例えば、売主が親族傍系で直系の議決権比率を上昇させたという「課税上弊害があるケース」に該当すれば、問題になると思います。

しかし、今回売主は「赤の他人」です。つまり「赤の他人」同士の取引になりますから、課税上の弊害はないケースに該当すると思われます。

課税上弊害がないかは売主の属性チェックも必要ということです。

Q I -7 債務超過会社に対する有利発行等における純然たる第三者概念：租税回避目的があるかの判定

債務超過会社 A が純然たる第三者が経営する内国法人 B から 2 億円を投資してもらう場合に課税が最小になる方法を教えてください。なお、今回の投資目的は当該第三者が経営している B 法人の事業に相乗効果が見込まれるためです。

【前提】

1．法人 A

　債務超過額　　約 2 億円

　資本金　　1 千万円

　発行済株式数　　200 株

　個人株主　　100％所有

　前期決算の利益　　約▲2,000 万円

　前々期決算の利益　　約 100 万円

2．法人Bの資金提供額　　　2億円

　　3．資金提供後の個人株主Bの持株割合　　50％対50％

【質問】

　法人Aに法人Bが第三者割当増資をすることを検討しています。この場合、経済的利益があるとして一時所得課税されるでしょうか。

　当該第三者割当増資の前提が、

　・1株当たりの発行価格85万円

　・発行株式数200株

とします。

　この場合、当局は時価を1円として、一時所得＝経済的利益＝（85万円－1）×200株－50万円と主張するでしょうか。

Answer

　下記をご確認ください。

【解説】

　前提から法人Aの時価純資産価額は0です。したがって原則として0円以上の出資は有利発行（増資）となります。

　株主を増加させる手法（持分変動）は第三者割当増資と相対による株式売却（贈与（無償譲渡含む））しかありません。

　しかし時価0のものを2億円で買ってしまうと（実際には備忘価額1円で買うことになりますが）、相手側が第三者のため、高額取引課税がなされる可能性があります。実質課税主義の原則から売却と平仄をあわせると、上記の関係性は成立します。

　今回の取引相手先は「純然たる第三者」概念を満たしていると前提にあります。純然たる第三者概念に該当したときは原則として課税関係は生じません。

　同族特殊関係者であれば結論は全く異なります。

　この点、当該事案で非常に有名な事件である

Ⅰ　中小・零細企業の資本戦略　**19**

・スリーエス事件　東京地裁平成12年11月30日判決

・相互タクシー増資高額払込事件　福井地裁平成13年 1 月17日判決

を挙げておきます。

　上記に共通していえますが、一連の取引が租税回避認定されれば、当該有利発行は妥当性を失います。

QⅠ-8　債務超過会社に対する有利発行等における純然たる第三者概念：純然たる第三者の範囲

　QⅠ-7に下記の追加前提がある場合。

【前提】

　上記の前提につき、追加で下記の背景があったとあとで判明したとします。

　Ａ法人に新たに出資を予定しているＢ法人の経営者が韓国で経営する別法人があって、Ａ法人は韓国のその法人から商品を購入しています。金額は年間 2 千万円程度、法人Ａの年間仕入額は10億円程度です。ただし、その方は同族関係者ではありませんし、資本関係も全くありません。単なる取引先ということになります。

【質問】

　この場合は、純然たる第三者に該当するでしょうか。

Answer

　結論は変わってくると思われます。

【解説】

　純然たる第三者とは、純粋に経済的に独立した同族特殊関係にない第三者と

課税実務上では一般的には言われます。

「生計別（所基通2-47）」「経済的に独立した」「あたかも第三者」のような概念を示します。ただし、この考え方は租税法概念ではなく実務通説です（租税法上の用語ではありません）。

本ケースの場合、「取引先」に該当することから、厳密には純然たる第三者に該当しません。

上記の金額の規模感からしても（無論、明確な基準はどこにもありません）、純然たる第三者とは当局も認定しにくい可能性が生じますから、ご指摘した何かしらの課税関係（有利発行の場合は一時所得）が生じる可能性があります。

株式売却案と有利発行案があったかと存じますが、それぞれの「課税された場合」のシミュレーションを行い、クライアントに説明する責任は生じると考えます。

【所得税基本通達2-47】

（生計を一にするの意義）

2-47　法に規定する「生計を一にする」とは、必ずしも同一の家屋に起居していることをいうものではないから、次のような場合には、それぞれ次による。

(1)　勤務、修学、療養等の都合上他の親族と日常の起居を共にしていない親族がいる場合であっても、次に掲げる場合に該当するときは、これらの親族は生計を一にするものとする。

　イ　当該他の親族と日常の起居を共にしていない親族が、勤務、修学等の余暇には当該他の親族のもとで起居を共にすることを常例としている場合

　ロ　これらの親族間において、常に生活費、学資金、療養費等の送金が行われている場合

(2)　親族が同一の家屋に起居している場合には、明らかに互いに独立した生活を営んでいると認められる場合を除き、これらの親族は生計を

Ⅰ　中小・零細企業の資本戦略　*21*

一にするものとする。

Q Ⅰ-9　上場会社の資産管理会社に係る資本戦略

　上場会社（P）の資産管理会社（X）において、P株式の譲渡損と債務免除益を計上（損益通算）する際のリスク等についてご教授願います。

【前提】

・20年程前、Pのオーナー（A）が自身が保有するP株式の一部を貸付方式でXに移動しました。

・数年前にAの相続が発生した際、Aの相続財産としてX株式とXに対する貸付金が存在していました。

・X株式は息子（B、現社長）、貸付金は妻（Y）がそれぞれ相続しています。

・XにP株式を移動したときに比べ相続時の株価が40％程度下がっていたため、X株式の相続税評価は0（時価債務超過）となっています。

・Xの資産は現金とP株式が大半を占め、負債はオーナーからの借入のみです。つまり簿価資産超過、時価債務超過状態にあるといえます。

・Xは過去、利益が出ており、借入金を返済してきましたが、事業縮小のため今後借入金の返済は困難と思われます。なお、子会社である上場会社からの配当も無配が続いています。

・Xに繰越欠損金はありません。

【前提を基にしたスキーム】

・Yも意思能力に問題はないが、高齢となってきており、貸付金の回収可能性も低く、貸付金に係る相続税負担が重いため、

　1）Bが保有するX株式をYに全株譲渡し、YがXの100％株主と

なります。

2）その後、Xが保有するP株式をB（もしくはBの子）に時価で譲渡し、譲渡損を計上するとともに、貸付金の免除益を計上したいと思います。

この結果、Xの株価は時価純資産ベースでは0すなわち、債務超過から数千万の資産超過となる見込みです。

3）譲渡代金をB若しくはBの子も用意することが困難なため、売却代金はXに対する債務（未払金）とし、少しずつ返済をしていく予定です。

4）上記実行後、YからXへの金銭出資（増資）及び銀行借入でXが不動産を購入する予定です。

5）3年後、不動産に含み損が生じ、Xは再び債務超過となる見込みになります。

上記不動産取得は、Xの事業縮小を踏まえ新たな収益源を確保するために不動産の購入を銀行に打診したところ銀行から役員借入を減らすことで融資が下りやすいと言われたためとする予定です。

このような背景があることのエビデンスの完備は、不動産取得の正当性を担保するため、確保します。

【質問】

1）本件スキーム実行後、Xの株価が上昇、すなわち債務超過0から数千万円になりますが、株主はYが100％所有のため、みなし贈与課税発動リスクは低いと考えてよろしいでしょうか。

2）本件実行によりYの相続財産が大幅に減少し、相続税も多額に圧縮される結果となるため、不当に相続税を減額したと認定される可能性について危惧しています。

3）Xの同一決算期内においてP株式の譲渡と債務免除を行うことは問題ありませんでしょうか。

> 4）P株式譲渡の際、現金の授受がないことは問題となりますでしょうか。返済期間については問題ありません。

Answer

資産管理会社の基本的な課税関係を詳細に考慮する必要があります。

【解説】

1）について

同一人の場合、みなし贈与課税は生じ得ません。

2）について

本件は極めて擬似 DES に似ています。擬似 DES での税務上の留意事項を留意することが必要です。

その上で、下記のような理屈が最もしっくりくると思われます。

当初、貸付金方式で資産管理会社を仮に作っていなければ Y 又は B の相続財産は P 株式の時価であったはずです。

P 株式が貸付金と X 株式に分離し、株式に負（マイナス）の財産評価という概念がないが故に Y の財産が過大に評価されていることが実態と捉えれば不当に相続税を減額していないものとも考えられます。

この背景には、貸付金評価を額面でしようとしていることが挙げられます。貸付金の額面評価で財産評価基本通達205項で減額できた事例は単に実質債務超過というレベルにおいては一切ありませんし、課税実務上、できません。したがって、貸付金の額面評価により上記スキームの理屈が成立するわけです。

【財産評価基本通達205項】

（貸付金債権等の元本価額の範囲）

205　前項の定めにより貸付金債権等の評価を行う場合において、その債権金額の全部又は一部が、課税時期において次に掲げる金額に該当するときその他その回収が不可能又は著しく困難であると見込まれるとき

においては、それらの金額は元本の価額に算入しない。（平12課評2－4
外・平28課評2-10外改正）

(1)　債務者について次に掲げる事実が発生している場合におけるその債
　　務者に対して有する貸付金債権等の金額（その金額のうち、質権及び抵
　　当権によって担保されている部分の金額を除く。）

　　イ　手形交換所（これに準ずる機関を含む。）において取引停止処分を
　　　受けたとき

　　ロ　会社更生法（平成14年法律第154号）の規定による更生手続開始の
　　　決定があったとき

　　ハ　民事再生法（平成11年法律第225号）の規定による再生手続開始の
　　　決定があったとき

　　ニ　会社法の規定による特別清算開始の命令があったとき

　　ホ　破産法（平成16年法律第75号）の規定による破産手続開始の決定
　　　があったとき

　　ヘ　業況不振のため又はその営む事業について重大な損失を受けたた
　　　め、その事業を廃止し又は6か月以上休業しているとき

(2)　更生計画認可の決定、再生計画認可の決定、特別清算に係る協定の
　　認可の決定又は法律の定める整理手続によらないいわゆる債権者集会
　　の協議により、債権の切捨て、棚上げ、年賦償還等の決定があった場
　　合において、これらの決定のあった日現在におけるその債務者に対し
　　て有する債権のうち、その決定により切り捨てられる部分の債権の金
　　額及び次に掲げる金額

　　イ　弁済までの据置期間が決定後5年を超える場合におけるその債権
　　　の金額

　　ロ　年賦償還等の決定により割賦弁済されることとなった債権の金額
　　　のうち、課税時期後5年を経過した日後に弁済されることとなる部
　　　分の金額

(3)　当事者間の契約により債権の切捨て、棚上げ、年賦償還等が行われ

た場合において、それが金融機関のあっせんに基づくものであるなど真正に成立したものと認めるものであるときにおけるその債権の金額のうち(2)に掲げる金額に準ずる金額

ただし、
・スリーエス事件　東京地裁平成12年11月30日判決
・相互タクシー増資高額払込事件　福井地裁平成13年1月17日判決
に対する目配せは必要です。

　上記に共通していえますが、一連の取引が租税回避認定されれば、当該スキームは妥当性を失います。

3）について

　譲渡と債務免除は別取引です。特に問題ないと思います。

4）について

　私見ですが、ここは少々、疑念があります。

　関係会社間で、譲渡損を計上する場合、代金決済をするのが実務通説です。これは、エビデンス確保のためであり、特に不動産取引でかつ譲渡損が計上される場合では重視視される傾向にあります。

　未払金でも返済計画等の客観的エビデンスがあればよい、との見解も一部の専門家にありますが、私見では「金額による」としか申し上げられません。

　まとめとして、本件は擬似DESと同様の効果を持ちます。
・擬似DES
・債務超過DES
を最初に検討します。擬似DESは一連の取引について租税回避認定なされるケースが比較的多いことから、債務超過DESをおすすめします。

　なお、上場関連会社なので第二会社方式は考慮対象外でしょう。

Q I-10　スクイーズアウトの実務における実効性ある手段

【前提】

・売却希望会社：A社

・A社は、3名の株主で構成

・A社は設立時からB代表取締役が100％株式保有でしたが、3年前に事業関係者のC・Dからそれぞれ10％ずつ出資を受け入れました。なお、Bとは特殊関係者ではありません（純然たる第三者に相当）。

・現在の株式保有割合は下記です（すべて普通株式）。

　B：80％（法人設立時の株価@1万円）

　C（個人）：10％（増資時の株価@2万円）

　D（個人）：10％（増資時の株価@2万円）

・Bは会社を売却希望ですが、買収側は少数株主と揉めたくありません。したがって、「まずはBがC及びDから株式を買い取って、100％保有にしてからM&Aの話を進めましょう」という要請がありました。

・BがC及びDに株式買取について打診したところ、C・Dはともに「出資額だけ返してくれたら問題ない」という話になっています。しかし、BはC及びDにM&A（売却）の事実は伝えていないようです。

・売却額はまだ分かりませんが、@2万円よりは高額になる可能性があります。

【質問】

1）BがC及びDから株式を@2万円で買い取ること自体は何ら問題ないと考えています。しかし同一事業年度に@3万円で売却することについては課税実務上問題ないでしょうか。

2）C及びDからの株式買取時には当然譲渡契約書を締結しますが、後になって「@3万円で売却すると知っていたら@2万円で売らな

I　中小・零細企業の資本戦略　　**27**

かった」と言われるリスクもあると思っています。このようなリスクを回避する方法はあるのでしょうか。

3）上記2）のリスクを回避するため、売却予定価額でC及びDから株式を買い取る方が妥当だとも考えています。しかしこの場合、M&Aの事実を伝えると、C及びDは株式を売却しない可能性も否定はできません。このようなケースではスクイーズアウトを実施することも視野に入れるべきでしょうか。

Answer

中小企業・零細企業においてM&A実行前のスクイーズアウトにおいてよくみられる事例です。

【解説】

1）について

原則として「純然たる第三者」概念に該当する場合は、みなし贈与等の課税関係は生じません。

2）について

下記3）の方法が実務上無難かと思います。C、Dの錯誤無効は民事法では通らないでしょうから（この辺は顧問弁護士にご相談ください）、契約書に織り込んでおくことは肝要かと思います。

仮に大規模な金額が動く場合は弁護士に相談の上、及び契約書に織り込んだ上で、下記の方法がとれるか模索することがあります。

・エスクロー（金融機関を取引に介在させる）

3）について

「M&Aの事実を伝えた場合、C及びDは株式を売却しない可能性も否定はできません。」という間柄でしたら会社法上のスクイーズアウトをしかけると間違いなく少数株主の買取請求（価格決定申立手続）で対抗されます。

中小・零細企業においてはいわゆる会社法上のスクイーズアウトは実効力に欠けます。理由は上記です。

C、Dの資金需要にもよりますが、売却予定価額に「多少色付け」して相対での直接買取りを模索をした方が無難かと思います。少数株主の買取請求は非常に手間暇そして、最終決着まで約1年半の時間がかかります。

当事者にそのことを再認識させた上で、上記の多少色付けた妥当な価額で買い取るのが実務交渉だと思われます。

Q I-11 第三者割当増資に係る高額引受と純然たる第三者概念

【前提】

・法人Aは、現在2期目、売上計上0。

・株主は、甲（日本人）と乙（中国人＝開発者）のみです。

・現状の資本構成は、資本金100万円、発行価格10円、発行済株総数10万株、甲9万株、乙1万株となっています。

・純然たる第三者である中国現地法人Bがある商品で特許権を取得しました。

・その後、B会社から当該商品の日本での独占販売権を300万円で取得しています。

・すなわち法人Aと法人B、個人甲と個人乙は、純然たる第三者の関係にあるといえます。

・今後、法人Aは、本格的な日本参入と、将来の株式公開も視野に入れているため、商品の仕入代金他のため、法人Cからの第三者割当増資を予定しています。法人Cも第三者です、

・増資額約2億円、発行株数約10,000株、増資後発行済株数約100,000株

（発行価格約@20,000円）すべて普通株式、という増資条件です。

なお、当該増資の結果、甲約80％、乙約10％、丙約10％という資本構成になる見込みです。

・法人Aは現在、資金を必要とし、法人Cは将来のキャピタルゲインを期待し、約2億円の資金調達となりました。

しかし、経営比率もあるため、約10％で合意したため、結果、発行価格約@20,000円となったわけです。

既存株主の2人の設立時発行価格は10円、近いうちに増資する発行価格は約@20,000円ですが、上記の状況は、いわゆる高額引受に当たりますが、税務上問題がないか、検討しています。

丙法人からの増資により、既存株主2名の価値が増加しますが、これが、法人から個人への間接贈与に当たるかということです。

【質問】

第三者間での合意価格であり、合理的理由がある場合には投資法人、増資法人、既存株主（所得税）に税務上の問題はないと考えています。

一方で、当該ケースでは、「機械的に」所得税がかかるという書籍もあります。

将来の株式公開を考え、このような技術を持つ会社に投資家が資金提供はするが既存株主が経営権は確保する必要があるため、結果として上記のような流れになることは一般的なことだと思います

今回の一連の増資に関して、「経済的利益は増加しているので、評価益は未実現利益であり担税力もないので、実現するまで課税しないという考え方」や、「理論的に評価益課税はないので、所得税課税もないという考え方」も言われます。どのように解釈したらいいのでしょうか。

Answer

　原則に立ち戻り、純然たる第三者概念と課税上弊害があるかどうかで基本的なチェックをすべきでしょう。

【解説】

　本件では純然たる第三者間での合意価格ですから、原則として所得税又は株主間贈与（相法9）が生じる可能性は比較的低いと考えます。

　所得税はキャピタルゲイン課税です。精算されるまで、所得税課税が生じないのが原則です。

　総論として、今回の件は課税関係は所得税、贈与税とも比較的リスクは少ないと思われます。

　株主構成の変更は、相対取引と第三者割合増資しか手段として考慮すべき事項はありません。この両者は経済的実質として同義です。

　第三者M&Aにおける課税関係にあてはめて考えていただけると上記の結論に達しやすいと思われます。

　ただし、

　・スリーエス事件　東京地裁平成12年11月30日判決

　・相互タクシー増資高額払込事件　福井地裁平成13年1月17日判決

に対する目配せは必要です。

　上記に共通していえますが、一連の取引が租税回避認定されれば、当該スキームは妥当性を失います。

Q I-12　合併直前の金庫株

【前提】

　・「事業用資産の集約を図るため」同族グループ内で100%の株式を保
　　有する3社（A社、B社、C社）が合併します。存続会社はA社で
　　す。経済的合理性があるので法人税法第132条の2の適用可能性はな

いものと考えます。

【法人税法132条の２】

（組織再編成に係る行為又は計算の否認）

第132条の２　税務署長は、合併、分割、現物出資若しくは現物分配（第２条第12号の５の２（定義）に規定する現物分配をいう。）又は株式交換等若しくは株式移転（以下この条において「合併等」という。）に係る次に掲げる法人の法人税につき更正又は決定をする場合において、その法人の行為又は計算で、これを容認した場合には、合併等により移転する資産及び負債の譲渡に係る利益の額の減少又は損失の額の増加、法人税の額から控除する金額の増加、第１号又は第２号に掲げる法人の株式（出資を含む。第２号において同じ。）の譲渡に係る利益の額の減少又は損失の額の増加、みなし配当金額（第24条第１項（配当等の額とみなす金額）の規定により第23条第１項第１号又は第２号（受取配当等の益金不算入）に掲げる金額とみなされる金額をいう。）の減少その他の事由により法人税の負担を不当に減少させる結果となると認められるものがあるときは、その行為又は計算にかかわらず、税務署長の認めるところにより、その法人に係る法人税の課税標準若しくは欠損金額又は法人税の額を計算することができる。

一　合併等をした法人又は合併等により資産及び負債の移転を受けた法人

二　合併等により交付された株式を発行した法人（前号に掲げる法人を除く。）

三　前二号に掲げる法人の株主等である法人（前二号に掲げる法人を除く。）

・合併直前にＣ社がＡ社の個人株主のうちの１人である甲からＡ社株

式の一部を取得します。なお甲はＣ社の代表者であるがＣ社の株式を保有していません。

・上記の三者合併を実行します。

・当該合併後、被合併会社Ｃ社が保有するＡ社株式は自己株式として計上されます。

・株主甲はＡ社株式の売却益を譲渡所得として確定申告する予定です。

【質問】

1）甲のＡ社株式の売却益が実質的には、「甲からＡ社に対する自己株式の売却である」として譲渡所得ではなく、みなし配当と認定されるリスクはあるでしょうか。

2）その他合併時における課税上の影響があるようであればご教授ください。

Answer

基本的な課税関係は下記が想定されます。

【解説】

1）について

ここは異論あるところもあると思われますが、自己株式取得と合併の実行時期が近ければ近いほど認定されるリスクは高いと思われます。理由は経済的実質が同一であれば課税関係も同様になるという租税法上の原則に基づき推測されるものです。過去の税務判例においては期間が問題になっている事案が数多くあります。

2）について

甲に直接資金付けしたいのであれば、（合併前後を問わず）配当が無難かと思われます。しかし、総合課税の高課税負担回避のため、不可能であるならば、自己株式取得と合併の期間を最低1事業年度程度あけ、それぞれの実行につい

て理論武装する他ないと思われます。

　上記は、非常に保守的な見解ですが、課税実務上、アクションは1事業年度1回という（10年以上前の資本戦略策定の現場では良く言われていたものです）鉄則のようなものがあります。

Q I-13　少数株主の持分比率を可能な限り希薄化させない組織再編成手法：株主間契約等

【前提】
・親会社P社、子会社S1社（4期前に買収）、子会社S2社（2期前に買収）があり、子会社S1社とS2社を合併（兄弟会社間合併）させたいと思っています。
・S1社はP社の100%子会社
・S2社の持分は右の通り（P社：約40%、少数株主A：約40%、少数株主B：約20%）です。

　　P社と少数株主AはP社の意思と同一の内容の議決権が行使されることを定めた「株主間契約」を締結し、P社はS2社を子会社として支配しています。
・少数株主AはS1社とS2社の代表取締役に就任しています。
・少数株主AはP社のS2社に対する持分比率が50%超となってしまうことは受け入れられず、単純な株式対価合併では、少数株主Aの持分比率が希薄化してしまう可能性があります。
・P社が保有するS1社株式の簿価220百万円です。
・S1社純資産180百万円（資本金等の額20百万円、利益積立金160百万円）当該内訳は、諸資産220百万円、諸負債40百万円です。

　　4期前買収時に資本金20百万円、利益剰余金0百万円のS1社を超

過収益力（200百万円）を見込んで買収し、1年間で40百万円の利益を積み上げ、4年目で160百万円の利益剰余金を積み上げているという状況です。

【質問】

　少数株主Aの持分比率を可能な限り希薄化させない条件で、S1社とS2社を合併させるスキームで最も合理的なスキームは何でしょうか。

　P社は少数株主Aを非常に優秀は経営者と考えており、Aに配慮しつつ、統合を進めたいと思っているからです。

Answer

　下記の複数のスキームが考えられます。各スキームにつき詳細なシミュレーションが必要です。

【解説】

1）法

① 　P社が保有するS1社株式をS2社に売却します。

② 　その結果、S1社はS2社の100％子会社となります。

③ 　その後、S1とS2社を吸収合併します。

　　この場合のS1社株式の売却価額は、両社交渉の結果、簿価220百万円（純資産180百万円＋残存超過収益力40百万円）とします。

2）法

① 　S1社とS2社で現金交付型合併（税制非適格再編成）を行います。

② 　S2社がS1社の合併対価をP社に支払うことで合併後もS2社の持分比率を維持します。

　　この場合のS2社がP社に支払う合併対価は、両社交渉の結果、220百万円（純資産180百万円＋残存超過収益力40百万円）とします。

3）法

① 　S1社の剰余金をすべて配当してしまい、S1社の時価純資産価値を極

限まで落とします。

② その後、S2社がS1社を吸収合併します。

少数株主Aの持分比率を可能な限り維持するということが前提条件です。そこで、多少なりとも合併比率の影響を受けてしまう3）法は避けるべきであり、1）法又は2）法の選択に落ちつくと考えます。

1）法と2）法の完成形は同じです。

1）法は適格合併、2）法は非適格合併という違いが生じます。

したがって、どちらが税務メリットがあるかを考慮しなければなりません。

では、具体的に懸念すべき事項は何でしょうか。1）法と2）法では、適格か非適格の違いのみになります。

1）法の場合

親会社P社はS1社株式を税務上の簿価220百万円で売却するため、売却による課税は生じないことになります。

S1社及びS2社は適格合併となり、簿価引継ぎとなるため、S1社及びS2社ともに合併による課税は原則として生じません。

2）法の場合

当該法人は土地や金融商品、退職金等がありません。資産負債の時価評価による課税は生じません。

合併法人であるS2社では以下の税務仕訳が生じると思われます。

諸資産	220百万円	/	諸負債	40百万円
資産調整勘定	40百万円	/	現金	220百万円

当該資産調整勘定は60か月の均等償却（平成29年度税制改正、損金算入可能）となるため、この点において税務メリットがあります。

一方でこの40百万円はもともと超過収益力が原資であるため、当該超過収益力に係る対当局用のエビデンスの完備が必要となると考えます。

被合併法人の親会社P社では、みなし配当及び株式譲渡損について以

下の税務仕訳が生じます。

現金　　　　　　220百万円　／　S1社株式　　220百万円

資本金等の額　　180百万円　／　みなし配当　　180百万円

当該譲渡損は合併対価220百万円－みなし配当180百万円－S1社簿価220百万円の算定結果です。

この場合、みなし配当180百万円はP社において益金不算入になる一方、株式譲渡損相当額は資本金等の額の減額となります。

この株式譲渡損相当額が資本金等の額調整項目になる点については下記の条文が根拠となります。

【法人税法第61条の2第17項】

17　内国法人が、所有株式（当該内国法人が有していた株式をいう。）を発行した他の内国法人（当該内国法人との間に完全支配関係があるものに限る。）の第24条第1項各号に掲げる事由（第2項の規定の適用がある合併、第4項に規定する金銭等不交付分割型分割及び第8項に規定する金銭等不交付株式分配を除く。）により金銭その他の資産の交付を受けた場合（当該他の内国法人の同条第1項第2号に掲げる分割型分割、同項第3号に掲げる株式分配、同項第4号に規定する資本の払戻し若しくは解散による残余財産の一部の分配又は口数の定めがない出資についての出資の払戻しに係るものである場合にあっては、その交付を受けた時において当該所有株式を有する場合に限る。）又は当該事由により当該他の内国法人の株式を有しないこととなった場合（当該他の内国法人の残余財産の分配を受けないことが確定した場合を含む。）における第1項の規定の適用については、同項第1号に掲げる金額は、同項第2号に掲げる金額（第4項、第8項、次項又は第19項の規定の適用がある場合には、これらの規定により同号に掲げる金額とされる金額）に相当する金額とする。

この条文が実際に発動されるのは、金銭等交付非適格合併において被合併法

Ⅰ　中小・零細企業の資本戦略　**37**

人の株主に完全支配関係のある内国法人が存在するときです。今回のケースは
これに該当すると思われます。

　なお、上記に関しては違和感を覚える方も多いと思われます。完全支配関係
のある子会社がグループ外に金銭等交付型非適格合併でスピンオフした場合
に、グループ法人税制の適用でもないのに、発動されるという点です。法人税
法第61条の２第17項は平成22年改正において、自己株式取得による譲渡損、受
取配当金の両建てスキームを防止するスキームだったと思うので、100％グ
ループ内の再編等であれば発動されるとは理解できます。これに関しては、下
記の根拠法令から以下のように整理されると思われます。

　金銭等交付株式分配の場合、

　○譲渡損益は計上されない……法法第61条の２第17項

　○当該譲渡損相当額は資本金等の額の減算……法令第８条第１項第22号
となります。

【法人税法施行令第８条第１項第22号】

22　当該法人（内国法人に限る。）が法第24条第１項各号に掲げる事由
　　（法第61条の２第２項の規定の適用がある合併、同条第４項に規定する金銭等
　　不交付分割型分割及び同条第８項に規定する金銭等不交付株式分配を除く。
　　以下この号及び第６項において「みなし配当事由」という。）により当該法
　　人との間に完全支配関係がある他の内国法人から金銭その他の資産の交
　　付を受けた場合（法第24条第１項第２号に掲げる分割型分割、同項第３号に
　　掲げる株式分配、同項第４号に規定する資本の払戻し若しくは解散による残
　　余財産の一部の分配又は口数の定めがない出資についての出資の払戻しに係
　　るものである場合にあっては、その交付を受けた時において当該他の内国法
　　人の株式を有する場合に限る。）又は当該みなし配当事由により当該他の
　　内国法人の株式を有しないこととなった場合（当該他の内国法人の残余財
　　産の分配を受けないことが確定した場合を含む。）の当該みなし配当事由に
　　係る同項の規定により法第23条第１項第１号又は第２号に掲げる金額と

みなされる金額及び当該みなし配当事由（当該残余財産の分配を受けない
ことが確定したことを含む。）に係る法第61条の２第17項の規定により同
条第１項第１号に掲げる金額とされる金額の合計額から当該金銭の額及
び当該資産の価額（適格現物分配に係る資産にあっては、第123条の６第１
項の規定により当該資産の取得価額とされる金額）の合計額を減算した金
額に相当する金額（当該みなし配当事由が法第24条第１項第１号に掲げる合
併である場合の当該合併に係る合併法人にあっては、零）

　しかし、上記の課税関係が発動されるのは、金銭等交付株式分配に係る現物
分配法人とその株主等である内国法人との間に完全支配関係がある場合（親会
社である現物分配法人の株式を他の子会社が有する場合）です。

　上記の見解においては「グループ外」すなわち、完全支配関係にないことか
ら譲渡損益は生じるものと思われます。

　譲渡損益を認識するかどうかは投資の継続性です。

　投資の継続性なし……譲渡損益認識

　投資の継続性あり……譲渡損益認識しない⇒資本金等の額の加減算

という理解で原則としてよろしいかと思います。

　現行条文では、下記のように必ずしも上記原則が通貫していないように見受
けられます。

・法人において移転資産に対する支配が継続しているかどうかと株主におい
　て旧株に対する投資が継続しているかは異なる。

・すなわち、法人税法61条の２第２項、４項では金銭等を交付しない合併で
　も税制適格かどうかを問わず、譲渡損益を計上しない。一方、29年度税制
　改正のように金銭等を交付する吸収合併であっても適格合併に該当する事
　案が生じた場合、みなし配当は認識しないが、譲渡損益を計上する必要は
　ある。

・このように法人において、移転資産に対する支配が継続しているかどうか
　と、株主においてみなし配当を認識するかどうかという点は一致している

が、譲渡損益の認識は「一致しない」。

なお本問の回答は

佐藤信祐『条文と制度趣旨から理解する　合併・分割税制』（清文社　2018年）該当箇所

櫻井光照『スピンオフの税務と法務　平成29年版』（大蔵財務協会　2017年）該当箇所

を参照しています。

Q I-14　オーナー貸付金に関する相続対策 ：貸付金評価の減額判定

【前提】

・直近の売上は下がっており欠損金が約 1 億円

・銀行借入残高：約 2 億円

・社長借入残高： 2 億円

・社長は80歳と高齢で、体調は良くありません。

・法人が保有する現預金及び不動産を売却すれば、銀行借入は全額返済可能です。しかし社長借入金は全く返済できない見込みです。

【質問】

1 ）現時点で社長が亡くなった場合、貸倒必至債権として相続財産に含めないで相続税申告をすることは可能ではないでしょうか。（財産評価基本通達205項）

2 ）上記が無理な場合は、事前の相続対策が必要なのですが、社長借入金の一部である約 1 億円（欠損金の範囲内）のみ債権放棄をしてもらうということは可能なのでしょうか。

３）他に良い方法などがあれば教えてください。

Answer

典型的な債権放棄＋DESのケースに該当すると思われます。具体的な手順としては下記ではないでしょうか。

【解説】

１）について

TAINZの税法DBでは大阪高判平15.7.1、東京高判平21.1.22等々が参照になります。財産評価基本通達205項は本当に「事業の閉鎖、強制執行、会社更生等」の事由がないと「絶対に」認められないというのが当局及び裁判所の判断です。

完全に私見ですが当該項は例示列挙通達ではなく限定解釈すべき限定列挙通達として当局に取り扱われていると思われます。

【財産評価基本通達205項】

（貸付金債権等の元本価額の範囲）

205　前項の定めにより貸付金債権等の評価を行う場合において、その債権金額の全部又は一部が、課税時期において次に掲げる金額に該当するときその他その回収が不可能又は著しく困難であると見込まれるときにおいては、それらの金額は元本の価額に算入しない。（平12課評2-4外・平28課評2-10外改正）

⑴　債務者について次に掲げる事実が発生している場合におけるその債務者に対して有する貸付金債権等の金額（その金額のうち、質権及び抵当権によって担保されている部分の金額を除く。）

　　イ　手形交換所（これに準ずる機関を含む。）において取引停止処分を受けたとき

　　ロ　会社更生法（平成14年法律第154号）の規定による更生手続開始の決定があったとき

I 中小・零細企業の資本戦略 **41**

　　ハ　民事再生法（平成11年法律第225号）の規定による再生手続開始の
　　　決定があったとき

　　ニ　会社法の規定による特別清算開始の命令があったとき

　　ホ　破産法（平成16年法律第75号）の規定による破産手続開始の決定
　　　があったとき

　　ヘ　業況不振のため又はその営む事業について重大な損失を受けたた
　　　め、その事業を廃止し又は6か月以上休業しているとき

(2)　更生計画認可の決定、再生計画認可の決定、特別清算に係る協定の
　　認可の決定又は法律の定める整理手続によらないいわゆる債権者集会
　　の協議により、債権の切捨て、棚上げ、年賦償還等の決定があった場
　　合において、これらの決定のあった日現在におけるその債務者に対し
　　て有する債権のうち、その決定により切り捨てられる部分の債権の金
　　額及び次に掲げる金額

　　イ　弁済までの据置期間が決定後5年を超える場合におけるその債権
　　　の金額

　　ロ　年賦償還等の決定により割賦弁済されることとなった債権の金額
　　　のうち、課税時期後5年を経過した日後に弁済されることとなる部
　　　分の金額

(3)　当事者間の契約により債権の切捨て、棚上げ、年賦償還等が行われ
　　た場合において、それが金融機関のあっせんに基づくものであるなど
　　真正に成立したものと認めるものであるときにおけるその債権の金額
　　のうち(2)に掲げる金額に準ずる金額

大阪高等裁判所平成15年（行コ）第12号相続税更正処分取消請求控訴事件
（棄却）（確定）国側当事者・東山税務署長　平成15年7月1日判決【税務訴
訟資料　第253号　順号9386】【貸付金債権の評価／債務控除・保証債務】（TAINZ
コード　Z253-9386）

〔事案の概要〕

1　～（中略）～要約すると以下のとおりである（略称は原判決の例による。）。

(1)　平成9年1月20日に控訴人らの母丙が死亡し、控訴人らが相続したところ、丙は、死亡時、本件会社の代表取締役であり、本件会社に対し、1億3003万7274円の貸付金債権（本件貸付金）を有し、かつ、本件会社のB銀行（東山支店）及びC銀行（河原町支店）に対する合計9752万8874円の借入金債務（本件借入金債務）につき連帯保証（本件連帯保証債務）をするとともに、自らの定期預金を担保として銀行に差し入れていた。

(2)　控訴人らは、一旦は、本件貸付金を相続財産に計上して、相続税の申告をしたが、後に、①本件相続開始時点において本件貸付金は回収不能な債権であるから、評価基本通達205に基づき、貸付金の元本の額に算入されるべきものではない、②本件借入金債務について、丙は、連帯保証人であり、自己の定期預金を担保として差し入れていたが、本件借入金債務は、相続開始時点において主たる債務者である本件会社が弁済不能状態にあって、いつ物上保証を実行されてもおかしくない状況であり、また、本件会社に求償権を行使しても回収は期待できない状況であったため、本件保証債務は、相続開始時点において確実な債務であり、本件相続の相続税の計算上、債務控除の対象となる債務である等と主張して、相続税の減額を求める更正の請求を行った（本件更正の請求）。これに対し、被控訴人は、①については、本件貸付金は相続開始時点において回収不能の債権であるとはいえない、②については、本件保証債務は相続開始時点において相続税法14条1項に規定する確実な債務には該当しないと判断し、その他の理由で納付すべき税額を一部減額したものの、上記①②に関しては減額更正すべき理由がないとする更正処分（本件更正処分）を行い、異議申立も棄却し、国税不服審判所長に対する審査請求も棄却された。

(3)　本件は、控訴人らが、本件更正の請求と同様の理由により、本件更

正処分の一部取消を求めたものであり、その争点は、①本件貸付金が評価基本通達205に定める回収不能な債権に該当するか（争点１）、②本件保証債務は、法14条１項に規定する「確実と認められる」債務に該当するとして相続財産から債務控除することができるか（争点２）の２点である。

ア　争点１について、被控訴人は、本件会社は、本件相続開始前後も事業を継続し、銀行から本件相続開始後にも継続して新規融資を受けており、また、銀行への借入金の返済が遅延したことはなく、返済の催告を受けたり、担保権を実行されたこともなく、通常の取引を行っており、また、本件会社の経営状況の改善の見込みが全くないとする事由も発生していないとして、本件相続開始当時において、評価基本通達205前段に該当する事由も発生していないし、後段の「その他その回収が不可能又は著しく困難であると見込まれるとき」にも該当せず、本件貸付金を相続財産に算入しない根拠はないと主張する。これに対し、控訴人らは、本件会社は、本件相続開始時において、純資産評価で１億4860万円程度の債務超過に陥っており、その後も経営改善の見通しが立たない状況にあり、丙の個人資金注入によって事業を継続しているにすぎず、丙は、本件貸付金について、全く担保を確保しておらず、本件貸付金の引き当てとなる資産も無いに等しい状況にあったとして、本件貸付金は、本件相続開始時点において回収不能な債権というべきであり、評価基本通達205に基づき、その全部又は一部は、元本の額に算入されるべきではないと主張する。

イ　また、争点２について、被控訴人は、保証債務は、原則として、法14条１項に定める「確実と認められる」債務には該当しないものの、主たる債務者が弁済不能の状態にあるため保証人がその債務を履行しなければならない場合で、かつ、主たる債務者に求償しても返還を受ける見込みがないような例外的な場合に初めて、保証債務

についても、「確実と認められる」債務に該当することになるとして、本件会社については、本件相続開始時において、本件借入金について弁済不能の状態であったとはいえず、また、丙が本件保証債務を履行しなければならない事由が生じた事実もないから、本件保証債務は、法14条1項に規定する「確実と認められる債務」には該当しないと主張する。これに対し、控訴人らは、本件会社は、上記で主張したとおり、本件相続開始時点で債務弁済不能状態であり、丙がそれらの債務を履行しなければならない状況であり、かつ本件会社に対する求償権も放棄せざるを得ない事態に陥っていたから、本件保証債務は、「確実と認められる」債務として債務控除されるべきであると主張する。

2 当審における控訴人の補足主張

(1) 法22条は、相続により取得した財産の価額は、当該財産の取得の時における時価により、当該財産の価額から控除すべき債務の金額は、その時の現況によると定め、時価評価の原則を表明している。評価基本通達の解釈・運用の大前提は、この時価評価の原則にあり、同通達の規定形式に囚われた結果、同原則の公平妥当な適用が阻害されるのであれば、法の下位規範たる通達の解釈・運用を誤った課税措置と評価せざるを得ない。

(2) 被控訴人は、要するに、①本件相続開始後も、本件会社が一応の売上をあげつつ存続していたこと、②その間も金融機関への返済を継続し、期限の利益喪失事由の発生もなく、相殺手続も行われていないことをもって、本件貸付金及び本件保証債務を履行した場合の求償権の行使に対する弁済可能性について、評価基本通達205にいう「その回収が不可能又は著しく困難であると見込まれる」場合に該当しないと断ずるのである。

(3) 確かに、本件会社は、本件相続の前後を通じ、売上は計上している。しかし、会社において重要なことは、利益を上げることであり、

売上を上げても利益がでなければ、営利法人の存続の意味はない。本
　　件会社は、本件相続前3営業年度において赤字が累積する一方で完全
　　に破綻していた。このような本件会社がようやく命脈を保っていられ
　　たのは、偏に代表者であった丙による運転資金の注入ないし担保に提
　　供された丙の個人資産に着目した金融機関の繋ぎ融資があったからこ
　　そである。個人企業から法人成りした同族会社たる小規模閉鎖会社の
　　特殊性を正しく見て、本件会社自体の資産、経営の実態を客観的に評
　　価すれば、評価基本通達205が掲げる例示列挙に準ずる事情があった
　　と判断すべきである。

(4)　仮に上記判断ができず、本件会社について、債権の引当財産となり
　　うる商品在庫の時価評価が困難な事情があるとしても、評価基本通達
　　205は、債権の回収可能性を考慮し、評価元本に算入しないものとす
　　ることができる金額を「全部又は一部」と規定しているのであるか
　　ら、簿価評価等によって債権の回収可能性を吟味すべきであり、丙の
　　個人資産からの回収を当て込んだ金融機関の回収姿勢を拠り所に、安
　　易に債権の額面全額をその時価と評価したのは、評価基本通達205の
　　趣旨を没却し、その解釈・適用を誤り、ひいては法22条に背馳した違
　　法なものであったというべきである。

第3　当裁判所の判断

　1　（省略）

　2　争点1について

　　⑴　評価基本通達の位置づけ

　　　【判示⑴】

　　　ア　法22条は、相続税の課税価格となる相続財産の価額は、特別に
　　　　定める場合を除き、当該財産の取得時における時価によるべき旨
　　　　を規定しているところ、同時価とは相続開始時における当該財産
　　　　の客観的な交換価値をいうものと解するのが相当であり、同価格
　　　　は、それぞれの財産の現況に応じ、不特定多数の当事者間におい

て自由な取引が行われる場合に通常成立すると認められる価額を
いうものであって、これはいわゆる市場価格と同義である。

【判示(2)】

　しかし、財産の市場価格は必ずしも一義的に確定されるもので
はないことから、課税実務上は、相続財産評価の一般的基準が評
価基本通達によって定められ、そこに定められた画一的で客観性
の高い評価方法によって相続財産を評価することとされている。
これは、相続財産の交換価格を個別に評価する方法を採ると、そ
の評価方式、基礎資料の選択の仕方等により異なった評価価額が
生じることは避けがたく、また、課税庁の事務負担が重くなり、
課税実務の迅速な処理が困難となるおそれがあることなどからし
て、あらかじめ定められた客観性の高い評価方式により画一的に
評価する方が、納税者間の公平、納税者の便宜、徴税費用の節減
という見地からみて合理的であるという理由に基づくものであ
る。そうすると、評価基本通達の内容が法22条の規定に照らして
合理的なものである限り、それによって課税することは法の予定
するところであり、当然許容されることがらである。そして、む
しろ、特に租税平等主義という観点からみると、評価基本通達に
則った課税がすべての納税者に対して行われることによって租税
負担の実質的公平をも実現することができるというべきである。
したがって、特定の納税者あるいは特定の相続財産についてのみ
評価基本通達に定める以外の方法によってその評価を行うこと
は、たとえその方法による評価額がそれ自体として許容できる範
囲内のものであったとしても、納税者間の実質的負担の公平を欠
くことになり、原則として許されないものというべきである。

イ　評価基本通達204〈貸付金債権の評価〉は、貸付金債権等の価
　額を元本の価額と利息の価額との合計額によって評価する旨を定
　めており、これを受けて、同通達205〈貸付金債権等の元本価額

Ｉ　中小・零細企業の資本戦略　**47**

の範囲〉では、貸付金債権等の価額の評価を行う場合において、その債権金額の全部又は一部が、課税時期において同通達205①ないし③の金額に該当するとき又は「その他その回収が不可能又は著しく困難であると見込まれるとき」には、それらの金額を元本の価額に算入しない旨定めている。

　〜　（中略）　〜

【判示(3)】

ウ　そして、企業会計原則によっても、債権は市場性がないことを前提に時価評価は行われておらず、個別に債権の回収率を算定して、それをもって時価評価とすると、会社の営業状況や将来性等必ずしも客観的一義的な評価方法が確立していない要素に左右されることになり、また客観的に明白な事由なしに回収率を算定することは、納税者の恣意を許し、課税庁に過大な負担を強いることになるので、貸付金債権の評価方法として、原則として額面評価とし、例外として同通達205①ないし③のように客観的に明白な事由が存在する場合に限り、その部分について元本不算入の取扱いをすることとしているものであって、通達205の定めは、法22条を具体的に適用する基準として合理的なものと認められる。また、「その他その回収が不可能又は著しく困難であると見込まれるとき」とは、通達205の趣旨及び規定の仕方からして、同通達205①ないし③の事由に準ずる場合を指すものであることは明らかであるから、これと同視できる程度に債務者の営業状況等が客観的に破綻していることが明白であって、債権の回収の見込みのないことが客観的に確実であるといい得るときであることが必要であるというべきである。

(2)　評価基本通達の本件への当てはめ

【判示(4)】

ア　これを本件についてみると、本件事実関係によれば、確かに、

本件会社は、本件相続開始前後の決算期において、毎期2000万円前後の経常損失を計上し（甲１ないし３の各１・２、乙７）、債務超過の状態が続いており、その経営状態が良好であったとはいい難いものの、平成８年６月期の事業年度から平成11年６月期に至るまで、年間約5700万円から約7600万円の売上を計上し、6500万円前後の棚卸資産を有しており（甲１ないし３の１・２、乙７）、損失を出しながらも製造販売が続けられていたことが認められ、本件相続開始前後である平成７年ないし平成12年において、手形交換所による取引停止処分を受けたり、会社更生手続が開始されたり、事業の廃止等の事態が生じたなどの評価基本通達205の①ないし③の事由は存在せず、事業を継続している。そして、本件会社は、Ｂ銀行及びＣ銀行に対し、本件相続開始前後を通じて、本件借入金債務について、金利、元本ともに怠ることなく返済を継続し、両銀行から本件相続開始前後も継続して新規融資を受けている。本件借入金に関しては、期限の利益の喪失事由の発生もなく、また、両銀行から本件会社に対して貸付金と担保定期預金との相殺手続も行われていない。これらの事実関係に照らすと、本件貸付金は、本件相続開始時において、評価基本通達205には該当しないものというべきである。

イ　これに対し、控訴人らは、本件会社は、丙の亡父である初代丁（商工省指定技術保存作家）の陶芸作家としての誇りと名声を守りたいという意地と丙からの個人資金注入に基づいて事業を継続しているにすぎず、相続財産としての代表者個人の同族会社に対する貸付金の回収可能性を判断するについて、代表者個人である丙の資産を考慮するのは、同族会社ないし小規模閉鎖会社の社会的実態を無視するものであり、誤りである旨主張している。確かに、丙は、本件会社に１億3003万円余の貸付をし、不動産や8000万円を超える定期預金を銀行の担保に提供しているのであって、

丙の個人資産が本件会社運営の基盤となっていることは推測に難くない。そして、経営不振に陥りながらも、本件会社を整理することなく、継続させてきたのは、二代目丁を襲名した丙の固い信念に基づくものであったのかもしれない。しかし、上記のとおり、法22条の時価評価は、まさに形式的にすべての納税者に対して同等に行われるべきものであり、具体的妥当性を持つ評価基本通達の文言を離れて、控訴人らの主張するような個別具体的な事情を考慮して評価を行うことは租税平等主義にもとるものであって、むしろ許されないというべきである。すなわち、評価基本通達205の規定は、前記のとおりであって、その「債務者」が大規模会社であれ、小規模会社であれ、また純然たる第三者であれ、債権者である被相続人が代表者を務める会社であれ、同様に解されるべきであるということは、同規定がことさらこれらの点を区別して規定していないことからも明らかである。言い換えれば、上記規定は、上記例示のような各場合をも当然予定した規定であると解されるのであって、本件が上記規定の適用を排除しなければならないような特殊な類型に属するとはいまだ解することができない。さらに付言すれば、結果として、上記規定に該当する事由が存在しなければ、同規定に該当しないという判断になる（下線筆者）のであって、その理由を問うものでないことも、評価基本通達の規定の仕方からして疑義のないところである。そうすると、同族会社ないし小規模閉鎖会社においては、その会社固有の資産のみならず、代表者個人の資産も引き当てにするという社会的実態があり、あるいは代表者の資金注入によりようやく事業を継続しているという状況であったとしても、そのことにより結果として債務者である会社が現に存続している以上、まさに会社が存続するものとして評価基本通達を適用するほかないものであり、この点は本件会社のみならず、本件会社と同様の規模の会社

にも等しく当てはまるものである。したがって、この点に関する控訴人らの主張は採用できない。

ウ　また、控訴人らは、評価基本通達205が、その規定上、債権の回収可能性を考慮し、元本の全部不算入のみならず、一部不算入も認められる余地を明らかにしているのであるから、本件の場合も一部不算入も検討するべきであると主張している。しかし、評価基本通達205の趣旨は、上記説示のとおりであり、そうである以上、債権金額の全部又は一部が評価基本通達205前段ないし後段に該当する場合に、<u>その該当部分について全額元本に加えないとするものであることは明らかであり、債権の具体的な回収可能性の程度に応じて元本の一部不算入を認める趣旨ではない</u>（下線筆者）ことは明白である。また、控訴人ら主張のように、同通達の示す客観的な事由が生じていないのに、実質的な回収可能性を評価することになれば、極めて不確実な将来予測をもって、財産評価をせざるを得ない事態となり、同通達により客観的で画一的な処理を行うことにより恣意性を排して、公平な財産評価をするという税制の基本に反する結果となる。したがって、控訴人らのこの点に関する主張も採用できない。

3　争点2について

(1)　法13条及び14条1項の意義

【判示(5)】

　　法13条及び14条1項によれば、相続税の計算に際して、課税価格の算定の際にその金額を控除すべき債務は、「確実と認められるものに限る。」とされている。そして、「確実と認められる」債務とは、債務が存在するとともに、債権者による請求その他により、被相続人の負担に帰することが確実な債務であると解すべきである。

(2)　保証債務の取扱いについて

【判示(6)】

Ⅰ　中小・零細企業の資本戦略　**51**

　　ところで、連帯保証債務は、それが履行された場合でも、その履行による負担は、法律上は主たる債務者に対する求償権の行使によって補填されて解消する関係にあり、このような観点からみると、被相続人が連帯保証債務を負っているというだけでは、原則として法14条１項の「確実と認められる」債務を負っているということに直ちになるものではなく、相続開始の現況において、主たる債務者が資力を喪失して弁済不能の状態にあるため、主たる債務者に求償しても返還を受ける見込みがない場合にはじめて、「確実と認められる」債務であるとして債務控除の対象になるというべきであり、このような解釈基準は、結局のところ、<u>評価基本通達205にいうところの「その他その回収が不可能又は著しく困難であると見込まれるとき」という基準とほとんど同様のもの</u>（下線筆者）というべきである。

⑶　本件への当てはめ

【判示⑺】

　　これを本件についてみると、本件事実関係によれば、前記判断のとおり、本件貸付金が評価基本通達205所定の回収が不可能又は著しく困難であると見込まれるときに該当しないのと同様の理由で、本件相続開始当時、丙が本件保証債務を履行した場合の本件会社に対する求償権について、その回収が不可能又は著しく困難であるとはいえない状況であったといわざるを得ない。そうすると、本件保証債務は、これを法14条１項の「確実と認められる」債務ということはできない。

東京高等裁判所平成19年（行コ）第407号更正処分の義務付け等控訴事件（棄却）（確定）国側当事者・国（千葉西税務署長）平成21年１月22日判決【税務訴訟資料　第259号－7　（順号11120）】【貸付金債権の評価／相続開始後に解散があった場合／義務付けの訴えの適法性】（TAINZコード　Z259-

11120)

〔事案の概要〕

1 本件は、控訴人らが、亡丙（以下「丙」という。）からそれぞれ平成14年に相続したA株式会社（以下「A」という。）に対する各債権が、いずれも回収可能性がなく実質的価値のないものであり、これらを相続後の課税価格に算入すべきでない旨主張して、処分行政庁に対し、それぞれ相続税額の更正の請求を行ったが、平成16年12月14日付けで、いずれについても更正をすべき理由がない旨の通知がされたので、上記各通知（異議決定及び裁決により一部取り消された後のもの）の取消し及び上記各債権を課税価格に算入しない相続税額での更正処分の義務付けを求めている事案である。

2 （省略）

第3 当裁判所の判断

1 （省略）

2 Aに関する事実関係

前記前提事実、証拠（甲14、29、32、40、47のほか、各項掲記のもの。）及び弁論の全趣旨によれば、以下の事実が認められる。

(1) Aは、控訴人甲の父戊が昭和25年11月22日に設立した株式会社であり、丙は、昭和49年10月10日から昭和63年10月31日までは同社の監査役、平成3年1月31日から平成9年10月31日まで及び平成12年10月10日から平成14年9月6日までは同社の取締役であり、この間、昭和57年2月1日戊が死亡し、同月22日控訴人甲が同社の代表取締役に就任し、控訴人乙は、平成12年10月10日同社の監査役に就任し、平成14年9月6日監査役を辞任して取締役に就任した。本件相続開始時直前においては、Aの役員は、代表取締役控訴人甲、取締役控訴人乙及びB（控訴人らの長男）、監査役C（控訴人らの長女）であり、以後、平成16年7月7日同社が解散登記をするまで役員に変更はなく、また、同社の発行済株式総数は20万株であり、丙

が10万株、控訴人甲が5万株、控訴人乙が2万5000株、Bが2万5000株を保有していたが、丙の株式を相続により原告甲が全部相続した。以上のとおり、Aは、控訴人ら一族の同族会社である。（甲1の1中の登記簿謄本、乙3、乙4の1ないし10、乙5、9、10、弁論の全趣旨）Aは、当初でんぷん製造業及び材木販売業を行っていたが、まもなくでんぷん製造業を廃業して建築業を始め、その後、レストラン、弁当屋及びコンビニエンスストアなどの新規事業を開始し、売上げのほとんどはこれらの新規事業が占めるようになったが、営業成績は振るわず損失が累積するようになり、銀行からの融資枠も平成3年ころ2億円であったが、平成6年ころには1億5000万円、その後は4000万円に縮小し、丙や被控訴人甲ら役員からの無担保無利息かつ期限の定めのない貸付けによって事業を継続する状態となったため、従前の事業をすべて廃業して比較的利益の出やすい葬儀請負業を新たに開業することとし、平成12年春には上記新規事業を廃業し、さらに従前の店舗の解体及び新規の葬祭ホールの建築を最後に建築業等も廃業し、平成13年1月から葬儀請負業を開業し、丙が死亡した後も営業を継続し、平成16年6月末に至って葬儀請負業を廃業し、同年7月5日株主総会決議により解散し、同月7日解散登記を経由し、次いで、同年9月10日清算を結了した。（乙3、6）。

(2) Aの平成11年7月期から平成16年7月期までの事業年度（同社の事業年度は各年8月1日から翌年7月31日まで。ただし、平成16年7月期は平成15年8月1日から解散決議をした平成16年7月5日まで）の経営状況等は別表記載のとおりである（単位は万円、万円未満切り捨て。）。平成12年7月期、平成13年7月期及び平成14年7月期の各役員借入金は、同表記載のとおりであるところ、これらは、丙、控訴人甲及び丙の三男丁からの借入金であり、いずれも返済時期の定めがなく、かつ、利子の定めのないものであった。

(3) Aの広告宣伝費の推移は、平成11年7月期3万5000円、平成12年7月期0円、平成13年7月期530万1508円、平成14年7月期307万2500円、平成15年7月期350万0278円、平成16年7月期199万1910円であり、葬儀請負業を開業した平成13年以降、広告宣伝費が大幅に増加し、事業の維持拡大の意図が明らかである。(甲25、乙7ないし11)

(4) 丙は、平成12年7月期にAに賃貸していた店舗等の解体工事等を約7000万円で、平成13年7月期に葬祭ホールの新築工事を2億円で、それぞれAに発注し、これらはAの上記両年度の売上げのかなりの部分を占めるものであり、Aはこれを事業変更に伴う費用に充てることができた。他方、丙は、これらの費用を自ら負担し、これをまかなうために平成13年1月銀行から2億円を利息年2.5パーセント、期限14年6か月の約定で借入れ、同年7月から毎月約140万円ずつ返済することとし、新築した葬祭ホールをAに賃貸してその賃料(敷金はなく、賃料は、平成13年7月までは合計100万円、同年8月から12月までは0円、平成14年1月から月額150万円)をこの返済に充てることとした。(甲1の1中の建物賃貸借契約書、甲26ないし28、乙8ないし10) 被控訴人は、Aが丙に対し、平成12年8月8日から平成14年7月30日までの間に5回にわたり合計683万1224円を弁済したことを指摘しているが、このうち、平成12年8月8日の262万円、平成13年4月10日の50万円及び同年8月28日の278万円余の弁済については、その直前に丙からAに弁済額をかなり上回る貸付がされているから(甲6の別表4)、実質的には貸付額の減額とみるべきものである。

(5) 丙は、平成14年4月25日、顧問税理士の勧めによりAに対する貸付金のうち6700万円につき書面により債務免除の意思表示をした(甲7)。しかし、Aは、前記(2)のとおり、平成14年7月期も約429万円の経常損失を計上し、丙及び控訴人甲に対する役員報酬及び賃

料の未払金も累計約2205万円となり、上記債務免除等による特別損益が発生したため当期利益を計上できたが、累積損失額は約1億4684万円、役員からの借入額は約1億5970万円（丙分1億0238万円、控訴人甲分4489万円、丁分1242万円）となった。（乙9）

3　争点(2)（本件各債権の評価）について

(1)　債権の評価基準相続税法22条は、「この章で特別の定めのあるものを除くほか、相続、遺贈又は贈与により取得した財産の価額は、当該財産の取得の時における時価により、当該財産の価額から控除すべき債務の価額は、その時の現況による」と規定するところ、同条にいう時価とは、相続の場合、相続開始時における当該財産の客観的な交換価値をいうものと解される。上記の客観的な交換価値は、必ずしも一義的に把握されるものではないから、課税実務上、相続税法に特別の定めのあるものを除き、相続財産の評価の一般的基準が評価通達により定められ、これにより定められた評価方式により相続財産を評価することとされている。このことは、上記の客観的な交換価値を個別に評価する方法をとると、評価方式、基礎資料の選択の仕方等により異なった評価価額が生じ、また、課税庁の事務負担が加重となって課税事務の迅速な処理が困難となる等のおそれがあることから、あらかじめ定められた評価方式によりこれを画一的に評価する方が納税者間の公平、納税者の便宜、徴税費用の節減等の見地から見て合理的であるという理由に基づくものと解され、したがって、評価通達の内容が同条の規定に照らして合理的なものである限り、評価通達により定められた評価方式により相続財産を評価することは許容されるというべきである。前記のとおり、評価通達204項は、貸付金債権等の価額は、原則として、元本の価額と利息の価額との合計額によって評価すると規定し、評価通達205項は、評価通達204項の定めにより貸付金債権等の評価を行う場合において、例外的に、その債権金額の全部又は一部が、課税時期

において評価通達205項(1)ないし(3)に掲げる金額に該当するときその他その回収が不可能又は著しく困難であると見込まれるときにおいては、それらの金額は元本の価額に算入しないと規定する。上記の評価通達205項(1)ないし(3)に掲げる金額に該当するときのうち、同項(1)に掲げる金額に該当するときとは、支払停止、支払不能等の状態にある債務者について法的倒産処理手続等がとられている場合におけるその債務者に対して有する貸付金債権等の金額に該当するときをいい、同項(2)及び(3)に掲げる金額に該当するときとは、債務者について私的整理手続等がとられている場合において債権者集会の協議又は債権者と債務者の契約により債権の減免等がされたときの減免等の金額に該当するときをいうものと解される。加えて、評価通達205項は、同項(1)ないし(3)の事由のほか、「その回収が不可能又は著しく困難であると見込まれるとき」も前項による評価の例外的事由として掲げているが、これが評価通達205項(1)ないし(3)の事由と並列的に規定されていることは規定上明らかである。このような評価通達205項の趣旨及び規定振りからすると、同項にいう「その回収が不可能又は著しく困難であると見込まれるとき」とは、同項(1)ないし(3)の事由と同程度に、債務者が経済的に破綻していることが客観的に明白であり、そのため、債権の回収の見込みがないか、又は著しく困難であると確実に認められるときであると解すべきであり、同項(1)ないし(3)の事由を緩和した事由であると解することはできない。(下線筆者)以上によれば、評価通達204項及び205項は、貸付金債権等の評価として、原則として額面の評価によることとし、例外的に債権の回収が不可能等であることについて客観的に明白な事由がある場合に限り当該部分について元本に算入しない取扱いをすることとしているものであって、この定めは、相続税法22条を具体化した基準として合理的なものと認められる。控訴人らは、金融庁の金融検査マニュアル等をあげて、債権の回収可能性に

Ⅰ　中小・零細企業の資本戦略　**57**

ついては画一的な評価を避け、個別具体的に判断すべきであると主張する。しかし、金融検査は、金融庁が金融システムの安定と再生を図ること等を目的として金融機関を検査しているものであるところ、金融検査マニュアルは、その検査の際、金融庁の検査官が用いる手引書として位置付けられるものであり、各金融機関においては、このマニュアル等を踏まえ創意工夫して、より詳細なマニュアルを作成し、金融機関の業務の健全性と適切性の確保に努めることが期待されるというものである（乙21）。そうすると、金融検査マニュアルと評価通達とはその趣旨目的を異にするものであり、<u>相続税における財産の評価の際に、評価通達によらないで、銀行等の金融機関の業務の健全性と適切性の確保のために用いられる金融検査マニュアルを使用するのは到底合理的なものということはできない。</u>（下線筆者）したがって、控訴人らの上記主張は理由がない。

(2)　評価通達による本件各債権の評価前記(1)で述べたところを踏まえて、評価通達による本件各債権の評価を検討する。まず、本件各債権の元本の全部又は一部については、これが評価通達205項(1)ないし(3)の金額に該当しないことは、当事者間に争いがない。そこで、次に、本件各債権の元本の全部又は一部が評価通達205項にいう「その回収が不可能又は著しく困難であると見込まれるとき」に該当するか否かについて検討する。前記認定事実によれば、Aは、同族会社であって、その経営は、事業による利益に加えて、同族株主、役員等の経済的な支援により維持運営されてきたものであること、Aは、本件相続開始時前から数事業年度にわたって多額の未処理損失があり、そのため債務超過であり、その経営状況は厳しい状況にあったことが認められる。しかし、前記認定事実によれば、Aにおいては、事業による利益は、毎年相当額の売上げが継続してあり、殊に、葬儀請負業に転じた平成13年以降は、従前と比較して、売上総利益が増加していること、前記未処理損失の大半は、同

族役員等からの借入金であって、いずれも返済時期の定めのない無利子のものであり、実際的に返済が求められていたものではなく、他方、金融機関からの有利子の借入金は割合的に少なく、その返済に遅滞等はないこと、Aにおいては、その役員は控訴人甲が代表取締役、丙が取締役であったが、発行済株式総数20万株のうちその半分の10万株を丙が保有し、それに応じた発言力を有していたと認められるところ、丙は、平成13年当時には、Aに対し約1億7309万円の貸付金があったにもかかわらず、自らの負担により銀行から2億円を借り入れて葬祭ホールを新築し、これをAに賃貸してその葬儀請負業の事業の用に供するなど、Aについての事業意欲はなお盛んであり、また、葬儀請負業の経営についてそれなりの成算をもっていたものと認められること、Aは、葬儀請負業を開業した後、広告宣伝費を大幅に増加し、平成13年7月期に530万1508円、平成14年7月期に307万2500円、平成15年7月期に350万0278円を支出しており、本件相続開始時の前後にわたって事業の維持拡大の意図を明らかに示していたこと等が認められ、他方、本件相続開始時において、Aについて、事業不振のため、債権者、とりわけ金融機関に対する支払返済が遅滞、停止する等の事実があったことは認められず、また、業務を停止し、休業し、又は廃業を準備する等の事実があったことも認められないというのである。そうすると、本件各債権については、本件相続開始時において、評価通達205項にいう「その回収が不可能又は著しく困難であると見込まれるとき」、すなわち、債務者が経済的に破綻していることが客観的に明白であり、そのため、債権の回収の見込みがないか、又は著しく困難であると客観的に認められるときに該当すると認めることはできず、評価通達204項に基づき債権の元本による評価をして差し支えないものということができる。なるほど、Aにおいては、本件相続開始時に多額の未処理損失があったが、それは大半が同族役

員からの借入金であり、同族会社が同族株主、役員等からの経済的な支援等を受けて維持運営されるのは異例のことではなく、また、経常的に業務を維持運営している会社が計算書類上債務超過の状態にあるからといって、これを目して倒産状態にあるというのは早計に過ぎる（下線筆者）といわなければならない。控訴人らは、Aが丙死亡前から廃業に向けて動き出しており、たまたま廃業時期が丙死亡後になったにすぎないから、丙死亡後に同社が廃業して解散し清算手続において貸付金債権等が一切弁済されなかったことを本件相続開始時における相続財産の評価の要素として考慮すべきであり、控訴人甲が平成14年に入って廃業を考え、同年6月3日及び同年9月1日に不動産業者との間でAの本店所在地の土地を他に売却するための一般媒介契約を締結しており、Aがこれ以前に廃業を決定していたことは明らかであると主張し、一般媒介契約書（甲22、23）、控訴人甲の陳述書（甲14、24）等を提出する。証拠（甲22、23、乙22、23）によれば、控訴人甲は、有限会社Dに対し、平成14年6月3日付けで、Aが営む葬儀請負業に影響しないように葬祭ホールの西側に存在する倉庫敷地（300坪ないし500坪と見込まれた。）を測量して売却することを依頼し、同日付けで、依頼者控訴人甲と宅地建物取引業者有限会社Dとの間で不動産の一般媒介契約書が作成され、同契約書には、有効期間同契約締結後3か月、目的物件の所有者控訴人甲、所在地八千代市の一部、土地実測992㎡（300坪）、公簿1653㎡（500坪）、備考として工場跡地300坪〜500坪を測量して売却する（西側道路付きの部分）等の記載があること、次いで、控訴人甲は、株式会社Eに対し、同年9月1日付けで、上記倉庫敷地を測量して売却することを依頼し、同日付けで、依頼者控訴人甲と宅地建物取引業者株式会社Eとの間で不動産の一般媒介契約書が作成され、同契約書には、有効期間同契約締結後6か月、目的物件の所有者控訴人甲、所在地番八千代市、地目工場跡

地、地積300坪〜500坪等の記載があること、その後、控訴人甲と株式会社Eは、平成16年3月1日付けで、上記番地の土地全体2000坪を売却対象とした専任媒介契約を締結したことが認められる。そうすると、控訴人甲が平成14年6月及び9月当時において不動産業者に対し売却を依頼した土地は、Aが営む葬儀請負業に影響しない倉庫敷地であり、さらに、不動産業者に対し同倉庫敷地及び葬祭ホール敷地を含む全体の土地の売却を依頼したのは平成16年3月のことであるから、Aが平成14年6月及び9月当時において廃業を意図していたと認めることは到底できず、他にAが本件相続開始時前において廃業に向けて動き出していたことを認めるに足りる証拠はない。（下線筆者）したがって、控訴人らの上記主張は理由がない。以上によれば、本件各債権については、評価通達205項を適用すべき事由は認められず、また、評価通達6項にいう事由は認められないから、評価通達204項に基づき元本により評価することは相当であるというべきである。

　近似では東地平成30年3月27日判決、平成30年12月3日裁決等で債務超過会社に対する貸付金評価の減額が否認されています。判決、裁決における判断は債務超過でも清算価値ではなく貸付金元本価額で評価すべきというもので、その理由は上掲の判決とほぼ同趣旨です。課税実務では、単に債務超過、事業不振というだけで絶対に減額評価してはなりません。

２）について

　当該会社には約1億円の債務免除益が計上されますが、欠損金と相殺可能です。

　株価が0円（実質債務超過の場合）の場合、他の株主がいても債権放棄後の株価は0円であることから、みなし贈与（相法9）の課税問題も生じません。すなわち、債務免除前後で株価が0の場合、みなし贈与の課税関係は生じませ

ん。

3）について

財産評価通達205項は機能しないことから、それ以外の方法をご説明します。

① オーナーが会社に対し債権放棄する（会社にとっては債務免除）

② DES→株価引下げ

③ 擬似DES（金融機関からの一時的預入スキーム含む）→株価引下げ

④ 役員給与減額、減額分で徐々に精算

⑤ 生命保険解約金で返済

⑥ 代物弁済

⑦ 第二会社方式→実務ではオーナー貸付金解消方法としては利用されません。

⑧ 貸付金を親族へ贈与→実務では実行しません。

⑨ 受益権分離型スキームによる圧縮後の元本受益権の贈与

⑩ 持分会社移行による貸付金減額スキーム（本書では説明割愛、問題点・リスク多い、詳細は拙著『Q＆A非上場株式の評価と戦略的活用スキーム』（ロギカ書房）ご参照ください。）

⑪ 上記①〜⑩をしないまま、オーナーが急逝した場合、相続放棄も考慮要素になります。

　　もっともオーナーの妻が会社所有のご自宅に住みたい等の要望があるかもしれないため、生前の早い段階で贈与税の配偶者控除等で個人へ移転しておく必要があります。

上記全てをした後の相続放棄であれば相続人不存在になるので、相続手続きも簡便になるというメリットがあります。

なお、類書ではありませんが、一部の税理士会計士向け研修会講師の中では、こういった状況での貸付金を相続財産の申告において「0」評価し、当局調査において当該主張が認められたことを謳っている方もいらっしゃるようです。

この事案に限りませんが、税務調査は極めて当局側、そして立会する税理士側においても属人性が大きく、また個別案件ごとに詳細に事実認定されます。当然、他の指摘項目との兼ね合いによっても調査の個別事例への深度は異なります。

すなわち、上記が仮にその税理士の立会の元で成功したとしても、属人性と該当案件の個別性に強く基因する恐れは往々にして多くあり、それが一般化される論点には到底なりえません（当然、判例になれば別です）。いわば、上記は当該個人税理士の単なる「成功体験」にすぎないのです。

DES に係る会計事務所への損害賠償案件は控訴審で棄却されました。こういった状況が取り巻く中、我々はクライアントへの説明を徹底して、言質を得た上で、アグレッシブな判断をするか、保守的な判断をするかを極めて慎重に吟味する必要があります。

Q I-15　M&A 実行前（プレ M&A）の財務内容の精査 ：オーナー貸付金、滞留債権の解消方法

【前提】

A 社：株式譲渡スキームでの法人売却を考えている。

B 社：A 社を買収することを検討している。

簡易的ではありますが、決算書等をデューデリジェンスしたところ、A 社の債権債務に下記のものがあり、B 社からの要請によって、それらの債権債務を株式譲渡前にきれいにすることを考えています。

1）未払役員報酬（短期借入金）：約300万円

過去、A 社社長に対する役員報酬を未払いにしている時期があり、それらが短期借入金として残っています。社長からの債権放棄も考えましたが、繰越欠損金などがないので、税負担が生じます。

DES をするなど、良い方法はないでしょうか。

　なお、A 社は現在、社長が100％株主、社長のみが取締役となっています。

2）妻及び社長母からの借入金：合計約900万円

　A 社には上記1）以外に、妻及び母からの短期借入金が存在します。妻については以前役員だった時代の未払役員報酬のようで、母からの借入金は、資金繰りが困難だった時代に借り入れた債務がそのまま残っているとのことです。これに関しては、どのようにして債務を消すのがいいでしょうか。

3）取引先に対する滞留債権：合計約1,200万円

　これは親族ではなく第三者の取引先なのですが、売掛金の滞留分及び貸付金が債権として残っています。それら債権のうち、回収できるものもあるようなのですが、減額回収になりそうです。具体的にはX 社に対する売掛金（帳簿残高）400万円のうち100万円なら回収できるかもと想定できるようです。

　回収できる分だけ回収して、残金を貸倒損失など損金にすることを考えましたが、これも相手方が事業を継続している以上、寄附金と指摘されるリスクが存在すると懸念しています。どのように処理・対応すべきでしょうか。

なお、全体としては、債権放棄した金額で損金を作れれば、1）2）で受贈益がたっても問題ないとは思っていますが、3）の貸倒損失が否認されるリスクを B 社は負いたくないということから、できるだけ安全な方法を選択したいと考えています。

Answer

　M&A における株式譲渡スキームに関わるご質問事例です。財務 DD における中小企業頻出の精査項目が列挙されています。

　こういったオーナー個人財産に係る典型勘定項目はプレ M&A の段階で必

ず解消しておくことが中小企業では必須です。

中小企業 M&A における表明保証条項は何の役にもたちません。

【解説】

1）について

解消方法は大きく下記です。

① DES

債務の時価評価（債務超過（時価ベース）の場合税務上は 0 で時価評価、それ以外は簿価評価が妥当、資本金等の増加（債務超過 DES の場合、法人住民税均等割の増加シミュレーションが必須。平成27年度税制改正により、その後減資しても、均等割算定上の資本金等の額には足し戻される、一方、外形標準課税非該当にするための減資はいち早く実行すること、また、原則生じないが一応みなし贈与発動可能性には留意）

② 擬似 DES

DES と同じですが、理論武装の必要があります。当該前提ではおそらく無理でしょう。

③ 債務免除

債権放棄通知書等のエビデンスを完備します。

④ 役員報酬の役員借入金返済への組入れ

⑤ 逓増定期保険の解約金を利用しての返済

解約返戻の立ち上がりの強い商品をセレクトします。

⑥ 貸付金を親族へ贈与⇒下記 2）との兼合いで今回はできない

⑦ 代物弁済

土地、有価証券による返済は給与課税等に留意してください。

⑧ 役員退職金と相殺

⑨ 役員賞与で精算

⑩ 民事信託

貸付金⇒私募債⇒受益権分離型スキーム⇒圧縮された元本受益権を親族へ贈与

ただし、貸付金から私募債に転換せず、貸付金について受益権を分離するスキームもあります。

⑪　持分会社移行による貸付金減額スキーム（本書では説明割愛、問題点・リスク多い、詳細は拙著『Q & A 非上場株式の評価と戦略的活用スキーム』（ロギカ書房）ご参照ください。）

２）について

妻、母の借入金をいったん社長が受贈します。その後、上記１）の回答に対することを行います。

なお、上記１）、２）を通じて分割型分割＋清算スキーム（第二会社方式）を想定しませんでした。M&A 実行のプレ段階で短期間で行うことは通常まれだからです。

M&A の期間を先のばししても良いのであれば、これも考慮に入れるべきです。

３）について

金銭債権の一部損金算入は当然できません（法基通９-６-２）。

上記の（例）の場合、個別評価金銭債権に該当すれば、その50％である200万円を貸倒引当金計上は可能です（法法52①、法令96①三イ）。

Q I-16　M&A 関連費用の取扱いについて基本的な考え方・関連裁決

　中小・零細企業 M&A 関連費用の取扱いについて基本的な考え方・裁決について教えてください。

Answer

　下記になります。

【解説】

　M&A 関連費用の取扱いは概ね下記の通りとなっています。コンサルティング費用は株式取得代金に含まれます。

　原則としては下記です。

・着手金……損金算入

・基本合意報酬及び DD 等報酬……案件が成約：取得価額に加算

　　　　　　　　　　　　　　　　案件不成約：損金算入

・仲介手数料……取得価額に加算

　下記は当該事案に係る裁決です。

【株式交換契約を含む経営統合に関するアドバイザリー業務につき取得価額に含まれるとした事例】

（有価証券の取得価額／経営統合に際し支出した法律業務、財務調査業務等の手数料）

本件各支払手数料は、株式交換完全子法人の株式を取得する目的の下でその取得に関連して生じたものであり、「株式の取得をするために要した費用」に該当すると判断された事例（平26-04-04裁決）

〔裁決要旨〕

　本件は、審査請求人が、証券会社等に対する業務委託等に係る手数料及

び調査用のパチンコ器等の製造費用を損金の額に算入したことについて、原処分庁が、当該手数料は同業他社の株式を株式交換により取得するために要した費用であるから当該株式の取得価額に加算すべきであり、製造費用はその耐用年数で減価償却費を計算すべきであるなどとして、法人税の更正処分等を行ったのに対し、請求人が、当該手数料及び製造費用はいずれも損金の額に算入されるものであり、また、損金の額に算入していなかった特許権実施料（売上原価）があるから、その特許権実施料は所得金額から減算されるべきであるとして、同処分等の一部の取消しを求めた事案である。

　適格株式交換により取得した株式交換完全子法人の株式の取得価額に加算すべき「株式の取得をするために要した費用」とは、実際に取得した株式について、原則として、当該株式の取得を目的としてその取得に関連して支出する一切の費用が含まれると解されるところ、この判断に当たっては、取得しようとする株式の候補が複数ある時点において、いずれの株式を取得すべきかを決定するために行う調査等に係る費用は、通常、当該取得を目的とする株式が特定されていないことから、実際に取得した株式の取得との関連性は希薄であるといえるものの、少なくとも、特定の法人の株式を取得する前提で行う調査等に係る費用は、その特定の法人の株式の取得を断念した場合を除き、当該株式の取得を目的としてその取得に関連して支出する費用というべきである。

　請求人は、○○に本件法律業務を委任し、その後、○○からＡ社及びその子会社等に対する法的監査の結果報告及び経営統合の経営判断に対する取締役の善管注意義務等に関する意見を受けているところ、請求人は、本件法律業務を○○に委任した時点において、本件株式交換によりＡ社株式を取得することを目的としていたことが認められる。

　そして、Ａ社及びその子会社等に対する法的監査は、経営統合に関する取引に際して重要な影響を与え得る法的問題の調査のために行われたものであることに加え、その結果が記載された法的監査報告書は、株式交換

に係る株式交換比率の算定の基礎資料としても使用されている。

そうすると、本件法律業務は、いずれも経営統合、すなわち、株式交換によるＡ社株式の取得に関連した業務であったと認められる。

本件各支払手数料は、Ａ社株式を取得する目的の下でその取得に関連して生じたものであり、その後、実際にＡ社株式を株式交換により取得しているのであるから、各支払手数料は、「株式の取得をするために要した費用」に当たるものである。

本件調査用パチンコ器等は、法人税法施行令第133条に規定する使用可能期間が１年未満である減価償却資産には該当しないから、耐用年数等を基礎として計算される償却限度額に達するまでの金額が損金の額に算入される。

パチスロ機については、耐用年数通達２－７－14において、その耐用年数を「３年」と当てはめており、当該通達の取扱いは、相当と認められる。

請求人の××に対する特許権実施料の支払債務は存在せず、また、契約の交渉経過からすれば、近い将来に支出することが相当程度の確実性をもって見込まれていたと認めることはできず、平成20年３月期の損金の額に算入することはできない。

Q I-17 株式買収の取得価額に算入すべき M&A 費用等の算入すべき金額の時期

株式買収の取得価額に算入すべき M&A 諸費用等の算入すべき金額の時期ついてご教示ください。

I　中小・零細企業の資本戦略　**69**

Answer

　弁護士、会計士・税理士等に支払ったM&A諸等費用は当然、取得価額算入の必要があります。昨今の当局調査において頻繁に指摘されています。国内株式、国外株式とも、同様の取扱いです。

【解説】

　根拠条文等は、法人税法施行令第119条と法人税基本通達2－3－5（有価証券の購入のための付随費用）となります。

【法人税法施行令第119条第1項】

（有価証券の取得価額）

第119条　内国法人が有価証券の取得をした場合には、その取得価額は、次の各号に掲げる有価証券の区分に応じ当該各号に定める金額とする。

　一　購入した有価証券（法第61条の4第3項（有価証券の空売り等に係る利益相当額又は損失相当額の益金又は損金算入等）又は第61条の5第3項（デリバティブ取引に係る利益相当額又は損失相当額の益金又は損金算入等）の規定の適用があるものを除く。）　その購入の代価（購入手数料その他その有価証券の購入のために要した費用がある場合には、その費用の額を加算した金額）

【法人税基本通達2－3－5】

（有価証券の購入のための付随費用）

2－3－5　令第119条第1項第1号《購入した有価証券の取得価額》に規定する「その他その有価証券の購入のために要した費用」には、有価証券を取得するために要した通信費、名義書換料の額を含めないことができる。

　　外国有価証券の取得に際して徴収される有価証券取得税その他これに類する税についても、同様とする。（平12年課法2－7「四」により追加、

70

平15年課法 2 - 7 「八」により改正)

当該通達の法人税基本通達逐条解説八訂版（税務研究会、p.222）においては「例えば購入に当たって支出したあっせん手数料、謝礼金等があれば、そのあっせん手数料，謝礼金等は取得価額に算入される。」とあります。

なお、上記事項については、調査課所管法人用の申告書確認表でも（TAINZ 収録）、「別表五(一)に記載された株式の取得価額に算入すべきデューデリジェンス費用等の金額についても調整を行う必要があります。」との記載があります。

次の論点も実務上は頻出です。取得価額に含めるのは、M&A 対象株式を購入することを意思決定した後の費用です。この前後によって取扱いが明確に変わるため、M&A 対象株式購入の意思決定はいつ決裁されたかを明確に示す、エビデンスの保存が必要になってきます。最終決裁者によっても変わりますが、通常の中小企業・零細企業では取締役会議事録や役員同士での社内稟議書により、購入決定した「意思時点」を明確にしなければなりません。こういった公式な議事録、稟議書がない場合、当局調査では、社内重役へのヒアリングやメールの履歴のチェック、すなわち、通常調査の流れと同じ流れに移行すると思われます（**Q I -16**平成26年 4 月 4 日裁決参照のこと）。

Q I -18 事業譲渡スキームにおける M&A 費用等の取扱い

事業譲渡スキームにおける M&A 費用等の取扱いについてご教示ください。

Answer

明文規定がありません。

I　中小・零細企業の資本戦略　**71**

【解説】

事業譲渡は組織再編成の一手法のため、他の手法と比較します。

・適格合併・適格分割型分割

　明文規定なし（法法62の2、法令123の3③）

・非適格再編成・事業譲受

　明文規定なし（法法62の8①・③）

・適格分社型分割・適格現物出資

　取得価額に加算（法令123の4、123の5）

適格分社型分割、適格現物出資においては株式譲渡を同様の取扱いをされているのは当該再編成行為が株式譲渡に近似しているから、とも考えられなくもありません。それ以外に関しては上記のとおり、明文規定がないため、諸費用は損金計上できると考えられます[4]。

なお、下記の質疑応答事例は参考になります。

合併に伴うデューディリジェンス費用の取扱い

【照会要旨】

当社は、A社を吸収合併（以下「本件合併」といいます。）することを計画しています。本件合併の実施に当たり、当社は、専門家に対して、A社の事業内容や権利義務関係の把握、企業価値の評価、合併の実行に必要な手続の把握等を内容とするいわゆるデューディリジェンスを委託しました。

このデューディリジェンスに要する費用は、本件合併により移転を受ける減価償却資産の取得価額に含めるなど資産として計上せずに、一時の損金として処理して差し支えありませんか。

また、本件合併が適格合併に該当する場合と非適格合併に該当する場合とで、取扱いに違いはありますか。

4　成松洋一「M&Aによる株式等の取得に要する費用の損金性」週間税務通信3352号40頁以下

【回答要旨】

　ご照会のデューディリジェンス費用は、一時の損金として処理することになります。また、本件合併が適格合併に該当するか否かで取扱いに違いはありません。

（理由）

　法人税の所得金額の計算上、販売費、一般管理費その他の費用（償却費以外の費用で債務の確定していないものを除きます。）の額は損金の額に算入することとされています（法22③二）。

　また、減価償却資産の取得価額については、資産の区分に応じて取得価額とすべき金額が法人税法施行令第54条に定められています。

　適格合併により被合併法人から資産の移転を受けた場合には、その資産の帳簿価額を引き継ぐこととされていますが（法令123の3③）、その資産が減価償却資産である場合の償却費の計算の基礎となるその減価償却資産の取得価額については、①被合併法人がその適格合併の日の前日の属する事業年度においてその資産の償却限度額の計算の基礎とすべき取得価額と、②合併法人がその資産を事業の用に供するために直接要した費用の額の合計額とされています（法令54①五）。

　非適格合併により移転を受けるなど同条第1項第1号から第5号までに規定する方法以外の方法により取得した減価償却資産の取得価額については、①取得の時におけるその資産の取得のために通常要する価額と、②その資産を事業の用に供するために直接要した費用の額の合計額とされています（法令54①六）。

　ご照会のデューディリジェンス費用は、被合併法人の事業内容や権利義務関係の把握などを内容とする業務委託に要する費用であり、本件合併により移転を受ける個々の減価償却資産を事業の用に供するために直接要した費用には該当しないと考えられますので、本件合併が適格合併に該当するか否かにかかわらず、本件合併により移転を受ける減価償却資産の取得価額には含まれないこととなります。

なお、本件合併により移転を受ける棚卸資産がある場合も、上記と同様に、その取得価額には含まれないこととなります（法令28③、32①三）。

【関係法令通達】

　法人税法第22条第3項第2号

　法人税法施行令第28条第3項、第32条第1項第3号、第54条第1項第5号、第6号、第123条の3第3項

Q I-19　不動産M&A
：適格分割型分割＋清算スキームに係るみなし贈与

【前提】

（当該分割前）

・A会社（不動産所有会社）は甲株主1名です。この株式は甲の父より承継したものです。

・現状の資産構成は資産約1,200百万円、負債約860百万円となります。

・上記の負債約860百万円の内、約780百万円は甲の父より借入しています。

・甲の父の相続を考慮して、物件ごとに会社を分割し、分割後の会社の経営を甲の弟へ譲る予定です。

（当該会社分割後の資産構成）

・A会社（分割法人）

　　資産：約80百円、負債約780百円（甲の父より借入）で約700万円の債務超過となる予定です。

　　そして、債務超過により時価0円となった時点で、A株式を甲の弟へ全株譲渡する予定です。

・B会社（分割承継法人）

資産：約1,120百万円、負債約80百万円で純資産は約1,040百万円になる予定です。

株主は甲株主1名となります。

・分割法人は事業の継続を予定しています。一方で、Ａ会社所有の不動産物件は含み益があるため、売却を視野に入れています。

随時売却し、すべての不動産の売却終了後、法人を清算する予定です。

【質問】

1）分割時点において、甲株主の所有株式の株価は分割前に比べて増加するため、甲の父からのみなし贈与の課税リスクを認識する必要はありますか。

2）分割後、債務超過になった分割法人Ａの株式を甲の弟へ譲渡しても、適格分割の要件には抵触しないと考えますが、その他、留意すべき事項はありますか。

3）仮に5年後に分割法人を清算させた場合、甲の父からの借入金は期限切れの欠損金と相殺されます。

この場合、租税回避として認定され、法人に対する受贈益を考慮する必要はありますか。

また法人への受贈益課税は、分割法人Ａで負担すべきでしょうか？

4）仮に5年後、分割法人のすべての不動産を売却後、休業状態（6か月以上）になった場合の相続税法・法人税法における残額役員借入金の取扱いについて、確認させてください。

上記状態のもと、当該役員が死亡した場合、相続財産に加算する必要はありませんか？財産評価基本通達205(1)トに定義されている「業況不振のため又はその営む事業について重大な損失を受けたとき」とは、単純に事業をしないことと考えてよろしいのでしょうか。

> また、上記、休業状態であれば、特に受贈益の問題を認識する必要はありませんか。

Answer

平成29年10月1日から施行の分割型分割について適格性判定に改正が入りました。それを利用して上記のような不動産清算スキームは実務上（想定していたほどではありませんでしたが）よく策定されるようです。

当該スキームについては基本的な課税関係は類書に多く掲載されています。したがって課税実務上の留意点を中心に当該スキームのリスクを解読します。

【解説】

1）について

みなし贈与の認定リスクは比較的高いものを思ってください（拙著『みなし贈与のすべて』ご参考のこと）。

財務構成を何とかいじって、分割前後、分割法人も分割承継法人も債務超過であれば当然、みなし贈与は生じません。現実的には無理だと思います（関連会社と合併をしたりして2次再編、3次再編をしてから、ということです）。

2）について

条文通りだと、平成29年度税制改正通りの法文の適用が想定されているケースですので適格性が維持されます。

他の留意事項は類書にあるような基本的な課税関係に留意していただくことぐらいです。

3）について

もし当該スキームが「一連の取引認定」された場合は当然「租税回避として否認されるべき」スキームに該当することととなります。これによればAで受贈益課税されることになります。

上記のような不動産M&Aスキームを考慮する場合には、何かしらの理論

武装は必須であると思っております。

　上記のスキームが仮に行為計算否認の射程になったと仮定すると、過去の判例をみると、

　・なぜ？

　・今、このタイミングで？

　・実行すべきだったか？

の３点について立証責任が転嫁されます。

　今回、数値の事例しかないので当該会社様の諸事情は分かりませんが、逆に言えば当該諸事情が理論武装できていれば、課税されるリスクは比較的低くなると思われます。

　クライアントへの説明責任と総合勘案してご判断ください。

　なお、近時の裁判例で法人税法第132条１項が発動されそうになったユニバーサルミュージック事件があります（東地令和元年06月27日判決）。地裁判示において同族会社の行為計算否認について従来のフレームワークと全く異なる解釈がなされていますので、ぜひ判決文をご確認ください。ただし、地裁の裁判官が当該判断についてヤフー事件のような判示を敢えて回避した可能性もあります。控訴審では国側の主張として、ヤフー事件との関連性（経済的合理性基準の「程度」問題）をどの程度主張するかによって、裁判の方向性は全く異なってくると考えます。

４）について

　課税実務においては、財産評価基本通達205項は実務上、機能しないものだということを原則論だと思ってください（この感覚は税務上、棚卸資産評価損や子会社株式整理損を計上するのが困難であると同じくらいのものだと思ってください）。

　今回のケースのように、不動産の売り急ぎによる売却は業績不振でもなく重大な損失でもありません。社会通念で判断するのですが、納税者が「勝手に」「自分の都合で」「随時売却」したことを重大な損失と認定するのは困難かと存

じます。

したがって、当該項は適用されないものと思われます。

ご質問後段に対してですが、やはり受贈益は生じる可能性は極めて高いと思われます。

「即時売却せざるを得ない」⇒「重大な損失計上」が理論武装ができていればいいのでしょうが、現実的には不可能でしょう。相続までの期間が短ければ短いほど反証は困難になると思われます。

要するにこの案件は思慮するに、相続対策で亡くなる直前に駆け込み売却をしたいだけのように「客観的に」判断されるおそれが高いということです。

Q I -20 事業譲渡におけるのれん等の留意事項 : 負ののれんの計上妥当性

【前提】
・A社は不採算のX事業について、第三者のB社から事業譲受けの打診を受けています。
・X事業の資産負債差額は簿価ベースで8億円、時価ベースで7億円と算定されています。差額1億円の内容は過年度より滞留している売掛金10件で、発生時期・内容・経緯は不明です。

　この10社とはここ3年間は取引がない状況で、実在性も不透明なため回収見込は0と判断しています。
・B社から買取価額5億円の提示があり、対象資産は事業に要する売掛金・在庫・固定資産になります。

　最終契約書において、事業譲渡実行前後で仮に差異や乖離が生じても対価の調整は行わないことを明記しようと思っております。

【質問】

1）事業譲渡は時価によるものとすれば、滞留売掛金簿価1億円を時価1円で評価して譲渡対象に含めることは問題ありますでしょうか？

簿価1億円を時価として譲渡する場合、B社側で負ののれん（負債調整勘定）が2億から3億に増える一方、当該売掛金を損金にするのは難しいように思いました。

2）仮に1円で譲渡する場合、時価を1円と評価した根拠として、10社に0円か1円の残高確認書を発行する、第三者のDCF評価書を用意するなどの対策は有効でしょうか。

3）仮に滞留売掛金を事業譲渡の対象に含めない場合、当該売掛金はA社の破産や特別清算において修正経理＋期首利益積立金の減額で処理ということになりますでしょうか。

他にA社で損金にする方法等あればご教示頂けますでしょうか。

（参考）平成22年度税制改正に係る法人税質疑応答事例　問11
ロ　過去の帳簿書類等を調査した結果、実在性のない資産の計上根拠（発生原因）等が不明である場合
https://www.nta.go.jp/law/joho-zeikaishaku/hojin/101006/pdf/11.pdf

Answer

　基本的な課税関係は類書に多く掲載されておりますので、ここでは課税実務上の主だった留意点を検討してみます。

【解説】

1）について

　負ののれんの考え方は税務上一義的に決まっておらず、もちろん国税庁からも何ら有用性ある情報は出ていない模様です。

　そこで、企業結合会計基準第33項、第110項、第111項を参照すると、バーゲンパーチェスである場合には、売手がなぜ割安で売却するかなど、取引の実態を把握し、大規模工場用地や郊外地のような時価が一時的に定まりにくい資産

の評価（企業結合適用指針第55項）にあたっては慎重に対応し、それでも負ののれんが計上される必要がある場合に、初めて計上するとあります。一方、今回負ののれんが生じる主原因である滞留債権については、ご指摘の別途国税庁情報の要件を満たさない「限り」計上することは困難なように思われます。

そこで、

①　「攻め」の計上であれば下記②に記述した通り、複数の財務DDをとって0評価してしまう

②　保守的にやるのなら譲渡資産に含めず、下記の通り、通常通りの法人税基本通達の基準にしたがって損金計上する

の2種が考えられます。

金額が大きいことから②のほうが無難と思われます。

この点、上記①をとった場合、下記の懸念事項が新たに生じるものと思われます。

「攻めの計上で滞留売掛金をゼロ評価で譲渡した結果、否認された場合のリスクはB社の負債調整勘定が1億円増加する点のみでしょうか？

それとも、A社側にも1億円の寄附金リスクは生じますでしょうか？

すなわち、A社の仕訳としては、滞留売掛金がゼロ評価の場合でも1億円と指摘された場合でも、

現金　　　　　5億円　　　　X事業　　　　8億円

事業譲渡損　3億円

となると思われます。

仮に、これが低額譲渡とみなされる結果、

寄附金　　　　1億円　／　事業譲渡損　1億円

という修正が起こり得るものでしょうか？

本件は第三者間取引でB社がX事業に対して5億円を支払うという前提です。またX事業は不採算事業で再生案件的な性質を有するもので、負ののれんの計上自体はあり得るものとします。」

私見ではA社に寄附金リスクはなく、B社側のみ譲受資産の評価修正にな

ると思われます。

　M&A案件において、株式譲渡、事業譲渡の最終契約ののち、売主側の表明保証違反において買主が損失を被ったときは、譲渡金額の修正を行うものとされています（平成19年9月8日裁決参照）。

　今回はもちろん表明保証違反の場合の損失相当額ではありませんが、経済的実質においては上記裁決に極めて近似していると思われます。

　純然たる第三者間同士のM&Aにおいては寄付・受贈の課税関係が生じる余地も考えられません。

　なお、上記裁決例より、後日の税務調査で滞留債権につき税務調査上、否認が指摘された場合はどのようにするか、事業譲渡契約書（最終契約書）の表明保証条項及び補償条項においてドラフティングしておく必要があります。

２）について

　絶対に必要です。

　国税庁情報では、現状実在性のない資産判定テストを

　　「裁判所若しくは公的機関が関与する手続、又は、一定の準則により独立
　　した第三者が関与する手続に従って清算が行われる」

場合に限定しております。自身の判断で評価性を切り落とすことは危険です。できれば複数者の財務DDをとることをお勧めします（棚卸資産、売掛金のみで結構です）。

３）について

　ご質問前段はその通りとなります。

　ご質問後段ですが、「滞留」なのですから、通常の法人税基本通達9-6-1〜9-6-3に従えば何ら問題ないと思います。

　単純に9-6-3が最も使いやすいのでそれでよろしいかと存じます。

　金額の多寡は問題になりません。

Ⅰ　中小・零細企業の資本戦略　**81**

Q Ⅰ-21　中小・零細企業における実務直結的なスクイーズアウトの交渉事例

【前提】

・X社の株主：約10名が全員個人で、株主内で親族等の関係性はありません。

・筆頭株主（創業者）は3人おり、同じ比率で各約30％所有しています。当初の出資額はそれぞれ500万円です。

・その他株主はそれぞれ数％の比率です。

・A：筆頭株主で代表取締役

・B：筆頭株主で取締役

・C：筆頭株主だが役員ではありません。

・BとCが株主から抜ける意向となっていて、Aは内諾しています

・X社が発行する株式に種類株式はなく、かつ全株主との契約において、買戻しなど特別な条項は付与していないのが現状です。

・X社は2人の取締役なので取締役会は非設置です。なお、譲渡制限は付されています。

・X社の業績は良くなく、直近の試算表ベースでも債務超過となっており、かつ、ここ1～2年では債務超過を解消できない見込みです。

・Aは、B及びCに対して今後、株式の買取り提案をするのですが、債務超過であることから、株価を0円として提案しようと考えています。

・BとCは同じ理由で株主から抜けることが前提なので、BとCは同じ意思・方向性であることは明白で、B・C合わせて過半数の議決権を持っているところが頭の痛い問題だと考えています。

・今後1年以内のファイナンスは予定していません（現状でもDCF法で算定すれば株価はつくと思っています）。

【質問】

1）0円の提案で揉めた場合、B及びCが提案してくる株価をAが検討することになろうかと思いますが、例えば、B及びCから各300万円でAが買い戻した場合、税務上のリスクはありますか。

2）Bは創業から取締役であったことから、Bの経営責任を追及して、買戻し価額を0円として、Cの買戻し価額を500万円として合意した場合、税務上のリスクはあるでしょうか。

3）上記はA個人が株式を買うことを前提にしていますが、上記においてリスクがある場合、X社が買い戻して自己株式とした方がいいでしょうか。

4）株価の設定について揉める要素があることを前提にして、他に何か（X社及びAにとって）良い提案方法というのはあるでしょうか？例えば、B及びCに対して、納得いく価額が提示できない場合は、B・C自身で譲渡先を探すように提案するなどです。

Answer

　中小・零細企業での典型的なスクイーズアウト事例です。特に税務で困難な問題にはあたらないので当事者間合意形成が実務では問題になります。この点、具体的金額交渉に各当事者の課税負担を提示し、いわゆる「税効果」を見せることが問題の解決策の糸口になります。

【解説】

1）について

　A←B及びA←Cの税務上の適正評価額は相続税評価額（原則）です。

　Aが両者から取得することで同族株主に該当するからです（財基通188(1)）。

　したがって、X社の相続税評価額いかんによって、低額譲渡に該当した場合、当局から指摘される可能性は非常に高いです（みなし贈与（相法7））。

　一方、高額譲渡だった場合には、当局から指摘されることは、よほどの高額でない限り、原則としてありません。それほど心配なさる必要はありません。

過去の裁判例でも馬主が馬を高額譲渡した案件ぐらいしか裁判例にありません（詳細は拙著『みなし贈与のすべて』ご参照のこと）。

2）について

Cの方が税務上適正評価額、又は高額譲渡の場合、Cについては何も指摘はされません。

3）について

自己株式の場合は所得税基本通達59-6又は時価純資産価額が税務上の適正評価額です。これが少額であれば（純資産が0なので少額になると思いますが）こちらで買い取ることが安全です。

留意点はみなし贈与と個人⇒法人間売買なのでみなし譲渡規定です。

仮にその後、自己株式を消却するとみなし配当課税も考慮しなければならないため留意が必要です。

4）について

B、Cが仲の良い株主であれば下記のスキームが成立します。

（STEP1）B、Cに買取りと金額について予め内々で決定しておく（税務上の適正株価、もしくは当初出資額に少し上乗せしておく方が買取りしやすいでしょう。先述の通り「高額」取引はよほどの乖離がない限り原則として課税関係は生じないものと思われます）。

（STEP2）B、Cに譲渡承認請求を提出させます。

（STEP3）会社はそれを拒否します。指定買受人（この場合A）又は会社が買い取ることになります。

（STEP4）（STEP1）で予め定めた金額で指定買受人、又は会社が買い取ります。

ここで実務上、重要なのは（STEP1）です。もめそうなら十分金額に色をつけてあげてください。

QI-22 中小・零細企業のスクイーズアウトの実務直結型の交渉事例

【前提】

・M社：12月決算法人で、A代表が約90％の株式を保有しています。

・X社：M社の株主で約10％の株式を保有、上場企業です。

・M社は今年から上場を目指すため、外部からの資金調達を考えており、VC数社と接触しています。

・資金調達の前提となる時価総額ですが、概算で5億円としてVC側に提案しています。

・X社がM社の株主となったのは昨年3月で、当時は事業提携を前提として出資いただいたのですが、事業提携がほぼ動いていないので、株式の買戻しを打診がありました。しかし、先方決裁者である取締役に否決され、買戻しできないという状況になりました。

・上記否決理由ですが、事業提携を進めたいためであって、買戻し価格に関して疑義があったわけではないようです。なお、X社には資金調達のことは一切伝えていません。

・X社が出資した金額は200万円で、当時の時価総額は約2,700万円です。すべて普通株式で、買戻しなどの条項はありません。

・今後、VCから資金調達できることを前提にすると、X社の持分が希薄化するとはいえ、5％程度の持分になることになります。資金調達後時価総額約6億円×5％＝3,000万円と試算しています。

・M社としてはX社をどうしても株主から排除したい積極的理由はありませんが、以後の資本政策を考えると、できれば今のうちに株主から外したいと考えています。

【質問】

この状況で、スクイーズアウトを考えたのですが、今年7月には資金調達が完了する見込みですので、スクイーズアウト実施時に買取請求がきたら、3,000万円になる可能性が高いと思い直しました。なお、資金調達を遅らせることは考えていません。

　このような状況で、スクイーズアウトでできる限り株式買戻し価格を安くする方法、もしくはスクイーズアウト以外に考えられる良い方法はないものでしょうか。

Answer

　課税実務上の論点はほぼ生じず、いわゆる「税効果」を当時者間に見せて解決できる問題ではありません。契約交渉になるので、実務上は完全に弁護士マターとなります。一般的には以下の方策が考えられます。

【解説】

　X社には資金調達が知られていないようなので、できるだけ早急に以下のステップを踏むべきものと思慮します。

　スクイーズアウトと資金調達との期間はできるだけ空けてください。後で係争になった時、期間は問題になり得る可能性もあります。

　以下は考慮すべき順を並べただけで and ではなく or です。

　できればスクイズする前に純資産を痛めつけてください。後で係争になった場合の予防線です。

1）法：特別支配株主の株式等売渡請求

　　この場合、X社から価格決定の申立てがある可能性があり、その場合は裁判所は3,000万円を採用する可能性が非常に高いといえます。また、最終価格決定まで1年半ちょっとかかります。

　　しかし、相手が素直に Yes という可能性もなきにしもあらずであればやってみるべきです。

2）法：当初契約書条項に各種条項を付与する方法

　　実務上は弁護士マターになります。下記の詳細の実行時には提携弁護士

に実現可能性について十分な説明を受ける必要があります。

当初契約書から

① 業務提携契約の解消事由が明確化できるか

……当初契約書に解除事由があれば、それに今回のケースが当てはまるか確認してください。

② 業務提携契約期間の短期化

……当初契約書に業務提携期間が「当初１年、あとは自動更新」とあれば契約解除しやすいです（東京高裁平成４.10.20）

③ 当初契約書における相当な解約予告期間の設定

……設定されているか確認してください。

（東京地判平成22.7.30/東京地判昭和62.12.16）

3）法：株価の代金＋損失補償金を支払う方法

継続的契約関係の解消制限法理の適用を受けるリスクが少ない場合（今回の場合はそのように思慮します）であっても損失補償金を上乗せして支払いします。上記１）法の価格決定申立てよりは、ましに決着する可能性があります。

4）法：上場目指して主幹事証券がついていることを前提とすると

・日本版 ASR 取引

証券会社を通さないとできない方法ですが、税務面では一番安心できる対策ではないかと思慮します。

ちなみに買い取った自己株式は金庫株にせず消却ないし、持株会に直ちに放出するのがいいでしょう（SO 付与時等）。

Q I-23　持株会社・グループ関連会社への収益付け

【前提】
・グループの年商100億円超、経常利益５億円の卸売会社が HD 化を含

む組織再編成を検討しており、実行した場合は持株会社に5億円程度の欠損金が生じます。

・欠損金の解消策として役員報酬低減、子会社から不動産を現物分配で吸い上げて賃料収入収受、赤字子会社の合併による欠損金引継などを検討しています。

しかしそれでも期限切れが数億円見込まれます。なお、子会社が多く、事務負担から連結納税は最後の手段と考えています。

・持株会社の実態としては、各社の社長が持株会社の役員会を構成して毎月グループ経営会議を行います。また従業員も20数名ほど予定し、システム投資やグループの規程管理なども担います。

そこで、子会社から経営指導料を取ることを検討したところ、毎年各社の経常利益から50%という方法が、欠損金解消及び各社の財務・損益バランスの両立という観点からは理想的と試算されました。

【質問】

1）経営指導料の算出方法や水準について、考え方や認められるケース、否認された事例などを教えてください。

年商や利益規模が相応にあって全社会議などの実態もあれば、非上場でも利益連動で徴収する部分があってもいいようには思います。

ただ経常利益の50%といった高い水準もあり得るのか、また根拠の持たせ方に苦慮しています。

2）経営指導料が難しい場合、HDにおける欠損金対策についてもしセオリーなどがあればアドバイスいただけますでしょうか。

Answer

いわゆる持株会社方式を既に適用している場合、持株会社への収益付けは非常に大きな論点となります。ここでは一般的な解決方法を模索したいと思いま

す。

【解説】

1）について

　以前（10年ほど前）は大前提として中小企業において子会社⇒持株会社への収益付けは「配当」と「受取賃料」のみといわれていました。

　それ以外は寄付・受贈認定される可能性が極めて高かったのです。ところが平成22年のグループ法人税制導入によりそれほど神経質になる必要はなくなりました。認定したところで課税所得は変化しないからです。当局調査の現場レベルでも裁決・裁判例も最近はこの論点に関してはめっきり減少してしまいました。

　むろんグループ法人税制適用外の会社においては現在も上記の認定リスクがあることに十分留意してください。

　認められたケースをご紹介しますと、最も有名なのが平成12年2月3日東京地裁です。納税者が勝訴です。

　抜粋しますと、

　　「原告会社がグループ企業の国内統括会社に支払った経営指導料の一部は、国内統括会社に対する寄附金に当たるとの課税庁の主張が、原告会社と国内統括会社は全世界的に展開されるグループの事業の一端を担う機能を果たしていたこと、原告会社は日本国内における販売及び国外グループ会社に対する輸出の各事業に関して、その多くを国内統括会社に依存し、国内統括会社は各事業に関して経営上の助言、人的資源の提供、法務、市場調査、広報活動などの事務を負担していることが認められることを勘案すると、原告会社が総輸出売上高及び輸入国内販売高の1パーセントを経営指導料として支出したことは、必ずしも特殊な企業関係に基づく租税回避のための価格操作とは認められないとして排斥された事例」

となっています。

　一方、過去否認されたケースは「架空経費」「出向負担金」「寄附金」の実質該当性がないので否認されており、逆にいえば、実質が伴っていればOKと

いえます。

　次に当該指導料の水準の根拠ですが、経常利益をベースにされること自体特に問題が生じるとは思えませんが、この高い水準の疎明責任は納税者に転嫁されると思われます。

　そこで有名なレポートですが、下記を参照になさるのはいかがでしょうか。

　https://www.mizuho-ri.co.jp/publication/sl_info/consultant_report/pdf/report201411.pdf

　このレポートは非常に多くの場面で利用されます。税務調査から租税法系の学会発表で引用されたりです。一度これで見直しをかけてみてください。問題は絶対額ですので上記で算定しなおしてみてください。

　ちなみにレポート中、係数という用語が出てきますが、これも合理的な配分できるものであれば問題ありません。

　また、平成22年グループ法人税制導入当時、国内関係会社間 TP（移転価格）の導入も検討されていたといわれています。

　グループ法人税制と TP は似ているので参考までにご一読いただいた方がよいかもしれません。

　https://www.nta.go.jp/shiraberu/zeiho-kaishaku/jimu-unei/ho-jin/010601/00.htm

　これも租税法系の学会ではよく比較されます。

　なお、本案件程度の規模で連結納税をするのはやりすぎであると思慮します。原則として中小企業の連結納税導入は最終手段とお考えください。

　ただし、現在連結納税の大改正が税制調査会で議論されているため、今後の動向については十分ご留意ください（本稿脱稿時点、グループ通算制度に制度変更予定）。

２）について

　ランダムに列挙します。

　・経営指導料

……契約書の締結、役務提供の対価の算定、経営会議議事録等のエビデンスをフル完備すること

・ロイヤリティ・ブランド使用料

……子会社のブランド使用料、売上の１％程度が標準といわれます。

ロイヤリティ料率は調査では重点項目です。グループ法人税制下では、実害はありません。そうでない場合は、下記に留意をします。

例えば、親子間等関連会社間取引で、長期間にわたり、契約・料率の見直しが一切なされていない。

・第三者にロイヤリティを支払う時は変動が通常です。関連会社間で当該ロイヤリティに係る原始機能自体が変更されていれば、見直しは当然必要となります。

そもそも契約書がない、あるいは原始機能が変更したにも関わらず、契約書の更改をしていない。

・当該事案があった場合の契約書等の完備、まき直しは必須です。第三者間では当然行うべきものですから。

契約でロイヤリティ料を決定しておきながら、実際に現金等の収受がない。

当局調査において、この事案での最も多い指摘事項はこれになります。外的要件担保は必須です。

上記３つ通じて言えるのは、第三者間取引と徹底的に平仄を合わせることと、各種エビデンスの保存は必須ということです。

・不動産賃貸料

……賃料査定に鑑定士をいれウルトラ HIGH 価格で設定、賃料は一般論ですが当局は否認しにくいといわれます。

※評価自体はよく否認されます。

・貸付金利息

……HD で一括借り、子会社へ一括貸し、金利は平均調達金利以上とします。各種エビデンスは絶対に必要です。

Ⅰ　中小・零細企業の資本戦略　**91**

・持株会社のグループ管理費用を理論武装

　　……収益計上若しくは費用の減少（立替金に該当するため）

・出向負担金

・子会社のうちバックオフィス事業を適格分割型分割により移転

・完全親子会社間にある法人間の場合

（STEP 1）親⇒子へ含み益ある資産を寄付―含み益部分が利積修正（親で増加）

（STEP 2）期間を空けてから子⇒親へ当該資産を現物分配⇒STEP 1の利積はそのまま

（STEP 3）親は子株式を売却、譲渡原価がかさまししされているので売却益が減少される

というスキームがありますが、これを逆にやればどうでしょうか？

（STEP 1）子⇒親へ含み益ある資産を寄附―含み益部分が利積修正（親で減少）

（STEP 2）期間を空けてから子⇒親へ当該資産を現物分配⇒STEP 1の利積はそのまま

（STEP 3）親は子株式を売却、譲渡原価が減少されているので売却益が増加される

　当然、上記の STEP 間の実行期間が短ければ短いほど、また、1つひとつの行為そのものに意味（いわゆる理論武装）がないと行為計算否認規定は受けやすいことになります（法法132条の2）。

Q I-24 第三者M&Aにおける株式譲渡スキームでの交渉事項：中小・零細企業版アーンアウト

【前提】

・A社は創業25年、創業者は現在65歳です。無借金経営を続けており、純資産は5億円（ほぼ現預金）となっています。

・A社の株主は社長1人です。

・A社の社長は3年以内をメドに引退を考えており、事業を引き継ぐ予定の者は、親族・従業員におりません。

・社長の現役員報酬は200万円／月です。一方で、直近3年間の法人の課税所得は0が続いているという状況です。過去はかなりの利益が出ていたようです。

・現時点で退職することを考えると、税務上の退職金適正額は、「200万円×25年×3.0＝1.5億円」程度と考えています。

・A社の顧問税理士から、A社について相談を受け、M&Aするという結論に至っています。

・純資産5億円の法人を仮に5億円で売却できれば、株式譲渡を前提とすると、5億円×80％＝約4億円が手残りとなるはずです。

・A社の社長はこの話を受けて、大口の取引先で経営状況も良いと思われるB社に話を持ち込み、大筋で合意を得られています。

・B社としてはA社を取り込む事業上のメリットはかなりあると思われます。ただし、それはA社社長が業務をしている間だけかもしれません。

・株式譲渡を前提とした場合、B社はいったん5億円を用意し、A社社長に5億円を支払うべきだと思うのですが、B社からは「一部銀行借入を前提にしたいので、少し待ってもらうか、一部未払いにして、将来的に支払う（子会社後の役員報酬に上乗せなど）」と言われています。

【質問】

1）B社がA社を子会社化すれば、現預金は5億円ありますから、A社⇒B社で貸し付け、それをB社からA社社長に支払えばいいと思っているのですが、他に良い方法はあるのでしょうか。

2）A社がB社に売却する前に、A社社長に対して1.5億円の退職金を支給し、株式譲渡価格を3.5億円にしようとも考えていますが、その方がいいでしょうか。

　B社が買収したあとも、A社社長は数年間は代表者として今まで通りの業務をする予定で、その数年間に役員報酬を許される限り上げ続け、在任年数も延びますので、将来的な退職金はさらに増加させることは可能とは考えています。

3）A社社長とB社で株式譲渡契約をする場合、B社はA社社長に数年は働いてもらわないと困りますので、いわゆる勤務に関する「ロックアップ」をかけることを提案してきていますし、A社社長としても当然にそれを受け入れるつもりですが、これはA社社長の将来的な健康面などで確約しづらいと考えています。

　このようなケースでは、ロックアップを受け入れる以外に何か代替となる良い手法はないのでしょうか。

Answer

　これも税務面では特に論点になることはないのですが、中小・零細企業の資本戦略においては、非常にご質問が多い事項となります。基本的には弁護士マターです。

【解説】

1）について

　第三者M&Aはクロージング後の簿外債務の顕在化が極めて高いことから最近は事業譲渡も流行っている状況です。株式譲渡VS事業譲渡のシミュレーションは必ずしますし、実行においても半々になってきているというのが現状

だと思われます。

今回の前提では売手の資産がほぼ現預金しかないということで株式譲渡スキームでよいと思います。実務上、「少し待ってもらうか一部未払いで」というのは株式譲渡スキームにおいては交渉の余地があります。

一般的には、一括払いだと「5億円」分割払いだと「6億円」だとどうでしょうか、みたいな交渉が多いようです。

代金分割払いは、株式譲渡M&Aでも事業譲渡M&Aでも非常に有効だと思います。例えば株式譲渡スキームなら、

・株式譲渡予定時期

・1株当たりの譲渡価額、あるいは、譲渡価額を決定する計算方法

　※この際、役員報酬を業績連動型（税務上の利益連動給与ではありません。会社が任意に決定すればよいと思います）として、株式譲渡対価の一部にその当該報酬を充当するなどの交渉も行ったりします。こうすることで、1株あたりの譲渡価額の計算に過去3期分それぞれの経常利益増加割合等を反映させることが可能となり、譲渡価額を大きくすることも可能です。ただし、上記各種エビデンスの整理は必須となります。

だけを決定しておけば、後は段階取得（段階譲渡、すなわち、代金分割払い）が可能となります。また、後日表明保証違反が発覚すれば、代金支払いをストップします。

設計次第では上記スキームは事業譲渡M&Aでも可能です。中小・零細企業版アーンアウトです。

2）について

個人法人間株式譲渡スキームの基本です。ちなみに法人法人間であれば事前に、配当又は自己株式の取得をするのが一般的です。

さて、役員退職金を支給しますと、分掌変更にひっかかる可能性がありますので従来と全く同様の業務実行は謹んでください。この場合、A社で完全退職し、B社で役員就任になるというのが一般的ではないでしょうか。

B社における顧問やアドバイザーという立場では若干、疎明責任としては弱いという印象を受けます。

Ⅰ　中小・零細企業の資本戦略　**95**

3）について

　B社の社外取締役に就任させることも一法として考えられます。これにより「分掌変更退職金」のリスクと「引き続き働かせる」の両方の効用が満たせるはずです。

Ｑ Ⅰ-25　持株会社スキームへの移行：株式譲渡か現物出資か

【前提】

　グループ各社の株価はそれほど高くないので、基本は株式譲渡で出来上がりの資本関係にしたいと考えています。

　1）株式譲渡スキーム

　　1．T氏の株式持分は名義株式なので、名義株として整理

　　2．I社（想定持株会社、以下同じ）へC社株式を譲渡

　　3．I社へC社がH社株式を譲渡

　　4．I社へM氏、C社がそれぞれA社の株式を譲渡

　　譲渡価額は法人税法上の時価とするが、I社はお金がないので、各社未払いとして、業務委託料等と相殺して返済していく。

　　C社、H社、A社はそれぞれ含み益のある資産は保有しておらず、株価は額面以下なので、譲渡に関して課税はされないと考えています。

　2）現物出資スキーム

　　1．上記と同じ

　　2．I社へC社の株式を現物出資

　　3．H社の株式はI社へ現物分配

　　4．C社のA社持分はM氏へ譲渡後、I社へ現物出資

　　現物出資を行うときの時価は、法人税法上の時価で処理する予定です。この場合のI社側の会計処理、税務上の処理ですが、

```
    子会社株式  ××  /  資本金等   ××
```
として処理するため、均等割が増加する可能性があると考えていま
す。

　譲渡、現物出資による課税関係は、いずれも額面以下であるので、
課税は生じないと思われます。

　ただし、法人が譲渡、現物出資したものについては、消費税法上、
非課税売上が計上されるため、消費税の負担は若干増える可能性があ
ると考えています。

【質問】
　上記のスキーム及び課税関係について留意すべきことがあればご教示く
ださい。

Answer

　中小企業・零細企業で持株会社スキームを構築する際、組織再編成等しなく
ても、株価が低い場合には単純譲渡スキームで済ませる場合も多くあります。

【解説】

１）株式譲渡スキーム

　同族法人間での業務委託料等は寄附・受贈として指摘されることは多々あり
ます。グループ法人税制適用下であれば何も問題ありません。

　本ケースにおいては、各社未払金について債務免除していく方法はいかがで
しょうか。債務免除益は法人税課税と対象となりますし、みなし贈与発動可能
性もあります。当該所得課税シミュレーションを行った上での実行となりま
す。

２）現物出資スキーム

　まず、税務上の仕訳についてはご指摘の通りです。

　均等割及び資本割も増加します（法人住民税均等割については平成27年度改

正、欠損填補目的の出資とみなされるため、のちに無償減資しても、均等割の計算上は足し戻される、外形標準課税適用留意)。

また、消費税についてですが、ご質問にあるような理由のため、通常現物出資スキームは用いられません。課税売上割合シミュレーションは必須です。

上記以外の場面ですと、MEBO スキームを実行後、上の持株会社と下の本体会社が逆さ合併するときに同様の論点が生じます。この場合も上記シミュレーションは必須となります。

上述の通り、これぐらいの規模感の会社だと株式譲渡スキームですませるのが通常です。原則として資本構成変更のために現物出資は用いないので（上述の消費税や均等割の関係で）資金負担いかんによっては、課税関係も明確な株式譲渡スキーム「のみ」で提案・進行してよろしいかと思います。

Q I-26 同族グループ間の事業譲渡に係る基本的な留意点

【前提】
　親子会社間（100％完全支配関係）で事業を一部事業譲渡することを計画しています。本事業譲渡では、親会社の事業を子会社へ譲渡します。

【質問】
　1）支払方法について
　　　今回の譲渡対価が高額となった場合、一括で支払うことが困難である可能性が高いですが、分割による支払いで課税上リスクが生じますか。
　2）譲渡する資産・負債について
　　　譲渡対価が多額になることから、事業譲渡実行日までの営業債権・債務は親法人に残し、譲渡対象から外すことは可能でしょうか。

> 3）顧客へのアナウンスについて
>
> 　事業譲渡での債権債務に入れないとすれば、事業譲渡後の債権回収分から新たな口座へ入金してもらえば良いことになります。この場合、一般的に顧客へのアナウンスはいつ行うものですか。

Answer

　本ケースの場合、同族間、しかもグループ法人税制適用下での事業譲渡なのでそれほど神経質に課税関係は考慮しなくてもよいとも思われます。一方で実務上は上記のような附随論点に疑問が生じます。

【解説】

1）について

　一般的な第三者M&Aにおいては分割払いはそれほど珍しいことではないと思われます。当該分割払いにおいては利息の付与等はないため、特に寄附・受贈の課税関係を考えることもありません。

　グループ法人税制適用会社なら、なおさら関係ありません。また、下記の各ご質問についての課税関係についても同様です。

　ただし、「分割払いにしたのだから価格を高く設定した」等のエビデンスは第三者M&Aでも残しておきます。これはのれんの計上額妥当性を確保するためです。今回のケースでも上記のようなエビデンス（トップ面談の交渉経緯等の議事録等）を残しておくべきではないでしょうか。

2）について

　第三者M&Aと平仄を合わせるべきだと思います。上記の債権・債務を外すことに経済的合理性を立証することが必要です。

　対当局視点で考えると

　①　外した場合

　②　含めた場合

とで「のれん」代がどうなるかだけ気にすると思います。仮に外した場合、含

めた場合に比較してのれんが低くなれば問題は生じる可能性は低いと思われます。

３）について

弁護士によって考え方が異なります。私見では顧客への案内状送付は事業譲渡効力発生前に行っています。理由はチェンジオブコントロール条項がある取引先もあるかもしれないからです。これは通常、法務DDにより精査される事項です。効力発生前に当該条項を無効化して行うと取引継続できなくなります。各取引先との契約書面（通常、継続契約書）をご確認ください。

ちなみに上記精査の結果、得意先等取引先との契約が数百件あることがわかり、仮に各々にチェンジオブコントロール条項が付されていた場合には、事務の煩雑さを回避するために親子間での吸収分割スキームに変更することも一法です。

今回のケースでは同族間なので容易にスキームの組換えは可能かと思われます。

Q I -27 相互持合い解消の基本的な考え方

相互持合いによって純資産価額が高額になっている場合についてご教示ください。

Answer

下記のようになります。

【解説】

相互持合いによって、通常よりも純資産価額が高額になっているケースは、よく見られます。

ある会社と別の会社が、それぞれにお互いの株式を持っていると、それを取

り込んだ形でそれぞれの会社の株式を評価することとなり、エクセルの循環参照のようになって、異常に純資産価格が高くなってしまうということです。

この場合、通常の中小企業の場合は株主が同族関係者であるため、適格合併することが可能です。合併後3年間の論点確認が必須となります。

次に考えられる方法は、金庫株です。金融機関は、合併のほうがメリットが大きいと判断しても金庫株を勧めてくることが多いようです。

相互持合いをしているので片方の会社が他方の会社の保有する自社株を取得することになります。金融機関は、それに必要な資金を貸し付けたいということです。

このようにすると、一方の会社が他方の会社を一方的に持っているという状態になります。つまり、全体として見れば、株式を取得した会社が持株会社となり、株式を売却した会社が本体会社となるような形になって、金融機関は持株会社に貸付けを行っている状態になるわけです。

3つ目の方法は、清算です。これは、合併を使いたくないとき、緊急避難的に行う手法です。これは、下記のような事例の場合に使うということです。

合併後3年間の株価の論点を説明します。合併法人と被合併法人とがあり、被合併法人が×1年10月1日に合併したという事例です。

課税時期がA、B、Cとあります。これらの課税期間のうち、どこからが問題なく類似業種比準価額での評価が使える時期なのかという点については、Cから、というのが結論となります。

なぜなら、合併法人と被合併法人の実績が1年間反映された×3.3.31期の数

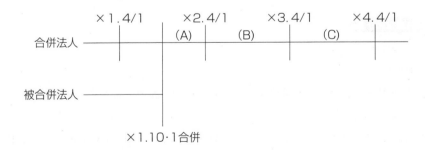

値が利用できるのは、Cの期間だからです。つまり、Cの期間は類似業種比準価額と純資産価額が使えて、AとBの期間は純資産価額しか使えないということになります。

合併を使いたくないときに緊急避難的に清算を使う、と述べたことの意味が分かってきます。仮に、株主の1人が亡くなりそうで、A～Bの時期に亡くなりそうだという場合、合併して相互持合いを解消したため株価は若干減少したものの類似業種比準価額が使えず純資産価額を使わざるを得なくなりそうという場合も考えられます。この場合は、清算すればいいということになります。

なお、課税実務上は、合併法人と被合併法人の各比準要素の合算による評価でも、課税上問題がないと認められる場合、単純合算により類似業種比準価額を利用できると考えられます。

合併法人と被合併法人とが合併前にまったく同業種を営んでいた場合等が典型例ですが、例えば、合併法人の大項目区分と中項目区分、被合併法人の大項目区分と中項目区分がまったく同じ、業種目番号がまったく同じという場合には、単純合算しても問題ない考えられております。

Q I-28 経営者株主グループと同一の議決権行使に同意していると認定された裁決・裁判例

　自社株引下げ時は、議決権に影響が出る株式の取引を理解しておく必要性があると聞きました。具体例をご教示ください。

Answer

下記で列挙した裁決・判例は、株価スキームを策定する上では必須の知識となります。

【解説】

平成23年9月28日裁決や、東京高裁平成27年4月22日判決をきちんと確認し

ておくべきです。

　経営者株主グループと同一の議決権行使に同意していると認定された法人株主の議決権を、経営者株主グループに合算するという税務署処分を容認したのがこれらの裁決例・判例となります。例えば、どの実務書にも載っている平成23年9月28日裁決について見てみましょう。

　この事例では、オーナー関係者の株主グループが14.98％の株式を保有している会社があり、その会社と同じ住所に所在している会社が7.88％を保有、それ以外の株主は皆30％未満という株主構成の会社がありました。そこで、同族株主のいない会社だと判定され、オーナーが死亡したときに、相続税申告において、その株式を配当還元で評価して申告したという事例です。

　ところが、後に当局調査があり、同じ住所に所在している7.88％保有の法人について、オーナーの単なる操り人形に過ぎなかったと事実認定され、そのオーナー関係者のグループが持っている14.98％と会社の7.88％を合算することになり、その結果、同族株主のいる会社になって、相続税申告では配当還元ではなくて相続税評価額（原則）を適用することになったというものです。この税務署の処分は、容認されました。

（取引相場のない株式の評価）

　請求人が相続により取得した取引相場のない株式は、「同族株主以外の株主等が取得した株式」には該当しないことから、配当還元方式で評価することはできないとした事例（平成19年12月相続開始に係る相続税の更正処分及び過少申告加算税の賦課決定処分・棄却・平23-09-28公表裁決）

〔ポイント〕

　本事例は、取引相場のない株式の評価に当たり、同族関係者の範囲について、法人税法施行令第4条第6項の規定の適用を受けることから、「同族株主以外の株主等が取得した株式」に該当しないと判断したものである。

〔要旨〕

請求人は、評価会社であるJ社は、同族株主がおらず、また、J社の株主であるK社は請求人の同族関係者ではないから、請求人とその同族関係者の議決権割合が15％未満となるので、請求人が本件被相続人からの相続により取得したJ社株式（本件株式）は、配当還元方式により評価すべきである旨主張する。しかしながら、①K社の設立経緯、資産内容、人的・物的実体及び株主総会や取締役会の開催状況からすると、K社の出資者がJ社の経営や意思決定に関心や興味を有していたとは考え難く、また、②K社の出資者は、いずれもJ社の役員等であり、J社を退社した後は、K社の出資者たる地位を失うことになっていたこと並びにK社の出資者及び出資の譲受人は本件被相続人にその決定権があったものと認められることからすると、K社の出資者がJ社の代表取締役であった本件被相続人の意に沿った対応をすることが容易に認められること、③そして、K社は、本件被相続人死亡後開催されたJ社の取締役を選任する重要なJ社の株主総会において、K社が所有しているJ社の株式に係る議決権を、K社の出資者でも役員でもない請求人（本件被相続人の妻）に委任していることからすれば、K社は本件被相続人に代表されるJ社の創業家の強い支配下にあり、K社の出資者は、同社の意思決定を、いずれも、本件被相続人及び請求人に代表されるJ社の創業者一族の意思に委ねていたものと認められるから、K社の株主総会等における議決権の行使についても、J社の創業者一族の意思と同一の内容の議決権を行使することに同意していた者と認めるのが相当である。そうすると、請求人は、法人税法施行令第4条《同族関係者の範囲》第6項の規定により、K社の株主総会において全議決権を有し、かつ、K社の唯一の出資者であるとみなされることから、同条第3項により、K社を支配していることとなって、同条第2項により、K社は請求人と特殊関係にある法人に該当するので、請求人の同族関係者に該当することとなる。そうすると、J社における請求人とその同族関係者の議決権割合は15％以上となるから、本件株式を配当還元方式で評価することはできない。

《参考判決・裁決》

東京高裁平成17年1月19日判決（訟月51巻10号2629頁）

東京高等裁判所平成26年（行コ）第457号各贈与税決定処分取消等請求控訴事件（棄却）（上告・上告受理申立て）国側当事者・国（処分行政庁　芝務署長）平成27年4月22日判決【税務訴訟資料　第265号－71（順号12654）】

【みなし贈与／同族会社に著しく低い価額で出資持分の譲渡があった場合／出資の評価】

〔判示事項〕

　本件は、g（控訴人mの母、控訴人nの祖母）が自己が有していたC社出資の全部をr社及びt合名会社に譲渡したところ、芝税務署長が、本件各譲渡が時価より著しく低い価額の対価でされたもので、その結果いずれも同族会社であるr社の株式及びt合名会社の持分の価額が増加したことから、その株主等である控訴人らは相続税法9条にいう「対価を支払わないで」「利益を受けた」者と認められ、同条により、上記の価額が増加した部分に相当する金額を控訴人らがgから贈与により取得したものとみなされるなどとして、贈与税の決定処分等を行ったことから、控訴人らがその取消しを求める事案である。

　控訴人らは、相続税法9条の「利益」は資本等取引に起因する利益であることを要し、相続税法基本通達9－2(4)のような損益取引による利益はこれに当たらないと主張する。しかし、相続税法9条の「利益」が法文上その発生原因となる取引を限定していると解すべき理由はない。また、相続税法基本通達9－2(4)は、同族会社に対し時価より著しく低い価額の対価で財産の譲渡をした場合、その譲渡をした者と当該会社ひいてはその株主又は社員との間にそのような譲渡がされるのに対応した相応の特別の関係があることが一般であることを踏まえ、実質的にみて、当該会社の資産の価額が増加することを通じて、その譲渡をした者からその株主又は社員に対し、贈与があったのと同様の経済的利益を移転したものとみることが

できるから、株式又は出資の価額増額部分に相当する金額を贈与によって取得したものと取り扱う趣旨と解されることは、原判決が説示するとおりである。このような趣旨からすれば、控訴人らの主張するような取引による区別をする必要はない（下線筆者）というべきである。

　ｒ社の取引先である13社のＣ社出資取引に係る判断については、本件13社がいずれも有力酒造会社等であり、ｒ社がその商品の重要な販路となる酒類等の大手卸売会社であるという特殊な個別的関係に基づき、将来にわたるｒグループとの取引関係の維持又は強化という売買目的物の客観的交換価値とは別個の考慮要素が反映され、Ｃ社の支配継続を望む先代ｙ及び控訴人ｍらの意向に沿って、購入や売却の取引に応じていたものであって、控訴人ｍ及びその同族関係者の意向に反するような持分権者としての権利行使をする意図は終始なかったと推認することができる。したがって、このような特殊性を有するｔ合名会社と本件13社との間のＣ社出資の売買取引をもって、目的物の客観的な交換価値に即した売買実例として適切と認めることはできず、同取引における１口5000円の価格をもって、Ｃ社出資の本件各譲渡時の時価でということはできない。（下線筆者）

　控訴人らは、控訴人ｍ及びｔ合名会社においてＣ社を実質的に支配するような関係にはなく、本件において評価通達の定める評価方式以外の評価方式によるべき特段の事情はないなどとして、Ｃ社を控訴人ｍ及びｔ合名会社の同族関係者に当たるとした原判決を論難する。しかし、Ｃ社の設立から本件13社がｔ合名会社に対しＣ社出資を売却するまでの経緯等の原判決が説示する事情に照らせば、Ｃ社は設立以来控訴人ｍと先代ｙ、ｇ及びｔ合名会社が実質的に支配してきたものと認められる。このような事実関係を踏まえると、Ｃ社出資の扱いにおいて評価通達188⑴等を形式的に適用することはかえって同通達188及び同通達188-2の趣旨にもとる結果となるから、同通達の定める評価方式以外の評価方式によるべき特段の事情があり、Ｃ社は控訴人ｍ及びｔ合名会社の同族関係者に該当する（下線筆者）というべきことは、原判決が説示するとおりである。

評価通達185ただし書の適用について控訴人らは、C社は控訴人ｍ及びその同族関係者によって実質的に支配されていたものではないとして、C社出資の評価に当たり評価通達185ただし書の定める評価方法を適用すべき旨を主張する。しかし、関係証拠によれば、C社は控訴人ｍ及びその同族関係者によって実質的に支配されていたと認められることは、上記のとおりであるから、控訴人らの上記主張はその前提を欠く。

Q I-29　グループ法人税制回避の留意点

> グループ法人税制回避の留意点についてご教示ください。

Answer

意図的に回避する方法とそれが否認された裁決例をよく理解しておいてください。

【解説】

グループ法人税制回避を意図的に行うためには、現状では、４つの方法があります。

① 　１株でも第三者に保有させる

② 　従業員持株会に５％以上持たせる

③ 　財団法人・社団法人に株式を持たせる

④ 　個人に売却（又は寄附、現物配当、現物支給、含み損ある資産の損失実現又は低解約返戻金保険の戻りなどで有効な活用策となります）

という方法です。

ここで、留意すべきなのが③の方法です。財団法人・社団法人に移動する株式は通常、無議決権株式が利用されることが多いです。しかし、完全支配関係というのは、議決権数ではなくて発行済株式数により判定されます。

したがって、無議決権株式であっても完全支配関係を取り壊すことは可能で

Ⅰ　中小・零細企業の資本戦略　　*107*

す。しかし、グループ法人税制では、将来の時点で完全支配関係が取り崩されたときに、繰り延べられていた損益が一気に実現することになります。

　この点について問題になるのが、100％保有株式を従業員持株会に移転させる場合です。例えば、以下のような事例を考えてみましょう。

　甲は相続対策として100％所有するS社の株式を分散させようと、従業員持株会を設立、70％超の株式を移転させようとしているという場合に、譲渡の実効性の問題が生じます。少数株主の判定では議決権を基準として行うため、相続対策により持株会を設立する場合、持株会が議決権付株式を取得する必要があります。そして、従業員持株会のメンバーに、個人または法人との間でその個人又は法人の意思と同一の内容の議決権を行使していることに同意している者がいる場合には、その者の所有する議決権はその個人又は法人が有しているものとみなされてしまいます。

　先述した、平成23年9月28日裁決と同様の論点です。財産評価基本通達上の「課税上弊害がない場合」を、常に念頭に置いておく必要があります。

　平成28年1月6日裁決は意図的なグループ法人税制外しが明確に否認された事例であり深く詳細を理解しておく必要があります。

（同族会社の行為計算否認／グループ法人税制回避のために行われた第三者割当増資）

　請求人の総務経理部長ただ1人に対し行われた第三者割当増資は、経済的、実質的見地において純粋経済人として不合理、不自然な行為であり、法人税法第132条第1項に規定する「不当」な行為であると判断された事例（平28-01-06裁決）

〔裁決要旨〕

　同族会社である審査請求人は、関連会社であるA社との間に完全支配関係があったが、平成22年12月27日、従業員に対する第三者割当増資を行い、その結果、請求人との間に完全支配関係を有しないこととなったA

社に対し、譲渡損益調整資産を譲渡し、当該譲渡に係る譲渡利益額と譲渡損失額の差額を、損金の額に算入して確定申告をした。本件は、原処分庁が、法人税法第132条第1項の規定を適用して、上記第三者割当増資を否認し、請求人とA社との間には完全支配関係があるとして、同法第61条の13第1項の規定に基づき、上記譲渡利益額と譲渡損失額の差額の損金の額への算入を否認する旨の更正処分等をしたことに対し、請求人が同法第132条第1項の適用要件を欠くとして、原処分の全部の取消しを求めた事案である。

　請求人は、平成22年度税制改正において制定されたグループ法人税制の繰延制度の施行により、A社との間に完全支配関係を有したままでは、同制度の施行前に認められていた請求人・A社間の不動産取引による固定資産売却損の損金算入が認められなくなることから、かかる事態を回避し、同制度の施行後も当該売却損の損金算入を続けるため、請求人・A社間の完全支配関係を解消して同制度の適用を免れる目的で、本件割当増資を行ったものと認められる。（下線筆者）そして、本件割当増資における株式の発行条件等は、繰延制度の適用を免れることができるかという観点から定められたものと認められ、他方、請求人が、割当増資に当たり、経済的合理性の観点から、その財産状況や経営状態等を具体的に検討ないし勘案した形跡はうかがわれない。（下線筆者）また、請求人は、約1000名の従業員を擁する中で、本件割当増資において割当ての対象者としたのは、総務経理部長として第三者割当増資による繰延制度の適用回避に向けた立案、検討に深く関与した乙ただ一人（下線筆者）であり、同人以外の従業員に対しては、割当増資の後も含め、一切割当てを行っておらず、そもそも募集の周知すらしていない。

　これらの諸点に鑑みれば、本件割当増資は、経済的、実質的見地において純粋経済人として不合理・不自然な行為であるといわざるを得ず、（下線筆者）法人税法第132条第1項に規定する「不当」な行為であると認めるのが相当である。

Ⅰ　中小・零細企業の資本戦略　　**109**

Q Ⅰ-30　グループ間で不動産を売却する場合、最低限必要なエビデンス

表題の件につきご教示ください。

Answer

下記平成29年3月8日裁判例が参考になります。

東京地方裁判所平成26年（行ウ）第284号法人税更正等取消請求事件（第1事件）、平成26年（行ウ）第327号法人税更正等取消請求事件（第2事件）、平成26年（行ウ）第328号法人税更正等取消請求事件（第3事件）、平成26年（行ウ）第329号法人税更正等取消請求事件（第4事件）、（認容）（確定）（納税者勝訴）

国側当事者・国（別府税務署長事務承継者大分税務署長・大分税務署長）

平成29年3月8日判決

【税務訴訟資料　第267号 -40（順号12989）】

【青色申告承認取消処分／グループ法人間の不動産売買損失】

概　　要

〔判示事項〕

1　本件は、E社、G社、第3事件原告F社、第4事件原告H社（原告ら）が、原告らの間における土地の売買により売却損が生じたとしてその額を損金の額に算入するなどして、各法人税の確定申告をしたところ、各所轄の別府税務署長又は大分税務署長が、上記の売買が架空の取引であるとして、原告らに対し、法人税の更正処分及び青色申告の承認の取消処分をしたため、原告らが、これらの処分に違法がある旨の主張をしてその取消しを求める事案である。

2　丙の相続人である丁らは、本件各債務免除等が行われたことにより、

丙の相続に関し、8億6000万円余りの相続税を免れる計算になること、原告らは、法人税の確定申告において、本件各債務免除等の額をそれぞれ益金の額に算入する一方で、これと同額か近似する本件各取引に係る固定資産売却損の額をそれぞれ損金の額に算入しているところ、かかる損金の額の算入が認められれば、本件各更正処分に係る納付すべき法人税額に相当する合計7億5000万円余りの法人税を免れる計算になることが認められ、以上の事実に照らせば、原告らは、本件各証書を作成するに当たり、被告が指摘するように、丙の相続税対策の結果生じることとなる法人税の課税を避ける目的を有していたものと推認することができる。しかしながら、原告らがかかる目的を有していたとしても、本件各取引が直ちに架空のものとなるものではない。

3　本件各取引における本件各土地の売却価額が不相当に低額であったことや、原告らが確定申告において損金の額に算入した固定資産売却損の額が不相当に高額であったことをうかがわせる証拠はないから、本件各土地には元々相当額の含み損が存していたことがうかがわれる。本件各取引は、これらの含み損を損金として確定させるという意味合いをも有するものであり、また、本件各取引の経営判断上の意義として原告らが主張する内容にも相応の合理性が認められるのであって、本件各取引が専ら法人税の課税を避けることのみを目的として行われたものであると断定することは困難であるから、本件各取引を不当な租税回避と評することは相当ではないというべきである。

4　本件各土地については、本件各取引に先行して設定されていた根抵当権の解除はされておらず、原告らにおいて、根抵当権者である金融機関に対し、本件各取引がされたこと自体を、少なくとも正式に書面に明記する形で報告してはおらず、正式にその了承を得たものでもないこと等が認められる。しかしながら、原告らにおいて、本件各証書に対応する所有権の移転の登記を経由していなかったことから、金融機関等の対外的な関係においては、登記上の所有名義を前提に対応するとの方針に基

づいて行われたものと捉えることができ、また、一部の金融機関では原告らの上記の各対応を黙認していた事情がうかがわれるから、原告らの上記の各対応が、厳密には契約違反ということで金融機関からの責任追及を受けることがあり得るとしても、そのことが直ちに本件各取引が架空のものであったことを推認させるものではない（下線筆者）というべきである。

5　本件各土地のうち、土地Ａ１、土地Ｂ２、土地Ｃ及び土地Ｄ３については、本件取引の前には各土地上の建物の所有者と土地の所有者が一致していたところ、その後には両者が相違するようになったことが認められる。しかしながら、本件各取引の経営判断上の意義として原告らが主張する内容には相応の合理性が認められるところ、これによれば上記のように各土地上の建物の所有者と土地の所有者が相違するに至っても、直ちに不自然なものとはいえない上、かえって、上記各土地の売主（各土地上の建物の所有者）が、その買主に対し、本件各取引の後、土地の賃料を継続的に支払っていることが認められ、以上からすれば、上記の建物と土地の所有関係は、本件各取引が架空のものであることを推認させるものではなく、むしろ上記の土地の賃料の支払の事実は、当該各取引が架空のものではないことを示す事情であるということができる。

6　（省略）

判決年月日　H29-03-08

本　　文

事　実　及　び　理　由

第2　事案の概要

　　本件は、株式会社Ｅ、有限会社Ｇ、第３事件原告株式会社Ｆ、第４事件原告Ｈ有限会社（以下、それぞれ「Ｅ」、「Ｇ」、「原告Ｆ」、「原告Ｈ」といい、併せて「原告ら」という。）が、原告らの間における土地の売買により売却損が生じたとしてその額を損金の額に算入するなどして、Ｅ、Ｇ

においては平成16年8月1日から平成17年7月31日までの事業年度（以下「平成17年7月期」という。）の、原告Fにおいては平成16年10月1日から平成17年9月30日までの事業年度（以下「平成17年9月期」という。）の、原告Hにおいては平成17年4月1日から平成18年3月31日までの事業年度（以下「平成18年3月期」という。）の各法人税の確定申告をしたところ、各所轄の別府税務署長又は大分税務署長が、上記の売買が架空の取引であるとして、原告らに対し、上記各事業年度（以下「本件各事業年度」という。）の法人税の更正処分及び本件各事業年度以後の法人税の青色申告の承認の取消処分をしたため、原告らが、これらの処分（G及び原告Fに対する各更正処分については、それぞれ再更正処分により一部取り消された後のもの。以下「本件各処分」といい、このうちの各更正処分を「本件各更正処分」、各承認取消処分を「本件各承認取消処分」という。）に違法がある旨の主張をしてその取消し（本件各更正処分については各申告額を超える部分の取消し）を求める事案である。

1　前提事実（争いのない事実、顕著な事実並びに掲記の証拠及び弁論の全趣旨により認められる事実）

　(1)　原告らについて

　　ア　Eは、「パチンコ、遊技場の経営」等を目的として昭和51年7月●日に設立された株式会社であり、昭和52年8月1日から昭和53年7月31日までの事業年度以降の事業年度について、法人税の青色申告の承認を受けていた（乙A15の1、乙A34）。

　　イ　Gは、「遊技場の経営」、「不動産の売買、不動産賃貸業」等を目的として平成5年8月●日に設立された有限会社であり、平成6年8月1日から平成7年7月31日までの事業年度以降の事業年度について、法人税の青色申告の承認を受けていた（乙B12の1、乙B26）。

　　ウ　原告Fは、「自動車用品及び自動車部品の卸、販売」、「喫茶店、食堂、マージャンクラブ、パチンコ店の経営」等を目的とし

て昭和52年11月●日に設立された株式会社であり、平成３年10月
１日から平成４年９月30日までの事業年度以降の事業年度につい
て、法人税の青色申告の承認を受けていた（乙Ｃ10の１、乙
Ｃ26）。

エ　原告Ｈは、「不動産売買」等を目的として昭和45年３月●日に
設立された有限会社であり、昭和46年４月１日から昭和47年３月
31日までの事業年度以降の事業年度について、法人税の青色申告
の承認を受けていた（乙Ｄ14の１、乙Ｄ28）。

オ　原告らは、いずれも丙を創始者とし、その平成17年４月30日当
時の株主の構成は、別表１の「株主構成」の表のとおりであり、
役員の構成は、同別表の「役員構成」の表のとおりであって、丙
及びその子である丁その他の親族らが発行済株式の全部又は出資
の全額を有する同族会社であった（乙Ａ15の１、２、乙Ｂ12の１、
２、乙Ｃ10の１、２、乙Ｄ14の１、２。以下、原告らをまとめて「Ｅ
グループ」ということがある。）。

なお、Ｅ及びＧは、本件各訴え提起後の平成28年６月●日、
原告Ｆに吸収合併された。

(2)　原告らの法人税の確定申告に至る経緯等

ア　丙らによる債務の免除及び債権の贈与

(ｱ)　丙は、平成17年５月11日から同月24日にかけて、別表２の番
号１から６までのとおり「債務免除証書」及び「贈与証書」を
作成し、Ｅに対しては、同別表の番号５及び６の債務を、原告
Ｈに対しては、同別表の番号１及び２の債務をそれぞれ免除
し、また、Ｇに対しては、同別表の番号３のＥに対する債権
を、原告Ｆに対しては、同別表の番号４のＥに対する債権を
それぞれ贈与した（免除及び贈与の総額は22億0767万5557円。乙
Ａ16、17、乙Ｂ13、乙Ｃ11、乙Ｄ15、16。以下、同別表の番号１か
ら６までの債務の免除又は債権の贈与を順次「本件債務免除１」、

「本件債務免除2」、「本件債権贈与3」、「本件債権贈与4」、「本件債務免除5」及び「本件債務免除6」という。）。

(イ) 丁は、平成17年5月16日、別表2の番号7のとおり「債務免除証書」を作成し、Eに対し、同番号の債務（2億円）を免除した〔乙A18。以下、これを「本件債務免除7」といい、前記(ア)の債務の免除又は債権の贈与と併せて「本件各債務免除等」という。〕。

(ウ) 丙は、平成17年5月●日に死亡し、同人の相続人である乙、丁及び戊は、平成18年3月14日、丙の相続に係る相続税の申告書を提出しているところ、同申告書には、上記の相続に係る相続財産として、前記(ア)の債権総額22億0767万5557円についての記載はない（乙共3）。

イ　不動産売買契約証書の作成等

(ア) 原告らは、大分県内に所在する別表3記載の各土地（以下、同別表の「本件各土地」欄記載の略称を用い、併せて「本件各土地」という。）を、本件土地A1及び本件土地A2については平成17年7月1日当時、その他の土地については同年5月16日当時、それぞれ同別表の「所有者」欄記載のとおり所有していた（乙A1の1～5、乙A4の1～16、乙B2、3の1～3、乙C2の1～7、乙D1の1～7、乙D2の1～4、乙D5の1～4、乙D6）。

(イ) 原告らは、別表4の「日付」欄記載の日（本件土地A1及び本件土地A2については平成17年7月1日、その他の土地については同年5月16日）付けで、同「売主」欄記載の者〔上記(ア)の各所有者〕を売主とし、同「買主」欄記載の者を買主として、同「目的物」欄記載の本件各土地を同「売買代金（円）」欄記載の代金で売買する旨の「不動産売買契約証書」を作成した（売買代金の総額は15億0458万7885円。以下、同別表の番号1から6までの各不動産売買契約証書を順次「本件証書1」などといい、これらを併せて「本

件各証書」といい、また、本件各証書に記載されている売買取引を
順次「本件取引 1」などといい、これらを併せて「本件各取引」と
いう。）。本件各証書には、それぞれ、同別表の「支払日・支払
方法」欄、「引渡日」欄及び「特約」欄に記載の事項が記載さ
れていた（甲 A15、18、甲 B19、甲 C13、甲 D12、15、乙 A 2、
5、乙 B 4、乙 C 3、乙 D 3、7）。

㋙　本件各土地については、本件各処分がされるまでの間、本件
各証書に売主として記載されている者から買主として記載され
ている者への所有権の移転の登記はされなかった。

　なお、本件土地 B 2 については、平成26年 5 月15日受付で、
「平成17年 5 月16日売買」を登記原因とする G から E への所有
権の移転の登記がされた上、平成26年 5 月29日受付で、「平成
26年 5 月29日売買」を登記原因とする E から訴外 I 株式会社
への所有権の移転の登記がされている。他方、それ以外につい
ては、同年 7 月31日に至っても、いまだ所有権の移転の登記は
されていない（乙 A 1 の 1 ～ 5 、乙 A 4 の 1 ～16、乙 B 2、3 の
1 ～ 3 、乙 C 2 の 1 ～ 7 、乙 D 1 の 1 ～ 7 、乙 D 2 の 1 ～ 4 、乙
D 5 の 1 ～ 4 、乙 D 6）。

㋛　本件各証書に買主として記載されている者は、本件各取引に
つき不動産取得税の申告及び納付を行っておらず、また、大分
県知事は、本件各取引につき不動産取得税の賦課決定をしてい
ない（乙共 5、6、6 の 2）。

㋜　本件各土地の一部には建物が存するところ、その所有者や使
用状況は別表 5 のとおりであり、本件各証書作成後も建物の所
有者や使用状況に変わりはなかった。なお、原告らは、同別表
のとおり、本件各事業年度の法人税の確定申告において、本件
各取引により所有者の移転があったことを前提に、地代家賃の
収受等があったとして、これらを損金又は益金に算入している

（乙A9～14、乙B9～11、乙C8、9、乙D1～13）。

(カ) 本件各土地の一部には、本件各証書の作成日付の時点で、別表3の「根抵当権者」欄記載の金融機関を根抵当権者とする根抵当権が設定されていた（乙A1の1～5、乙A4の1～3、乙A4の7～9、乙A4の15、乙A4の16、乙B2、3の1～3、乙C2の1～7、乙D2の1～4、乙D5の1～4）。

ウ 原告らの法人税の確定申告

(ア) Eは、平成17年9月30日、別府税務署長に対し、平成17年7月期の法人税について、本件債務免除5、本件債務免除6及び本件債務免除7により、それぞれ3億円、2億円及び2億円（合計7億円）の債務免除益が生じたとして、これらの金額を雑収入として益金の額に算入し、また、本件取引5及び本件取引6により、それぞれ2億9188万1084円及び4億3466万7615円（合計7億2654万8699円）の固定資産売却損が生じたとして、これらの金額を損金の額に算入して、欠損金額を1億4895万3455円、納付すべき法人税額を0円、所得税額等の還付金額を5万8801円とする確定申告書を提出した（甲A1、乙A3、19）。

(イ) Gは、平成17年9月30日、別府税務署長に対し、平成17年7月期の法人税について、本件債権贈与3により6億1880万0542円の受贈益が生じたとして、この金額を雑収入として益金の額に算入し、また、本件取引1により6億1880万0542円の固定資産売却損が生じたとして、この金額を損金の額に算入して、所得金額を0円、納付すべき法人税額を0円とする確定申告書を提出した（甲B1、乙B5、14）。

(ウ) 原告Fは、平成17年11月30日、大分税務署長に対し、平成17年9月期の法人税について、本件債権贈与4により8億0036万0742円の受贈益が生じたとして、この金額を雑収入として益金の額に算入し、また、本件取引2により8億0036万0742円の

固定資産売却損が生じたとして、この金額を損金の額に算入して、所得金額を4681万7007円、納付すべき法人税額を1340万5100円とする確定申告書を提出した（甲C1、乙C4、12）。

(エ)　原告Hは、平成18年5月30日、大分税務署長に対し、平成18年3月期の法人税について、本件債務免除1及び本件債務免除2により、それぞれ5000万円及び2億3851万4273円（合計2億8851万4237円）の債務免除益が生じたとして、これらの金額を雑収入として益金の額に算入し、また、本件取引3及び本件取引4により、それぞれ1億5438万9002円及び8412万5271円（合計2億3851万4273円）の固定資産売却損が生じたとして、これらの金額を損金の額に算入して、欠損金額を1952万5462円、納付すべき法人税額を0円とする確定申告書を提出した（甲D1、乙D4、17）。

(3)　本件における各処分の経緯等

（省略）

(4)　本件各処分に係る計算等について

（省略）

2　争点

(1)　本件各取引は架空のものであったか

(2)　（省略）

3　争点に関する当事者の主張

(1)　争点(1)（本件各取引は架空のものであったか）について

（被告の主張）（省略）

（原告らの主張）（省略）

(2)　争点(2)（原告らが本件各土地に係る固定資産売却損を総勘定元帳に記載したことは、青色申告の承認の取消しの要件に該当するか）について

（省略）

第3 当裁判所の判断

1 認定事実

前提事実、掲記の証拠及び弁論の前趣旨によれば、以下の事実が認められる。

((1)・(2)省略)

2 争点(1)(本件各取引は架空のものであったか)について

(1) 被告は、本件各取引につき本件各証書が作成されているとしても、①本件各土地は、本件各証書の作成後も所有権の移転の登記が経由されていないこと、②原告らが本件各土地を取得したとして不動産取得税の申告及び納付をしていないこと、③本件各土地について、通常、売買に先行して行われるべき根抵当権の解除や、根抵当権者である金融機関への通知等がされていないこと、④原告らが、本件土地B1及び本件土地D2につき、本件各証書作成後、本件各証書上の売主を所有者として新たな根抵当権を設定するなどしていること、⑤原告らは、架空の借入金及び貸付金を利用して本件各土地の売買代金の清算を行うという処理をしていること、⑥本件各取引に係る固定資産売却損の計上は、原告らが計上した債務免除益又は受贈益の金額に対応してされたものであり、丙の相続税対策の結果生じた法人税の課税を免れるために行われたものであることが推認されること、⑦本件各土地の使用の状況からして、原告らが本件各土地を売却する必要性は認められず、かえって、本件各証書上の売主が、そのまま納税義務者として、本件各土地の固定資産税を納付し続けており、そのうち、本件土地A2については、本件証書6上の売主であるEが、引き続き所有者として、Kとの間で土地賃貸借契約を締結していること、⑧本件各証書の特約条項には、税金対策を念頭にした特殊な記載があること等からすれば、<u>本件各取引は架空のものであったというべきである</u>旨を主張する（下線筆者）ので、以下、上記の各点等について検討する。

Ⅰ　中小・零細企業の資本戦略　**119**

(2)　上記⑥、⑧の点（本件各証書作成の目的及び特約条項）について

　この点、前提事実及び弁論の全趣旨によれば、丙の相続人である丁らは、本件債務免除7を除く本件各債務免除等が行われたことにより、丙の相続に関し、8億6000万円余りの相続税を免れる計算になること、原告らは、法人税の確定申告において、本件各債務免除等の額をそれぞれ益金の額に算入する一方で、これと同額か近似する本件各取引に係る固定資産売却損の額をそれぞれ損金の額に算入しているところ、かかる損金の額の算入が認められれば、本件各更正処分に係る納付すべき法人税額に相当する合計7億5000万円余りの法人税を免れる計算になることが認められ、以上の事実に照らせば、原告らは、本件各証書を作成するに当たり、被告が指摘するように、丙の相続税対策の結果生じることとなる法人税の課税を避ける目的を有していたものと推認することができる。

　しかしながら、原告らがかかる目的を有していたとしても、<u>本件各取引が直ちに架空のものとなるものではない。</u>（下線筆者）本件各債務免除等が架空のものではなく（この点は被告も争わない。）、これにより原告らに債務免除益及び受贈益が現実に発生する以上、本件各取引によってこれに見合うだけの固定資産売却損が現実に発生しなければ、上記の目的を達成することができないから、原告らにとっては、<u>本件各取引はむしろ架空のものであってはならないものであったということができる。</u>（下線筆者）したがって、原告らが上記目的を有していたことは、本件各取引が架空のものであることを裏付けるものではない。

　また、本件各証書の特約条項に「譲渡価格が税務上問題がある場合は、互いに税務上不利にならないその適正金額において譲渡されたものとして取り扱う。」との定めがあることについても、この定めは、税務当局から本件各取引が低額譲渡と認定された場合には、確定申告において適正な譲渡価額を前提とした固定資産売却損等を

計上することを取り決めたものと解釈することが可能なものであるから、直ちに本件各取引が架空のものであることを裏付けるものではない（下線筆者）というべきである。

なお、本件各取引における本件各土地の売却価額が不相当に低額であったことや、原告らが本件の確定申告において損金の額に算入した固定資産売却損の額が不相当に高額であったことをうかがわせる証拠はないから、本件各土地には元々相当額の含み損が存していたことがうかがわれる。本件各取引は、これらの含み損を当該事業年度において損金として確定させるという意味合いをも有するものであり、また、本件各取引の経営判断上の意義として原告らが主張する内容にも相応の合理性が認められるのであって、本件各取引が専ら法人税の課税を避けることのみを目的として行われたものであると断定することは困難であるから、本件各取引を不当な租税回避と評することは相当ではない（下線筆者）というべきである。

(3)　前記①、②の点（登記及び不動産取得税の納付の状況等）について

前提事実のとおり、原告らは、本件各土地につき、本件各証書の作成後も所有権の移転の登記を経由しておらず、その不動産取得税の申告及び納付をしていないことが認められる。

しかしながら、かかる事実については、本件各取引が、いずれも同族会社であるEグループ内でされたもので、所有権に係る対抗要件の具備の要否の観点からは、直ちに登記をすることを要しない状況においてされたものである上、原告らにおいて登記に要する費用や不動産取得税の負担を避けようとする目的があったとみることで了解し得るものであって、直ちに本件各取引が架空のものであったことを推認させるものではない。（下線筆者）

(4)　前記③、④の点（金融機関との間の根抵当権の設定に係る状況等）について

前提事実、前記1(1)の事実、証拠（乙共7〜11）及び弁論の全趣

旨によれば、本件各土地については、本件各取引に先行して設定されていた根抵当権の解除はされておらず、原告らにおいて、根抵当権者である金融機関に対し、本件各取引がされたこと自体を、少なくとも正式に書面に明記する形で報告してはおらず、正式にその了承を得たものでもないこと、本件土地Ｂ１及び本件土地Ｄ２につき、本件各証書作成後においても、本件各証書における売主が所有者として、臨時株主総会議事録等を作成した上で、新たな根抵当権を設定するなどしていることが認められる。

　しかしながら、原告らの上記の各対応は、原告らにおいて、前記(3)のとおり、本件各証書に対応する所有権の移転の登記を経由していなかったことから、金融機関等の対外的な関係においては、登記上の所有名義を前提に対応するとの方針に基づいて行われたものと捉えることができ、また、証拠（甲Ａ13、甲Ｂ17、甲Ｃ11、甲共１）によれば、根抵当権者である金融機関のうち、Ｊ銀行については、実際にはその関係者において本件取引１、本件取引２、本件取引５及び本件取引６がされたと認識していたことが認められ、一部の金融機関では原告らの上記の各対応を黙認していた事情がうかがわれるから、原告らの上記の各対応が、厳密には契約違反ということで金融機関からの責任追及を受けることがあり得るとしても、そのことが直ちに本件各取引が架空のものであったことを推認させるものではない（下線筆者）というべきである。

(5)　前記⑤の点（仕訳と売買代金の処理の状況）について

　前提事実及び前記１(2)のとおり、原告らは、丙及びＥグループ内で貸付金と借入金の各仕訳をしているところ、この各仕訳は、それら自体でみれば、丙及びＥグループ内で貸付けを循環させるものとなっている上、計上日と入力日が一致していないものとなっている。

　しかしながら、そのことで、本件各取引に係る売買代金の決済が

売買当事者間の反対貸付金債権との相殺処理の形でされていること
が直ちに無効であることにはならない上、証拠（甲A147の1～甲
A149、甲B107の1～甲B108、甲C59の1～7、甲D33の1～甲D35、
証人L）によれば、上記の各仕訳に係るものを含め、丙及びEグ
ループ内での貸付金については、実際に清算がされたか、清算に向
けて支払が継続中のものとして処理されていることが認められ、こ
れによれば、本件各土地の売買代金に相当する額の金銭が最終的に
は各買主の出捐によって各売主の下に収まることになるから、上記
の処理が、本件各取引が架空のものであったことを推認させるもの
であるとはいえず、むしろ上記の貸付金の清算の事実は、本件各取
引が架空のものではなかったことを示す事情である（下線筆者）と
いうことができる。

(6) 前記⑦の点（本件各土地の使用の状況等）について

ア　前提事実のとおり、本件各土地のうち、本件土地A1、本件
土地B2、本件土地C及び本件土地D3については、本件取引
の前には各土地上の建物の所有者と土地の所有者が一致していた
ところ、その後には両者が相違するようになったことが認められ
る。

しかしながら、本件各取引の経営判断上の意義として原告らが
主張する内容には相応の合理性が認められるところ、これによれ
ば上記のように各土地上の建物の所有者と土地の所有者が相違す
るに至っても、直ちに不自然なものとはいえない上、かえって、
証拠及び弁論の全趣旨によれば、上記各土地の売主（各土地上の
建物の所有者）が、その買主に対し、本件各取引の後、土地の賃
料（本件土地A1について毎月50万円、本件土地B2について毎月30
万円、本件土地Cについて当初毎月100万円、平成19年10月以降は毎
年1200万円、本件土地D3について毎月60万円）を継続的に支払っ
ていることが認められ、以上からすれば、上記の建物と土地の所

有関係は、本件各取引が架空のものであることを推認させるものではなく、むしろ上記の土地の賃料の支払の事実は、当該各取引が架空のものではないことを示す事情である（下線筆者）ということができる。

なお、原告らは、上記の賃料の授受に関し、土地賃貸借契約書等（甲A17、甲B22等）も提出するところ、これらは、被告が本件に係る税務調査の際に入手した、同一の土地に係る各賃貸借契約書（乙共17、18）とその記載内容等で一致しない点がある上、坪数について整合しない記載があるなどの問題があるものの、上記の賃料の授受がされたこと自体について直ちに疑義が生ずるものではない以上、そのことをもって、本件各取引が架空のものであったことを推認させるものではないというべきである。

イ　また、前提事実及び証拠（甲A22、乙A27、28）によれば、本件土地A2の一部（●●の土地の一部及び●●の土地）については、本件取引6の売主であるEが、本件取引6後の平成18年1月17日付けで、所有者として、Kとの間で事業用定期借地契約書を作成し、同年10月6日付けで、同旨の事業用借地権設定公正証書を作成していることが認められる。

もっとも、これも前記(4)の金融機関との関係と同様に、対外的な関係においては、登記上の所有名義を前提に対応するとの方針に基づくものと捉えることができ、かえって、証拠及び弁論の全趣旨によれば、上記の本件土地A2の一部に関し、Eは、一旦、上記契約書等に沿ってKから賃料（毎月115万円。ただし、毎月90万円、100万円となっている時期がある。）を受領しているものの、その後、本件取引6の買主である原告Fに対し、同額を支払っていることが認められ、以上からすれば、上記の点は、本件各取引が架空のものであることを推認させるものではなく、むしろ上記のEから原告Fへの賃料の支払の事実は、本件取引6が架空

のものではないことを示す事情であるということができる。

ウ　さらに、証拠及び弁論の全趣旨によれば、原告らにおいては、本件各取引後も、本件各取引の売主が固定資産税の納税義務者として通知を受け、固定資産税を納付し続けていることが認められるものの、これも、原告らにおいて、前記(3)のとおり、本件各証書に対応する所有権の移転の登記を経由していなかったことから、登記名義人が納税義務者となる固定資産税（地方税法343条2項）については登記上の所有名義を前提に対応するとの方針に基づくものと解し得る上、上記証拠によれば、原告らにおいては、一旦は、本件各取引の売主が固定資産税を納付するものの、その後、買主が固定資産税相当額を売主に支払っていることが認められ、以上からすれば、固定資産税の納付に係る事情も本件各取引が架空のものであることを推認させるものではなく、むしろ上記の買主から売主への固定資産税相当額の支払の事実は、本件各取引が架空のものではない（下線筆者）ことを示す事情であるということができる。

(7)　丁やL経理部長の質問応答書について

ア　丁の平成24年4月17日における質問応答書（乙共4）には、前記1(1)の本件土地B1及び本件土地D2に係るG及び原告Hの各臨時株主総会議事録に関し、議事録は実際に株主総会等を開催して作成したもので、その議事録に間違いはないとしつつ、上記各土地の所有者が本件証書1及び本件証書3とは矛盾しており、本件取引1及び本件取引3がなかったと言われても仕方がない旨を供述したとの記載がある。

しかしながら、丁は、上記質問応答書において、全体としては、本件各取引が実際にされたことを前提に供述をしており、上記の記載のような供述をしたとしても、それは、本件土地B1及び本件土地D2の所有者につき、上記の各議事録の記載と本件

各証書の内容が整合していないことを十分に認識しないまま回答したため、その後矛盾を指摘された際、とっさにその説明をすることができないまま回答したにすぎないと捉えることができる。そして、その後の税務調査や不服申立手続及び本件訴訟においては、実際の所有関係は上記の各議事録の記載とは異なり、本件各証書に記載されたとおり変更されている旨を供述していること（甲共2、乙共1、20、丁本人）、前記(4)のとおり、上記各議事録の作成自体、直ちに本件各取引が架空のものであったことを推認させるものではないことも踏まえれば、丁が上記の記載のような供述をしたとしても、直ちに本件各取引が架空のものであったことを推認させることにはならないというべきである。

イ　また、L経理部長の平成24年4月17日における質問応答書（乙共13）には、前記1(2)の各仕訳と貸付金の作出に関し、仕訳表の取引は、本件各取引の決済原資捻出のための仕分（ママ）入力のみの実態のない取引ということで間違いないかとの質問に対し、間違いないと回答した旨の記載がある。

しかしながら、L経理部長は、上記質問応答書において、Eグループ間の貸借勘定をきれいにしたかったので、土地の売却に伴いグループ法人間の資金移動が発生しないよう、仕分（ママ）処理のみで調整することを社長（丁）に提案し、その承諾を得た旨も供述しているところ、上記の記載のような供述をしたとしても、その「実態のない取引」とは、仕訳の時点で実際に金銭の授受があったわけではないことを指すにとどまると捉えることができる上、その後の税務調査や不服申立手続及び本件訴訟においては、前記1(2)の各仕訳と貸付金の作出に関し、実態がないものではない旨を供述していること（甲共3、乙共1、21、証人L）、前記(5)のとおり、前記1(2)の各仕訳と貸付金の作出に関する事実は、本件各取引が架空のものであったことを推認させるものでは

ないことも踏まえれば、L経理部長が上記の記載のような供述を
したとしても、直ちに本件各取引が架空のものであったことを推
認させることにはならないというべきである。

(8) 以上のとおり、被告の主張する前記の各点等については、いずれ
もこれらをもって本件各取引が架空のものであると推認するには足
りず、これらを総合しても同様であり、他方で、原告らには本件各
取引を架空のものとしてではなく実際に行う理由があり、本件各証
書が存し、これを前提とする実質的な売買代金の清算や土地の賃
料、固定資産税相当額等の授受がされていること等からすれば、本
件各取引が、架空のものであるとはいえないというべきである。

Q I-31 国外子会社の評価と株特外しの基本的な留意点

　国外子会社配当による株式保有特定会社外しスキームにおける留意点に
ついてご教示ください。

Answer

のれんの取扱いも含めてご教示します。

【解説】

　国外子会社評価額高額のせいで株式等保有特定会社に該当している場合は、
当該国外子会社が配当することが株特外しの定石です。

　国外子会社株式の評価は下記の手順で行います。

(STEP 1) 国外子会社の監査を依頼している現地の会計事務所から A/R を
提出してもらう。使うのはそのうち B/S だけです。

(STEP 2) B/S に計上されている net assets を抽出。わが国でいうところ
の純資産の額に当たります。

(STEP 3) この純資産価額に課税時期の TTB を乗じたものが評価額となり

ます。

さて、こうして算定した国外子会社株式の評価額が高騰しており、株式等保有特定会社に該当する場合には、配当を行います。すなわち、国外子会社の純資産は配当の金額だけ減少し、本体国内会社の総資産は配当の金額だけ増加します。

このスキームが株式評価に与える影響について考えておきましょう。

類似業種比準価額方式は、受取配当金のうち益金に算入されない金額がある場合には、1株当たりの利益金額の算定に当たって益金不算入額を加算し、それに対する源泉所得税額は控除します。

また、純資産価額方式では、受取配当金により本体会社の現預金が増加するので、総資産は増加します。一方、国外会社株式の評価額は減少します。これは、国外会社株式の評価は純資産価額方式で行うためです。

国外子会社の「のれん」の評価はどうすればよいでしょうか。

本体会社における国外子会社株式の帳簿価額が200、国外子会社株式の直近の貸借対照表上の純資産が100の場合、100のものを200で本体会社は買っていることになるので、差額の100が「のれん」となります。この100をどう処理するかということについて、A説、B説、C説があります。

A説は、国内財産と同様に財産評価基本通達165、166の規定に基づき、有償取得のれん＋自己創設のれんを一括評価するというものです。

B説は、のれんの評価を別途評価するということです。評価方法については、法令上の明確な定めはありません。実務では、

・時価総額／事業価値と時価純資産価額（個別資産の時価の合計）との差額をもって営業権の時価を求める方法
・収益還元法等により営業権の時価を求める方法
・財産評価基本通達165項準用

が考えられました。

バリュエーションの評価目的によってどれを採用するか異なります。

なお、非適格合併等（法法62の8）における資産調整勘定（法令123の10④）

の計算上、当該非適格合併等により移転を受けた事業の価値として当該事業により見込まれる収益の額を基礎として合理的に見積もられる金額を時価純資産価額とすることが容認されています（法規27の16①イ）。

　また、DCF法－純資産価額＝営業権とする考え方もあります。法人税法上、DCF法の許容を明示しているのは「適正評価手続に基づいて算定される債権及び不良債権担保不動産の価額の税務の取扱いについて（法令解釈通達課法2-14、査調4-20、平成10年12月4日）」です。ここでは、各手法で計算の基礎とした収支予測額及び割引率が適正であれば税務上も許容されるとあります。

　また、明文化されていないが、黙示できるものとして、税制非適格再編成における資産調整勘定は非適格合併等対価資産の交付時価額－移転事業の収益額を基礎として合理的な価値見積額における事業価値をDCF法（収益還元価値）があります（法令123の10、法規27の16）。

　中小・零細企業実務においては、考慮外でよいのですが、財産評価基本通達165項をベースに、それぞれの項目につき当該事業に対して個別具体的に算定する方法もあります。例えば、企業者報酬の額、製品ライフサイクルに応じた営業権の持続年数、資金調達コストを基礎とした基準年利率等々を個別具体的に算定し直すという方法です。各々の項目につき論拠があれば税務上許容されます。

　C説は、取得価額を基に時点修正する方法です。上記の場合、「のれん」は100なので、その100にその評価時点のTTBを掛けるという方法です。

　実務上、C説が便宜的に良いと思われ、一般的に採用されているところと思われます。

I　中小・零細企業の資本戦略　　**129**

Q I-32 株式交換完全子法人が株式交換前に保有していた自己株式の解消方法

株式交換完全子法人が株式交換前に保有していた自己株式の解消方法についてご教示ください。

Answer

下記の方法が一般的です。

1）交換前

自己株式の消却、みなし配当にご留意ください。

2）交換後の対策

① 親会社に株式完全子法人が有する親法人株式を買い取ってもらう。

② 親会社に対して、親法人株式を管理する事業を譲渡する。

③ 親子会社株式の現物分配を行う[5]。

Q I-33 グループ法人税制下における基本的な節税スキーム

グループ法人税制下における基本的な節税スキームをご教示ください。

Answer

寄附金を活用した節税スキームは多く見受けられます。

5　KPMG 税理士法人編著『M&A ストラクチャー税務事例集』333頁〜338頁　税務経理協会　2012年

【解説】

○グループ法人税制における法人間の寄付金損金不算入と受贈益益金不算入は法人を頂点とする100％グループ内に限定
⇒【一番初めにやること！】個人が直接保有する形態を回避すること！

譲渡損益は繰延べされるが、寄附金・受贈益は計上されることになる

（参考、理由）相続税対策に利用されるから
⇒【一番初めにやること】上記の型式から下記へ以降しましょう！

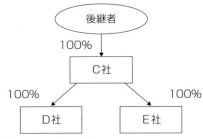

※相続財産に加算されるのは、あくまで個人が保有する単体法人を評価することになるので、単体法人を少しでも　いじりやすくする

○会社規模区分をいじる

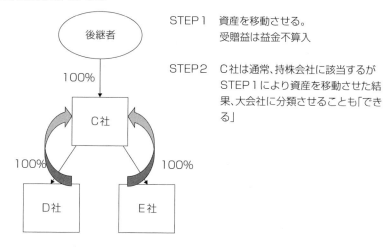

STEP1　資産を移動させる。
　　　　受贈益は益金不算入

STEP2　C社は通常、持株会社に該当するが
　　　　STEP1により資産を移動させた結
　　　　果、大会社に分類させることも「でき
　　　　る」

○土地保有特定会社、株式保有特定会社はずし
　　⇒やることは上記1と同じ
　　⇒⇒財産評価基本通達189なお書に留意！
　　「なお、評価会社が、…課税時期前において合理的な理由もなく評価会社の資産
　　構成に変動があり、その変動が…（株式保有特定会社又は土地保有特定会
　　社）…に該当する評価会社と判定されることを免れるためのものと認められる
　　ときは、その変動はなかったものとして当該判定を行うものとする。」

○純資産価額への影響は？※譲渡損益調整勘定は純資産価額算定上資産でも負債でもない（0評価）
STEP1　含み損のある土地はもともと法人税額等相当額の控除がとれない。
STEP2　含み益のある土地だけを残して、含み損のある土地だけグループ内で移動させる。
STEP3　含み益のある土地について法人税額相当額の控除がとれる。

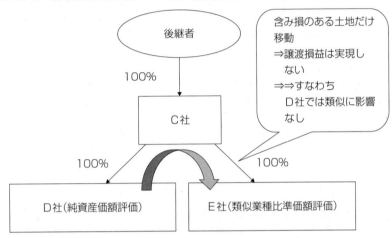

※土地を所有しているが、含み損のある土地のため法人税額相当額控除がとれない。
　一方、含み益のある土地は法人税額相当額の控除可能

※含み損のある土地だけD社から移動させる。
　⇒D社では含み益のある土地だけ残るので法人税額相当額の控除が可能になる。

I 中小・零細企業の資本戦略　**133**

○100％親子会社間における寄附を活用した節税策の問題

(STEP1)

簿価100
時価300
の土地を親から
子へ寄附

100％

（親の仕訳）
現金　300　　／土地　　100
　　　　　　　　譲渡益　200（繰延）
寄付金　300　／現金　300
子会社株式300／利益積立金　300（寄付修正）

（子の仕訳）
土地　300　／受贈益　300

※兄弟会社間の寄付と異なり、利益積立金額が
　グループ全体で増減してしまう。

(STEP2)

子は寄附を受け
た土地を親に適
格現物分配

100％

（親の仕訳、一部抜粋）
子会社株式300／利益積立金　300（寄付修正）
↑
寄附修正で増加した子会社株式の修正を行わない！
↑
この状態で、子会社株式を譲渡すれば、譲渡原価
のかさ上げ効果が生じる！

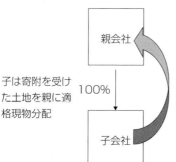

Q I -34 表明保証ドラフティングにおける税理士から弁護士への税務面のアドバイス／役員の任務懈怠責任

表明保証における税理士から弁護士への税務面のアドバイスとしていかなるものがあるか教えてください。

Answer

下記が代表的です。

【解説】

最終契約書における補償条項のドラフトは通常、弁護士が作成します。しかし、全ての弁護士が税務に精通しているわけではないので、税理士としては下記の条項に特に留意をし、条項に盛り込まれているかのリーガルチェックをする必要があります。

税務リスクについて売主は表明保証の対象とされることが多く、買主は税務リスクが顕在化した時に生じた損失につき（具体的には納税によるキャッシュアウト）を売主に補償請求できます。諸論点を列挙していきます[6]。

1）補償金の税務上の取扱い

補償条項で税務上問題となるのは、表明保証違反に基づく補償請求によって買主が受領する補償金の取扱いです。補償金を支払う買主における課税関係について、売主が買主に対して表明保証違反に基づいて補償金を支払った場合、売主は、補償金を支払った事業年度における損失として、損金の額に算入できると考えられます（法基通2-2-16等参照）。

他方、補償金を受け取る買主における課税関係については、2つの考え方がありました。表明保証違反に基づいて買主が受領する補償金は、売主による

---

6 『税務・法務を結合したM&A戦略（第2版）』（森・濱田松本法律事務所　中央経済社　2015年）22〜28頁を参照しています。

損害賠償金であると考えると、法人税法上、損害賠償金は益金の額に算入される（法法22、法基通 2 - 1 -43等参照）ため、買主において補償金に対して法人税が課税されることになります。一方、補償金は、買主が売主に対して支払った譲渡代金の一部返還と考えると、補償金は私法上の譲渡代金の減額であって、買主において補償金は利益ではなく対象会社株式の取得価額の減額に該当し、補償金が課税されることはありません。

この点につき、株式譲渡契約において、表明保証違反に基づく補償金が譲渡代金の調整である規定した事案に関して、国税不服審判所裁決平成19年 9 月 8 日は、売主から買主に対して支払った金銭を株式売買代金の返還と認定し、当該金銭が雑益として益金の額に算入されるとの税務当局の主張を退けました。

買主は売主による表明保証が正しいことを前提として、対象会社株式を評価し、買収価格を決定していることからすると、株式譲渡契約において明示的に補償金を譲渡代金の減額である旨を定めている場合には、表明保証違反に基づく補償金は譲渡代金の減額であると考えるべきです。

なお、補償金の受取先を買主ではなく、対象会社とする場合もあります。この場合には、当該補償金の支払いをもって譲渡代金の減額と見ることはできず、対象会社において受け取った補償金を益金の額に算入する必要があると思われます。

2 ）繰越欠損金と損害の範囲

売主が表明保証していた税務処理についてクロージング日後に税務当局に否認され、対象会社が納税した場合、原則として、納税額相当額が損害又は損失であると考えられます。この場合、買主は、補償条項に基づき、売主に対して補償請求することができます。

しかし、対象会社で繰越欠損金を有する場合、税務当局から否認されて対象会社の所得金額が増加したとしても、繰越欠損金が減少するのみで、対象会社においてキャッシュアウトは生じておりません。このことから繰越欠損金の減少が対象会社の損害又は損失に該当するかどうかは明らかではありません。

とはいえ、繰越欠損金は将来の納税額を減少させる効果を有するのであるから、資産性を有するものと考えられます。したがって繰越欠損金の減少＝資産の減少に該当し、損害又は損失に該当するとも思われます。

一方、繰越欠損金が減少したとしても、対象会社には追加のキャッシュアウトは生じないため、将来、繰越欠損金が減少したことにより実際に対象会社に納税せざるを得なくなった時に初めて損害又は損失が生じたと考えることもできます。

上記より、対象会社が繰越欠損金を有する場合には、買主として、繰越欠損金の減少も補償の対象とすべく、繰越欠損金の減少により生じた納税額も損害又は損失に該当することを明示しておくべきです。

３）源泉徴収税額の徴収漏れと損害の範囲

対象会社による源泉徴収が過少である場合には、売主の表明補償違反を構成するものと考えられます。しかし、買主は売主に対して表明補償違反に基づく補償請求をする場合、対象会社が追加で納付した源泉所得税および附帯税が対象会社の損害又は損失に該当するかは論点となるところです。

この点につき、源泉徴収が過少であった場合、源泉徴収義務者（支払者）は、源泉徴収義務者（受給者）に対して、源泉所得税相当額について求償権が行使することができ（所法222）、当該源泉所得税に係る遅延損害金は年５分の民事法定利率で計算されることになります（最判昭和45年12月24日）。

したがって、対象会社による源泉徴収が過少であり、国に対して追加で納付したとしても、源泉徴収義務者（支払者）は、源泉徴収義務者（受給者）に対して源泉所得税相当額の求償権を有するため、源泉徴収義務者（支払者）である対象会社に損害又は損失は生じていないとも考えられます。

ただし、源泉納税義務者（受給者）に対する求償権の行使が不可能である場合（資力が悪化しており、回復見込みがない場合）には、対象会社の損害又は損失に該当しうると思われます。

なお、附帯税は、所得税法第222条の求償権の範囲に含まれないことと解さ

れていることから（最判昭和45年12月24日）、対象会社の損害又は損失に該当します。

　上記より、対象会社による源泉徴収が過少である場合には売主の表明補償違反を構成するものとしても、買主は、補償条項で別途手当てしない限り、売主に対して源泉所得税部分につき直ちに補償請求できない可能性があります。

４）グロス・アップによる対応

　買主が受ける補償金に何かしらの課税がされる場合には、買主として、売主に対して、税引後の手取額になる金額を補償させたいというニーズがあります。特に買主が海外の法人である場合には、そのニーズは強いと思われます。しかし、受け取る補償金に課税される額が補償条項における損害又は損失に該当するかどうかは、明らかでないことが多いことから、買主がグロス・アップを求める場合には、その旨を明記しておく必要があります。

５）第２次納税義務は表明保証条項で担保されない

　株式譲渡のクロージング日現在においては分割承継会社に第２次納税義務は生じません。第２次納税義務が生じるのは国税徴収法基本通達32条関係１等による各種要件を満たした後だからです。通常の表明保証責任は「クロージング日時点において潜在債務がないこと」と定めているため、当該条項に違反しないのです。連帯保証をたてるか、別のストラクチャーを考える必要があります。

　上記の通り、通常加味されるであろう税務上の表明保証条項を付言しました。しかし、現実的には、中小・零細企業において表明保証は極めて実効力に乏しく、上記の恐れがあり、その金額のインパクトが大きいと想定される場合（各種 DD で発覚する）、譲渡代金の減額、分割払い、エスクロー（ただし会計上の見積り負債等は金融機関は通常嫌がる）で対応するべきです。当然、契約中止（破談）も視野に入れるべきです。

６）会社法上の役員の任務懈怠責任

　上の補償責任とは別に会社法423条第１項に基づく役員の任務懈怠責任も生じる可能性があります（最判平成20年１月28日）。売主側の役員は最終契約書において責任限定条項を付すべきとの見解もあります[7]。当該条項も中小・零細企業においては実効力は極めて乏しいです。

7　森・濱田松本法律事務所『設例で学ぶオーナー系企業の事業承継・M&Aにおける法務と税務』商事法務（2018/12/14）445～451頁、なお本問全体においても同箇所を参照しています。

II

税務上適正評価額

QⅡ-1 亡夫が主宰法人に同社株式及び貸付金を遺贈した場合に株式の譲渡所得の金額の計算上、同社の借入金は負債に計上できないとされた事例

表題の非公開裁決が国税速報2019年6月24日（第6564）号に掲載されていました。この裁決事例の重要なポイントをご教示ください。

Answer

各通達の「文理」解釈の重要性を再確認すべき事例だったといえます。純資産価額の評価時期については、下記2つの通達は何のよりどころにもならないことが本事例から判断されるわけです。

【解説】

本事例では、遺贈により貸付金と株式を法人に贈与しています。この場合、所得税法第59条により、みなし譲渡所得課税が生じるのが原則です。

【所得税法第59条】

第59条 次に掲げる事由により居住者の有する山林（事業所得の基因となるものを除く。）又は譲渡所得の基因となる資産の移転があった場合には、その者の山林所得の金額、譲渡所得の金額又は雑所得の金額の計算については、その事由が生じた時に、その時における価額に相当する金額により、これらの資産の譲渡があったものとみなす。

一　贈与（法人に対するものに限る。）又は相続（限定承認に係るものに限る。）若しくは遺贈（法人に対するもの及び個人に対する包括遺贈のうち限定承認に係るものに限る。）

二　著しく低い価額の対価として政令で定める額による譲渡（法人に対するものに限る。）

2　居住者が前項に規定する資産を個人に対し同項第2号に規定する対価の額により譲渡した場合において、当該対価の額が当該資産の譲渡に係

る山林所得の金額、譲渡所得の金額又は雑所得の金額の計算上控除する
必要経費又は取得費及び譲渡に要した費用の額の合計額に満たないとき
は、その不足額は、その山林所得の金額、譲渡所得の金額又は雑所得の
金額の計算上、なかったものとみなす。

今回事例で問題になったのはその時の自社株式の評価となります。

納税者は、貸付金を債務から外した上で当初準確定申告しました。その後、
更正の請求を行いましたが、当局には認められませんでした。

審判所も当局を支持し、納税者は負けています。

裁決要旨から察するに審判所は、文理解釈上、遺贈効力発生時点において、
貸付金は債権債務の混同により消滅しているため、当該株式移転時には、貸付
金は消滅していると判断したわけです。

また納税者は、当該貸付金の混同による消滅は、あくまで株式譲渡前で判断
するものだと主張もしました。根拠は、所得税基本通達59-6と財産評価基本
通達188項です。

【所得税基本通達59-6】
（株式等を贈与等した場合の「その時における価額」）

59-6　法第59条第1項の規定の適用に当たって、譲渡所得の基因とな
　　　る資産が株式（株主又は投資主となる権利、株式の割当てを受ける権利、新
　　　株予約権（新投資口予約権を含む。以下この項において同じ。）及び新株予約
　　　権の割当てを受ける権利を含む。以下この項において同じ。）である場合の
　　　同項に規定する「その時における価額」とは、23～35共-9に準じて算
　　　定した価額による。この場合、23～35共-9の(4)ニに定める「1株又は
　　　1口当たりの純資産価額等を参酌して通常取引されると認められる価
　　　額」とは、原則として、次によることを条件に、昭和39年4月25日付直
　　　資56・直審（資）17「財産評価基本通達」（法令解釈通達）の178から
　　　189-7まで（（取引相場のない株式の評価））の例により算定した価額とす

る。(平12課資3-8、課所4-29追加、平14課資3-11、平16課資3-3、平18課資3-12、課個2-20、課審6-12、平21課資3-5、課個2-14、課審6-12、平26課資3-8、課個2-15、課審7-15改正)

(1) 財産評価基本通達188の(1)に定める「同族株主」に該当するかどうかは、株式を譲渡又は贈与した個人の当該譲渡又は贈与直前の議決権の数により判定すること。

(2) 当該株式の価額につき財産評価基本通達179の例により算定する場合(同通達189-3の(1)において同通達179に準じて算定する場合を含む。)において、株式を譲渡又は贈与した個人が当該株式の発行会社にとって同通達188の(2)に定める「中心的な同族株主」に該当するときは、当該発行会社は常に同通達178に定める「小会社」に該当するものとしてその例によること。

(3) 当該株式の発行会社が土地(土地の上に存する権利を含む。)又は金融商品取引所に上場されている有価証券を有しているときは、財産評価基本通達185の本文に定める「1株当たりの純資産価額(相続税評価額によって計算した金額)」の計算に当たり、これらの資産については、当該譲渡又は贈与の時における価額によること。

(4) 財産評価基本通達185の本文に定める「1株当たりの純資産価額(相続税評価額によって計算した金額)」の計算に当たり、同通達186-2により計算した評価差額に対する法人税額等に相当する金額は控除しないこと。

【財産評価基本通達188項】
(同族株主以外の株主等が取得した株式)

188 178≪取引相場のない株式の評価上の区分≫の「同族株主以外の株主等が取得した株式」は、次のいずれかに該当する株式をいい、その株式の価額は、次項の定めによる。(昭47直資3-16・昭53直評5外・昭58直評5外・平15課評2-15外・平18課評2-27外改正)

(1) 同族株主のいる会社の株式のうち、同族株主以外の株主の取得した株式

　　この場合における「同族株主」とは、課税時期における評価会社の株主のうち、株主の１人及びその同族関係者（法人税法施行令第４条（（同族関係者の範囲））に規定する特殊の関係のある個人又は法人をいう。以下同じ。）の有する議決権の合計数がその会社の議決権総数の30％以上（その評価会社の株主のうち、株主の１人及びその同族関係者の有する議決権の合計数が最も多いグループの有する議決権の合計数が、その会社の議決権総数の50％超である会社にあっては、50％超）である場合におけるその株主及びその同族関係者をいう。

(2) 中心的な同族株主のいる会社の株主のうち、中心的な同族株主以外の同族株主で、その者の株式取得後の議決権の数がその会社の議決権総数の５％未満であるもの（課税時期において評価会社の役員（社長、理事長並びに法人税法施行令第71条第１項第１号、第２号及び第４号に掲げる者をいう。以下この項において同じ。）である者及び課税時期の翌日から法定申告期限までの間に役員となる者を除く。）の取得した株式

　　この場合における「中心的な同族株主」とは、課税時期において同族株主の１人並びにその株主の配偶者、直系血族、兄弟姉妹及び１親等の姻族（これらの者の同族関係者である会社のうち、これらの者が有する議決権の合計数がその会社の議決権総数の25％以上である会社を含む。）の有する議決権の合計数がその会社の議決権総数の25％以上である場合におけるその株主をいう。

(3) 同族株主のいない会社の株主のうち、課税時期において株主の１人及びその同族関係者の有する議決権の合計数が、その会社の議決権総数の15％未満である場合におけるその株主の取得した株式

(4) 中心的な株主がおり、かつ、同族株主のいない会社の株主のうち、課税時期において株主の１人及びその同族関係者の有する議決権の合計数がその会社の議決権総数の15％以上である場合におけるその株主

で、その者の株式取得後の議決権の数がその会社の議決権総数の５％未満であるもの（(2)の役員である者及び役員となる者を除く。）の取得した株式

この場合における「中心的な株主」とは、課税時期において株主の１人及びその同族関係者の有する議決権の合計数がその会社の議決権総数の15％以上である株主グループのうち、いずれかのグループに単独でその会社の議決権総数の10％以上の議決権を有している株主がいる場合におけるその株主をいう。

納税者は上記通達上の「前」という文言を全面に主張しました。しかし、上記通達は両者とも、同族株主判定について、株式譲渡「前」議決権数でとしているにすぎない、つまり株式譲渡価額を純資産評価する場合に、贈与「前」で判定するとは読めないと判断し、納税者の主張を斥けました。

相続税法第22条の時価や財産評価基本通達の制度趣旨から総合勘案すると、当該債務消滅によることの将来的な株式価値の上昇が確実に予見されるため、これにより評価するのが、当事者間の合理的意思に合致すると判断しています。

確かに、上記両者の通達は、あくまでも評価方式の「判定」の述べているに過ぎないわけです。純資産価額の評価時期については、両者の通達は何のよりどころににもならないことが本事例から判断されるわけです。

Q II-2 株価算定時に業種目別株価が公表されていない場合の株価の洗替え

【前提】
相続税の納付のために近々自己株式の取得を行うことを予定していま

す。

【質問】

　この場合、株価算定時に使用する業種目別株価等は算定時に公表されて
いる最新のものを使用すればいいという理解でよろしいでしょうか。

　現6月時点では今年の2月分までしか公表されていないので、どのよう
にすべきか迷っています。

Answer

　課税実務上は下記の取扱いを行います。

【解説】

　相続直系⇒会社への金庫株は所基通59-6を使います。相続税申告時の相続
税評価原則ではないのでご留意ください。みなし譲渡の発動可能性がありま
す。必ず所基通59-6×1/2＞相続税評価原則のチェックを行います（拙著
『みなし贈与のすべて』ご参照のこと）。

　例えば6月末の時点の決算書類ベースで試算するとします。類似はご指摘の
通り、例年、現時点では2月分までしか公表されていません。これで一度精算
（価額算定し、売却）します。そして6月までの類似が公表された場合、その差
額分を計算し、決済します。

　仮に、

1）6月分＞2月分の場合、その差額はみなし贈与認定される可能性もない
　とは限りませんので、したほうがよいでしょう（もっとも聞いたことがない
　ですが……）。

2）6月分＜2月分の場合、2月時点の評価で既に高額取引を行っているの
　で課税実務上は全く問題ないでしょう。

　上記における差額決済の考え方は当該実行日の類似発表前における譲渡・あ
るいは贈与においても共通の考え方です。

Q Ⅱ-3　純資産価額評価方式の時期の考え方
：仮決算を組むか組まないか

　下記の前提で、仮決算を組むか組まないかの考え方についてご教示ください。

【前提】

・卸売店売上45％、不動産賃貸売上55％（収益物件）の小会社（業種は不動産賃貸業）

・収益不動産敷地に含み益が大きく土地保有特定会社に該当

・3月決算5月申告

・5月中に納税資金ねん出（下述）のため、収益不動産を売却

・土地について簿価1億円、相評2億円、売却価額5億円

・建物について価値0

・6月に父の相続が発生

・直前決算ベースの純資産株価は2,000円

なお、収益不動産は相続税評価額で2億円です。

【質問】

6月の相続税申告における自社株評価につき、以下ご教示ください。

1．仮決算を組む

(1)　相続開始前の5月に売上55％を挙げる収益不動産を売却しているため、仮決算が必要となりますか？

(2)　仮決算を組む場合、直前期末以前1年間の取引金額をもとに業種目判定を行うため、不動産賃貸業のままでしょうか。

2．仮決算を組まない

(1)　仮決算を組まずに直前3月決算をベースに、重要な後発事業を加味することで対応できますでしょうか。

II 税務上適正評価額 **147**

> (2) 上記が可能の場合、具体的に後発事象をどう反映させるのでしょ
> うか。以下のどこかに該当しますでしょうか。
> ・土地を相評2億円から売却価額5億円へ置き換える
> ・土地を現金化させ、未払法人税等を負債計上

Answer

上記の設例で具体例を考えてみます。

【解説】

1．(1)について

純資産価額は当該評価時点の金額をあくまで原則とするのが相続税法第22
条、財産評価基本通達の制度趣旨に合致します。したがって、売却後の試算表
ベースに計算するほうが無難です。

ただし、万が一ですが、当局から下記のような指摘はあるかもしれません。

・土地特である場合の相評と売却後キャッシュリッチな会社の相評のいずれ
か高い方を採用すべき（相続税法22条の考え方、制度趣旨による）。

しかし、当該評価時点の株価が原則ですから、売却後の株価が一義的に採用
されると思われます。

1．(2)について

類似の判定は絶対に直前事業年度末で行います。これは類似の各業種Ⓑ、
Ⓒ、Ⓓの各数値抽出が過去3事業年度の業種に則った金額によるからです。

したがって、当該ケースの場合、不動産賃貸業のままです。

2．(1)について

当該ケースの場合、これはやめた方がよろしいかと思います。この組まない
手法はあくまで例外です。重要な後発事象の加味は会社の総資産価額に占める
当該資産の割合でも利用できるかどうかは判断が変わってきます。しかし、今
回は土地特ということで非常に土地の割合が高いことが分かっていますので、

課税実務上は使えないと思います。もちろん、これに関わる具体的な基準を示した通達等はありません。

２．⑵について

　このように考慮するぐらいなら、仮決算を組んだ方がよろしいかと思われます。

　仮決算を組むと売却金額＝時価の金額が株価に反映されますが、土地特ではないです。そして上述の通り、純資産価額はあくまで「その時の現況による」のが課税実務ですから、上記の反映のされ方がなされます。結果として小会社になるでのあればそうでしょう。

　仮にあとで当局と極力もめないために安全な方法でやるとするならば、

　　・株価への反映は現金化後の金額

　　・評価方法は土地特

という極めて納税者不利となる評価方法もあり得るかもしれません。というのは、財基通189項前文への目配せです。

【財産評価基本通達189項一部抜粋】

（特定の評価会社の株式）

189　178《取引相場のない株式の評価上の区分》の「特定の評価会社の
　　　株式」とは、評価会社の資産の保有状況、営業の状態等に応じて定めた
　　　次に掲げる評価会社の株式をいい、その株式の価額は、次に掲げる区分
　　　に従い、それぞれ次に掲げるところによる。

　　　　なお、評価会社が、次の⑵又は⑶に該当する評価会社かどうかを判定
　　　する場合において、課税時期前において合理的な理由なく評価会社の
　　　資産構成に変動があり、その変動が次の⑵又は⑶に該当する評価会社と
　　　判定されることを免れるためのものと認められるときは、その変動はな
　　　かったものとして当該判定を行うものとする。（昭58直評５外・平２直評
　　　12外・平６課評２-８外・平12課評２-４外・平15課評２-15外・平25課評

II 税務上適正評価額 **149**

2-20外・平29課評 2 -12外改正）

(2) 株式保有特定会社の株式

(3) 土地保有特定会社の株式

しかし、今回のケースでは189項前文の指摘事項には該当せず、すなわち、通常の相続税納付のための資金生み出しという説明なら、経済的合理性があるため、上記まで不利にやる必要はないです。

結論として上記1. 仮決算を組むで実行するのがベストでしょう。

Q II-4　国外子会社の不動産時価評価額が高い場合の対処方法

国外子会社が不動産を所有している際、当該不動産は現地の不動産鑑定評価等を「必ず」取る必要があるのでしょうか。

（質疑応答事例：国外財産の評価─土地の場合）

〔照会要旨〕

国外に所在する土地は、どのように評価するのでしょうか。

〔回答要旨〕

土地については、原則として、売買実例価額、地価の公示制度に基づく価格及び鑑定評価額等を参酌して評価します。

　（注）

　　1　課税上弊害がない限り、取得価額又は譲渡価額に、時点修正するための合理的な価額変動率を乗じて評価することができます。この場合の合理的な価額変動率は、公表されている諸外国における不動産に関する統計指標等を参考に求めることができます。

　　2　例えば、韓国では「不動産価格公示及び鑑定評価に関する法律」が定められ、標準地公示価格が公示されています。

【関係法令通達】

財産評価基本通達5-2

注記

　　平成30年7月1日現在の法令・通達等に基づいて作成しています。

　　この質疑事例は、照会に係る事実関係を前提とした一般的な回答であり、必ずしも事案の内容の全部を表現したものではありませんから、納税者の方々が行う具体的な取引等に適用する場合においては、この回答内容と異なる課税関係が生ずることがあることにご注意ください。

　海外子会社が保有する土地評価につき、どの程度の精密な評価をされているかをご教示していただきたいです。

　事業承継税制（特例）の導入検討に際し、株特該当では採用株価が大きく異なるため、株特に該当していないことに確信がある状態で特例認定贈与をしたいと考えています。現状概算で約45％程度の株式割合がありますが、海外子会社の収益性が高いため、最悪は配当吸上げになるかと考えています。しかしながら、配当吸い上げることで類似株価が上昇してしまうため、可能なら配当吸上げなしで贈与できないかと考えています。

（質疑応答事例：１株当たりの利益金額Ⓒ―外国子会社等から剰余金の配当等がある場合）

〔照会要旨〕

　類似業種比準方式により株式を評価するに当たり、評価会社の「１株当たりの利益金額Ⓒ」の計算上、外国子会社等から受ける剰余金の配当等の額があるときは、どのように計算するのでしょうか。

〔回答要旨〕

　法人税法第23条の2第1項の規定の適用を受ける外国子会社から剰余金の配当等の額がある場合には、その評価会社の「１株当たりの利

益金額ⓒ」の計算上、受取配当等の益金不算入額を加算して計算します。

　この場合、「取引相場のない株式（出資）の評価明細書」の記載に当たっては、「第4表　類似業種比準価額等の計算明細書」の（2.比準要素等の金額の計算）の「⑬受取配当等の益金不算入額」欄に当該受取配当等の益金不算入額を加算し、加算した受取配当等に係る外国源泉税等の額の支払いがある場合には、当該金額を「⑭左の所得税額」に加算して計算します。

　ただし、租税特別措置法第66条の8第1項又は同条第2項に規定する外国法人から受ける剰余金の配当等の額のうち、その外国法人に係る特定課税対象金額に達するまでの金額については、すでに評価会社の法人税法上の課税所得金額とされているので、この部分については、類似業種比準株価計算上の「1株当たりの利益金額ⓒ」に加算しません（同法第66条の9の4第1項及び同条第2項の規定により益金の額に算入しない剰余金の配当等の額についても同様です。）。

【関係法令通達】

　　財産評価基本通達183⑵

　　法人税法第23条の2

　　租税特別措置法第66条の8、第66条の9の4

　注記

　　　平成30年7月1日現在の法令・通達等に基づいて作成しています。

　　　この質疑事例は、照会に係る事実関係を前提とした一般的な回答であり、必ずしも事案の内容の全部を表現したものではありませんから、納税者の方々が行う具体的な取引等に適用する場合においては、この回答内容と異なる課税関係が生ずることがあることにご注意ください。

Answer

国外子会社の株価対策は配当が原則です。

なお、国外会社株式の譲渡は原則として中小企業・零細企業の資本戦略においては、実行すべきではありません。現地税制及び租税条約の入念な確認が必要になるからです。

【解説】

国外子会社の評価は純資産の額×TTBになりますから純資産に占める不動産保有割合によって精緻評価をするかどうか決定します。

国内法人所有の不動産でも同様のことが言えますが、不動産が収益物件かつ、主たる収益性の原因となっている等、特殊な事情がない限り、通常は精緻な評価は不要かと思います。

しかし、今回のケースでの約45％程度です。大手事務所では、現地の会計事務所に照合をとる、とらないの線引きが厳しいところかと思います。というのは株特判定割合が50％だからです。

手順としては配当をして思いっきり株特割合を低くすれば、現地法人による不動産精査は不要かと思います。

中小企業・零細企業における現場判断としては、

・配当をして株特割合を引き下げるが、類似が上昇する、この場合の税負担
・現地法人での不動産精緻に照合した場合の費用負担

のどちらかの有利不利判定をせざるを得ないということになります。

Q Ⅱ-5　スクイーズアウトにおける税務上適正評価額

【前提】
・A社は、甲氏、乙氏の2名の代表取締役の役員で構成され、経営されています。なお、甲と乙に親族関係にはありません。
・A社株主構成：甲氏51％、乙氏49％です。

・乙氏は退職を予定しており、退職と同時に株式の買取りを要請しています。

・乙氏の要請を受け、A社は乙氏の保有株式49%を取得することを検討しています。

【質問】

・A社が乙氏の株式をDCF法による価格で取得するに際し、乙氏及びA社に関し、以下の高額譲渡として税務リスクがありますか。

○乙氏の税務リスク：DCF法による評価額と純資産評価額による差額が高額譲渡として、給与所得として認定されるリスク

○A社側の税務リスク：DCF法による評価額と純資産評価額による差額が役員報酬として認定されるリスク

Answer

この事例も中小企業・零細企業では非常に多く見受けられる事例です。

【解説】

高額譲渡認定はよほどの高額な場合、かつ、課税上弊害がない限り、まずなされない（拙著『みなし贈与のすべ』ご参照のこと）ので上記のような教科書的な指摘はまずされないでしょう。

今回の設例におけるポイントは

・乙氏が純然たる第三者であること

・株価算定書を（できれば複数事務所から）とっていること

・東京地判平成19年1月31日では「買取価格は公認会計士や税理士等　の専門家に相談して決定したものであれば、必ずしも財産基本通達による必要性はない」と判示していること

等々が挙げられます。

外資系企業や上場企業では、自社の保有する非上場株式をDCF法等などの評価方法によって売買している事案も多いことから、その点でも問題ないと思

われます。とはいえ、複数の専門家が作成した株価算定書の用意は必須です。

東京地方裁判所平成17年（行ウ）第199号贈与税決定処分取消請求事件
（棄却）（確定）国側当事者・国（市川税務署長）

平成19年1月31日判決【税務訴訟資料　第257号 -13（順号10622）】【みなし贈与／譲渡制限自社株式を第三者から著しく低い価額により取得】

（TAINZ コード　Z257-10622）

〔判決〕

第2　事案の概要

1　本件は、株式会社 A（以下「A」という。）の代表取締役である原告が、A の複数の株主から A の株式を買い受けたところ、市川税務署長が、上記株式の売買は、相続税法（ただし、平成15年法律第8号による改正前のもの。以下同じ。）7条の「著しく低い価額の対価で財産の譲渡を受けた場合」に当たるとして、上記株式の譲渡の対価と当該譲渡があった時における上記株式の時価との差額に相当する金額を原告が贈与により取得したものとみなし、原告に対し、平成10年分の贈与税の決定処分及び無申告加算税の賦課決定処分並びに平成11年分の贈与税の決定処分及び無申告加算税の賦課決定処分をしたので、原告が、被告に対し、上記各決定処分及び各賦課決定処分（ただし、いずれも、裁決により一部取り消された後のもの）の取消しを求めた事案である。

2　前提事実（省略）

3　争点

本件の争点は、本件各譲受けが相続税法7条にいう「著しく低い価額の対価で財産の譲渡を受けた場合」に当たるか否かであり、具体的には、①同条は、取引当事者が、租税回避の問題が生じるような特殊な関係にある場合に限り適用されるものであるか、②同条にいう「時価」の意義及び財産評価基本通達（以下「評価通達」という。）の採る

株式評価方法の合理性、である。

4　争点に対する当事者の主張（省略）

第3　当裁判所の判断

1　（省略）

2　相続税法7条は、取引当事者が、租税回避の問題が生じるような特殊な関係にある場合に限り適用されるものであるか（争点①）について

(1)　相続税法7条は、著しく低い価額の対価で財産の譲渡を受けた場合においては、当該財産の譲渡があった時において、当該財産の譲渡を受けた者が、当該対価と当該譲渡があった時における当該財産の時価との差額に相当する金額を当該財産を譲渡した者から贈与により取得したものとみなす旨規定している。

【判示(1)】

　　同条の趣旨は、法律的にみて贈与契約によって財産を取得したのではないが、経済的にみて当該財産の取得が著しく低い対価によって行われた場合に、その対価と時価との差額については実質的には贈与があったとみることができることから、この経済的実質に着目して、税負担の公平の見地から課税上はこれを贈与とみなすというものである。そして、同条は、財産の譲渡人と譲受人との関係について特段の要件を定めておらず、また、譲渡人あるいは譲受人の意図あるいは目的等といった主観的要件についても特段の規定を設けていない。

【判示(2)】

　　このような同条の趣旨及び規定の仕方に照らすと、著しく低い価額の対価で財産の譲渡が行われた場合には、それによりその対価と時価との差額に担税力が認められるのであるから、税負担の公平という見地から同条が適用されるというべきであり、租税回避の問題が生じるような特殊な関係にあるか否かといった取引当事者間の関

係及び主観面を問わないものと解するのが相当である。

(2)　原告は、独立第三者間取引が行われた場合に相続税法7条が適用されると、取引価額は評価通達に拘束され、価額設定の自由が奪われることになり、資本主義経済取引を否定することになるから、それを避けるため、同条を適用する際は、本来の立法目的に従い、租税回避の意図があることを主観的要件とするか、又は、独立第三者間取引においては同条を適用するべきでない旨主張する。

　　しかし、前記のとおり、同条は、著しく低い価額の対価で財産の譲渡を受けた者の担税力の増加に着目し、それ自体に課税するものであるから、取引当事者間の関係及び主観面を問わないものと解すべきであるし、独立第三者間取引において同条が適用されるからといって、そのことにより、直ちに一般市場における取引価額が評価通達に定められた価額に拘束され、価額設定の自由が奪われるというものではない。

　　したがって、同条において、租税回避の意図があることを主観的要件とするか、又は、独立第三者間取引においては同条を適用するべきでない旨の原告の主張を採用することはできない。

3　相続税法7条にいう「時価」の意義及び評価通達の採る株式評価方法の合理性（争点②）について

【判示(3)】

(1)　相続税法7条にいう「時価」とは、課税時期における客観的交換価値、すなわち課税時期において、それぞれの財産の現況に応じ、不特定多数の当事者間で自由な取引が行われた場合に通常成立する価額をいうものと解するのが相当である。

【判示(4)】

　　しかし、財産の客観的交換価値は必ずしも一義的に確定されるものではなく、これを個別に評価することとなると、その評価方法及び基礎資料の選択の仕方等により異なった評価額が生じることが避

II 税務上適正評価額 **157**

け難く、また、課税庁の事務負担が重くなり、課税処理の迅速な処理が困難となるおそれがあることから、課税実務上は、財産評価の一般的基準が評価通達によって定められ、これに定められた評価方法によって画一的に評価する方法が執られている。このような扱いは、納税者間の公平、納税者の便宜及び徴税費用の節減という見地からみて合理的であり、一般的には、すべての財産についてこのような評価を行うことは、租税負担の実質的公平を実現することができ、租税平等主義にかなうものである。

【判示(5)】

　したがって、評価通達に定められた評価方法を画一的あるいは形式的に適用することによって、かえって実質的な租税負担の公平を著しく害し、相続税法あるいは評価通達自体の趣旨に反するような結果を招くというような特別な事情が認められない限り、評価通達に定められた評価方法によって画一的に時価を評価することができるというべきである。

(2)ア　評価通達は、上場株式等とそれ以外の取引相場のない株式とを区別し、前者については取引価額によって評価し、後者については、評価しようとする株式の発行会社（以下「評価会社」という。）を、その規模によって、大会社、中会社又は小会社に区分し、そのいずれに該当するかに応じて異なる評価方法によることを定めている。

　上場株式等は、大量かつ反復継続的に取引が行われており、多数の取引を通じて一定の取引価額が形成され、そのような取引価額は、市場原理を通じることによって、当事者間の主観的事情に左右されず、当該株式の客観的交換価値を正当に反映した価額であると考えられる。しかしながら、取引相場のない株式は、上場株式等のように大量かつ反復継続的に取引が行われることが予定されておらず、また、仮に取引事例が存在するとしても、その数

が少数にとどまる場合には、取引当事者間の主観的事情に影響されたものでないことをうかがわせる特段の事情がない限り、当該取引価額は、取引当事者間の主観的事情に左右されず、当該株式の客観的交換価値を正当に反映した価額であると評価することはできないと考えられる。

また、一口に取引相場のない株式といっても、上場会社に匹敵するような会社のものから、個人企業と変わらないような会社のものまで千差万別であることから、それらの株式の発行会社の実態に応じた評価をする必要があると考えられる。

したがって、上記のように、評価通達が株式の評価方法について、取引相場があるか否か及び株式の発行会社の規模等によって区別を用いていることは合理的なものといえる。

イ　そして、評価通達は、評価会社が大会社の場合においては、それが上場会社等に匹敵する規模の会社であることにかんがみ、その株式が通常取引されるとすれば上場株式等の取引価額に準じた価額が付されることが想定されることから、原則として、類似業種比準方式により評価するものとしている。このような類似業種比準方式による株式評価は、現実に取引が行われている上場会社等の株価に比準した株式の評価額が得られる点において合理的な手法であるといえる。

また、評価通達は、評価会社が大会社の場合において、納税義務者の選択により、純資産価額方式により評価することができるとしている。純資産価額方式は、個人事業者と同規模の会社又は閉鎖性の強い会社の株式で、株式の所有目的が投機や投資を目的としたものではなく、会社支配を目的として所有する株式に適合する評価方法であり、株式が会社財産に対する持分としての性格を有することからすると、支配株主の有する株式については、その最低限の価値を把握する方式として適合性が高いといえる。

したがって、評価通達に定められた類似業種比準方式及び純資産価額方式は、いずれも取引相場のない株式についての合理的な評価方法ということができる。

(3) 原告は、本件各譲受価額は、原告と何の関係も持たない本件各譲渡人との間で行われた独立第三者間取引によるものであり、また、本件各譲受価額は、売買当事者が任意に決めた合理的な価額であるから、本件各譲受日における本件各株式の時価である旨主張する。

そこで、本件各譲受価額が取引当事者間の主観的事情に影響されたものでないことをうかがわせる特段の事情があり、本件各株式の本件各譲受日における客観的交換価値を正当に評価したものといえ、評価通達に定められた評価方法を画一的あるいは形式的に適用することによって、かえって実質的な租税負担の公平を著しく害し、相続税法あるいは評価通達自体の趣旨に反するような結果を招くというような特別な事情が認められるか否かを検討する。

ア 前記1(1)及び(3)のとおり、本件各譲受日において、原告はAの代表取締役であり、かつ、Aの発行済株式の半数近くあるいは過半数を所有していた筆頭株主であり、実質的に原告の承認がなければAの株式を自由に売ることは困難であるか、又は不可能であったことからすると、本件各株式の売却に関して、原告の方が本件各譲渡人に比べて圧倒的に優位な立場にあり、原告と本件各譲渡人とは、売却時期及び売却価額等の売却の条件を対等な立場で交渉できるような関係ではなかったものというべき（下線筆者）である。また、前記1(8)のとおり、丁は、原告から増資を持ち掛けられ、投資目的ではなく原告に協力するためにAに出資した旨を、また、Cは、原告から出資を持ち掛けられ、投資目的ではなくAに出資したのであり、原告に協力するために、原告の申出に応じてAの株式を売った旨をそれぞれ申述しているところ、Aの株式は上場株式のように自由に売買することがで

きるものではなく、譲渡するには取締役会の承認が必要であることに照らすと、本件各譲渡人の中には、他にも原告から出資を持ち掛けられ、投資目的ではなく原告に協力する目的でＡの株式を購入した者がいたであろうことがうかがわれる。

イ　前記１(5)及び(8)のとおり、原告からＡの株主に送られた本件お知らせ、本件Ｑ＆Ａ、本件案内①、本件案内②等のＡの株式の買取りに関する各書面（以下、これらの書面を総称して「本件各買取申出書面」という。）には、Ａの株式を譲渡するには取締役会の承認が必要であり、実質的には、Ａの発行済株式の過半数を所持していた原告の承諾がない限り、本件各株式を他人に譲渡することはできない旨、株主が死亡した場合、株式は遺族の所有とはならず、Ａが額面価額で買い取ることになる旨、今後は額面どおりの価額での買取り以外はしない旨、Ａは今後も株式上場の予定はない旨、Ａの株式の配当は今後も額面の10％以上となることはない旨、当該書面に記載してあるとおりの条件で売った方が絶対に得である旨及び原告は会社防衛のために株式取得を進めており、Ａの発行済株式のうち、原告の所有する株式の割合が３分の２に達し次第、以後の株式の買取りはしない旨等が記載されており、前記認定事実、証拠（乙１、原告本人）及び弁論の全趣旨によると、おおむねその記載内容どおりの事実が認められる。このような記載内容は、本件各買取申出書面を受け取ったＡの株主に対し、今回原告の申出に応じることなく、今後もＡの株式を保有し続けることになると、原告の承認が得られないことからＡの株式を自由に売ることができず、また、仮に原告に対して売ることができることになったとしても、今回のように額面以上の価額ではなく、額面どおりの価額でしか売ることができないこととなることから、不利益を被ることになると認識させるものであるといえる。また、買取期限が書面の作成日付の11日後

（乙15）及び１か月後（乙８）と短い期間に設定されており、株主に対して、株式を原告に売却するか否かを判断させるのに十分な期間があったとは言い難い。さらに、前記１(7)のとおり、本件案内①及び本件案内②の切取り線以下の「株券売却申込書」には、各書面が株主に送られた時点で、既に原告が額面金額及び売却金額を記入していたこと、本件各買取申出書面の記載内容、及び本件各譲渡人の一部を除き、原告と本件各譲渡人との間で本件各株式の売却に際し、売却価額等につき双方向の交渉があったことがうかがわれないことなどに照らすと、<u>本件各譲受けは、主として原告の都合により進められ、買取りの申出から価額設定に至るまで、常に原告が主導的立場に立っていたのであって、本件各譲受価額は、原告が、本件各譲渡人の意向とは無関係に、一方的に決めた価額であるといわざるを得ない。</u>（下線筆者）

ウ　前記１(9)のとおり、<u>原告は、本件における買取価額は、公認会計士や税理士等の専門家に相談して決めたものでも、評価通達に定められた評価方法を基に算定したものでもなく、原告の大体の感覚で決めた旨述べており、原告が買取価額の設定をする際に何らかの合理的な方法に基づく計算を行ったという事実は認められない上</u>（下線筆者）、本件各買取申出書面には、１株当たりの当期利益や、類似業種比準方式又は純資産価額方式に基づく１株当たりの評価額等、Ａの株式の買取価額の算定根拠を示す記載は一切ない。また、弁論の全趣旨によると、Ａの株式は、原告の買取りの申出による売買以外の取引はほとんど行われていなかったものと認められるところ、前記１(4)のとおり、Ａの株主が株主総会に出席することはほとんどなかったこと及び本件各譲渡人同士のつながりを示す事実は見受けられず、本件各譲渡人が本件各譲受けに際し、本件各株式の売却価額について他の者に相談等した様子がうかがわれないことからすると、本件各譲渡人が、Ａ

の株式の客観的な交換価値を把握するための情報を入手していたとは言い難く、その客観的な交換価値を把握することは困難であったといえる。

【判示(6)】

エ　以上検討の結果によると、本件各譲受価額が取引当事者間の主観的事情に影響されたものでないことをうかがわせる特段の事情が存在するとはいえず、本件各譲受価額は本件各株式の本件各譲受日における客観的交換価値を正当に評価したものとはいえないため、本件において、評価通達に定められた評価方法を画一的あるいは形式的に適用することによって、かえって実質的な租税負担の公平を著しく害し、相続税法あるいは評価通達自体の趣旨に反するような結果を招くというような特別な事情は認められない。したがって、本件各譲受日における本件各株式の時価は、原則どおり、評価通達の定める方法によって評価すべきものである。

(4)ア　原告は、本件各譲受価額は、売主である本件各譲渡人と、買主である原告との間でのせめぎ合いにより形成された価額であり、本件各譲受日における本件各株式の客観的価値である旨主張する。

しかし、前記のとおり、本件各譲受けは、終始原告の主導で行われたものであり、本件各譲渡人は、原告と対等に売却価額等売却の条件について交渉できる立場になかったものと認められるから、本件各譲受価額が、本件各譲渡人と原告との間でのせめぎ合いにより形成されたと認めることはできない。原告は、原告の申出に係る価額に不満がある株主は、乙のように自己の所有するＡの株式を第三者に売却するそぶりを見せ、原告と価額交渉を行った旨主張するが、原告と本件各譲渡人との立場の違いを考慮すると、他の多くの一般の株主が、乙の用いたような手法を用い

ることができるとは考えにくく、また、乙は、弁護士を介在させて本件各株式を売却してはいるものの、それでも、前記1⑻イのとおり、交渉の過程で原告から脅しに近いような文書が送られてきた旨、及びもっと高く売却することができたかもしれないが、原告ともめたくなかったため、ある程度妥協した旨等述べていることに照らすと、本件各譲受価額が本件各譲渡人と原告との間でのせめぎ合いにより形成された客観的価値である旨の原告の主張を採用することはできない。

イ　また、原告は、乙がAの元監査役であり、Aの社内事情に明るいこと、Aの経営方針について原告と対立したことがある敵対的な株主であること、及び本件各株式の売却の際、企業法務を担当する法律事務所に所属する弁護士を介在させたこと、並びに原告の買取りの申出に応じなかった株主である丙が、原告から1株当たり1250円での買取りの申出があったことを知っていれば、その価額で売却していた旨述べていることをもって、本件各譲受価額が本件各譲受日における客観的価値であり、その旨の認識が一般的であった旨主張する。

　しかし、証拠（乙17）によると、乙がAの監査役を勤めていた事実は認められるものの、乙は、名目上その役職に就いていたのみであることがうかがわれ、実際に監査役として、Aの社内事情を十分に把握できるほどの職務を行っていたと認めることはできない。また、仮に、Aの社内事情に詳しい人物が本件各譲受価額での売却をしていたり、売却の際、企業法務に詳しい弁護士が介在していたり、原告の買取りの申出に応じなかった株主が、1株当たり1250円での買取りの申出があったことを知っていればその価額で売却していた旨述べていたというような事情があったとしても、前記のとおりの原告と本件各譲渡人との関係、本件各譲受けに至る経緯及び本件各譲受価額が形成された過程に

照らすと、本件各譲受価額が、当事者間の主観的事情に左右され
ず、当該株式の客観的交換価値を正当に反映した価額であるとい
うことはできないから、原告の主張を採用することはできない。

(5) （省略）

【判示(7)】（省略）

QⅡ-6　非上場会社でのストックオプションの基本的な考え方

【前提】

・上場を目指す企業の SO 付与に関してです。

・12月決算法人です。

・昨年春に@10,000円で第三者株主に増資済みです。

・昨年の株主総会において、SO の発行決議とともに、1 年以内は SO
付与を取締役会に一任する決議ありました。なお、権利行使価額は時
価の@10,000円です。

・昨年 5 月までに在籍している社員には SO を全員に付与しましたが、
残っている SO があります。

・昨年秋以降に入社した社員に関しては、今年の 3 月までに SO の付与
をしたい意向です。なお、上記の残り分を付与する予定です。

・未定ですが、今年夏頃までに@15,000～20,000円で新株発行増資をす
る意向があります。なお、増資先は VC など完全な第三者です。

【質問】

　新たに SO を割り当てる際に、税制適格であることを意図するのです
が、このまま残りの SO を割り当てると、今期の時価から考えると、「新
株予約権の 1 株当たりの権利行使価額は、付与契約締結時における株式時
価以上であること（租税特別措置法第29条の 2 第 1 項第 3 号）」を満たさない

II 税務上適正評価額 **165**

ことから、上記のようにすると非適格になってしまうのでしょうか。

Answer

ストックオプションの基本的な課税関係をおさらいします。

【解説】

租税特別措置法第29条の2第1項3号の趣旨は、使用人等に対するインセンティブプランを税制面から支援するというもので、権利行使した時点で既に権利行使すれば儲かる状態になっているものまで税制適格にする必要がないという制度趣旨です。

当該制度趣旨を今回のケースを考えると、SO付与が会社法の手続に則り（同5号）、更なる増資がVC等の「純然たる第三者」であることを総合勘案すると、株価が「結果として」上昇したわけで、SO付与は「単なる」タイミングの違いにすぎなかったわけです。

厳密な法律論によるご回答にはなりませんが、上記前提はすべてが結果論で話がつく話なので、非適格認定リスクは原則として低いと思われます。

【租税特別措置法第29条の2第1項第3号一部抜粋】

（特定の取締役等が受ける新株予約権等の行使による株式の取得に係る経済的利益の非課税等）

第29条の2 会社法（平成17年法律第86号）第238条第2項若しくは会社法の施行に伴う関係法律の整備等に関する法律（平成17年法律第87号）第64条の規定による改正前の商法（明治32年法律第48号。以下この項において「平成17年旧商法」という。）第289条ノ21第1項若しくは商法等の一部を改正する法律（平成13年法律第128号）第1条の規定による改正前の商法（以下この項において「旧商法」という。）第280条ノ19第2項若しくは商法等の一部を改正する等の法律（平成13年法律第79号）第1条の規定による改正前の商法（以下この項において「平成13年旧商法」という。）第210条ノ2第2項の決議（会社法第239条第1項の決議による委任に基づ

く同項に規定する募集事項の決定及び同法第240条第1項の規定による取締役会の決議を含む。）により新株予約権（政令で定めるものに限る。以下この項において「新株予約権」という。）若しくは旧商法第280条ノ19第2項に規定する新株の引受権（以下この項において「新株引受権」という。）若しくは平成13年旧商法第210条ノ2第2項第3号に規定する権利（以下この項において「株式譲渡請求権」という。）を与えられる者とされた当該決議（以下この条において「付与決議」という。）のあった株式会社若しくは当該株式会社がその発行済株式（議決権のあるものに限る。）若しくは出資の総数若しくは総額の100分の50を超える数若しくは金額の株式（議決権のあるものに限る。）若しくは出資を直接若しくは間接に保有する関係その他の政令で定める関係にある法人の取締役、執行役若しくは使用人である個人（当該付与決議のあった日において当該株式会社の政令で定める数の株式を有していた個人（以下この項及び次項において「大口株主」という。）及び同日において当該株式会社の大口株主に該当する者の配偶者その他の当該大口株主に該当する者と政令で定める特別の関係があった個人（次項において「大口株主の特別関係者」という。）を除く。以下この項、次項及び第5項において「取締役等」という。）又は当該取締役等の相続人（政令で定めるものに限る。以下この項、次項及び第5項において「権利承継相続人」という。）が、当該付与決議に基づき当該株式会社と当該取締役等との間に締結された契約により与えられた当該新株予約権若しくは新株引受権又は株式譲渡請求権（当該新株予約権若しくは新株引受権又は株式譲渡請求権に係る契約において、次に掲げる要件が定められているものに限る。以下この条において「特定新株予約権等」という。）を当該契約に従って行使することにより当該特定新株予約権等に係る株式の取得をした場合には、当該株式の取得に係る経済的利益については、所得税を課さない。ただし、当該取締役等又は権利承継相続人（以下この項及び次項において「権利者」という。）が、当該特定新株予約権等の行使をすることにより、その年における当該行使に係る株式の払込金額（当該行使に際

Ⅱ　税務上適正評価額　*167*

し払い込むべき額をいい、新株の発行価額又は株式の譲渡価額を含む。以下この項及び次項において「権利行使価額」という。）と当該権利者がその年において既にした当該特定新株予約権等及び他の特定新株予約権等の行使に係る権利行使価額との合計額が、1,200万円を超えることとなる場合には、当該1,200万円を超えることとなる特定新株予約権等の行使による株式の取得に係る経済的利益については、この限りでない。

三　当該新株予約権若しくは新株引受権又は株式譲渡請求権の行使に係る１株当たりの権利行使価額は、当該新株予約権若しくは新株引受権又は株式譲渡請求権に係る契約を締結した株式会社の株式の当該契約の締結の時における１株当たりの価額に相当する金額以上であること。

　なお、非上場株式におけるストックオプションの評価額について、IPOを予定してない会社の場合、便宜的にその時点（付与時）の時価の10％程度で決定する課税実務が散見されますが、何の根拠もないという素朴な理由で当局調査では指摘されやすい事項になります。専門の価格算定業者に依頼する方が無難です。

Q Ⅱ-7　国外会社評価額の純資産価額への反映時期の判定方法

【前提】

・評価会社（大会社／直近決算日 H30.3.31）に海外子会社３社（直近決算日すべて H29.12.31）があります。

・海外子会社①②：業績好調で H30.12.31決算ではかなりの増収増益

・海外子会社③：業績不振で H30.12.31決算ではかなりの減収減益

・評価会社の評価基準日は２月15日を想定

【質問】

　H31.2.15を評価基準日とした場合、評価会社の純資産株価計算に際し海外子会社は H29.12.31決算、もしくは H30.12.31決算、どちらを取り込むと考えるべきでしょうか。

　業績好調の海外子会社の影響により、H30.12.31決算を取り込むとした場合に株特に該当する可能性があるため、質問させていただいた次第です。

Answer

原則に立ち返って考慮すべき事案でしょう。

【解説】

結論から申し上げると H30.3月期が無難でしょう。

本体会社の計算は、

・類似　必ず H30.3月期

・純資産

原則……課税時期の仮決算

例外……「当該国外子会社の」直近の事業年度（この場合 H30）＋重要な後
　　　　発事象なため、H29では上記の原則にも例外にも当てはまらないこ
　　　　とになります。

それでは課税時期までに株特外しをするか、という論点が出てきますが財産評価基本通達189項前文より、それもまた危険です。

この場合、下記の事項を総合勘案すべきでしょう。

・本体会社の純資産評価を31年３月期の仮決算にしても株特は外れませんでしょうか。

　その場合、純資産評価で H31.3月期決算数値が使えます。課税時期と決算期が非常に近いからです。

・また、課税時期を本体会社の決算期またぎにすることも不可能でしょうか。

II 税務上適正評価額 **169**

Q II-8 経過措置型医療法人（持分あり）の評価に関する考え方

　経過措置型医療法人（持分あり）は配当還元が適用できませんので、出資者はすべて原則評価のみ適用する形になるかと思います。

　株式会社の株式評価（1表）で判定している同族株主（50%超、30%以上50%以下、30%未満）の判定は実質的には必要ないという理解でよいでしょうか。

Answer

　下記の通りの考え方となります。

【解説】

　医療法人は社員が出資を強制されていないことから出資している社員とそうでない社員とがいるにもかかわらず議決権を皆持っています。原則的評価「のみ」の趣旨は上記の考え方から導かれるものです。

　なお、配当還元方式が使えないのは医療法人では配当が禁止されているという別趣旨によるものです。

Q II-9 配当還元方式の適用範囲

【前提】

　株式の拡散を防ぐため、同族会社が同族株主以外の株主（一の個人、議決権割合20%保有）から、その保有する株式のすべてを自己株式として取得しようとしています。同族株主は残りのすべて（議決権割合80%）の株式を保有して当該同族会社を支配しています。

　自己株式の買取価格は額面の50,000円を予定しています。配当還元方式による評価額は25,000円です。

【質問】

　この場合、当該同族会社が取得した株式は、法人税法基本通達9-1-14の原則的評価方式か配当還元方式方式かどちらになるのでしょうか。

　財産評価基本通達188項には自社についての具体的な取扱いの記述はなく、同通達にある「同族関係者の範囲」（法人税法施行令第4条第2項〜第6項）にも、自社が同族株主に含まれるという内容の記述が見当たりません。

　予定している額面での自己株式取得を実行すると、同族株主にみなし贈与が起きるのではないかと心配しています。

Answer

　より詳細な解説をご覧いただくには拙著『みなし贈与のすべて』もあわせてご参照ください。

【解説】

　類書ではこの場合、配当還元方式でよいと書いてある本も多数あります。

　しかし、私は、この場合でも所得税基本通達59-6の金額で売買するのが妥当と考えています。

　個人⇒法人売買においては原則として所得税基本通達59-6で売買します。これは「純然たる第三者」に該当し、かつ「課税上弊害がない限り」の場合に「限り」配当還元でよいと思われます。親族傍系はこの「純然たる第三者」に該当せず、「課税上弊害がないとも思われない」とみなされるおそれがあるからです。

　親族傍系からの買取りにより親族直系の議決権比率は相対的に上昇します。これは課税上弊害があるのでは？と思われます。したがって「純然たる第三者」に該当しないのです。

　したがって、親族傍系からの買取りは所得税基本通達59-6で実行した方が無難という結論になります。

Ⅱ　税務上適正評価額　***171***

【所得税基本通達59-6】

(株式等を贈与等した場合の「その時における価額」)

59-6　法第59条第１項の規定の適用に当たって、譲渡所得の基因とな
　　　る資産が株式（株主又は投資主となる権利、株式の割当てを受ける権利、新
　　　株予約権（新投資口予約権を含む。以下この項において同じ。）及び新株予約
　　　権の割当てを受ける権利を含む。以下この項において同じ。）である場合の
　　　同項に規定する「その時における価額」とは、23〜35共-９に準じて算
　　　定した価額による。この場合、23〜35共-９の(4)ニに定める「１株又は
　　　１口当たりの純資産価額等を参酌して通常取引されると認められる価
　　　額」とは、原則として、次によることを条件に、昭和39年４月25日付直
　　　資56・直審（資）17「財産評価基本通達」（法令解釈通達）の178から
　　　189-7まで《取引相場のない株式の評価》の例により算定した価額とす
　　　る。（平12課資３-８、課所４-29追加、平14課資３-11、平16課資３-３、平18
　　　課資３-12、課個２-20、課審６-12、平21課資３-５、課個２-14、課審
　　　６-12、平26課資３-８、課個２-15、課審７-15改正）

(1)　財産評価基本通達188の(1)に定める「同族株主」に該当するかどう
　　　かは、株式を譲渡又は贈与した個人の当該譲渡又は贈与直前の議決権
　　　の数により判定すること。

(2)　当該株式の価額につき財産評価基本通達179の例により算定する場
　　　合（同通達189-３の(1)において同通達179に準じて算定する場合を含む。）
　　　において、株式を譲渡又は贈与した個人が当該株式の発行会社にとっ
　　　て同通達188の(2)に定める「中心的な同族株主」に該当するときは、
　　　当該発行会社は常に同通達178に定める「小会社」に該当するものと
　　　してその例によること。

(3)　当該株式の発行会社が土地（土地の上に存する権利を含む。）又は金
　　　融商品取引所に上場されている有価証券を有しているときは、財産評
　　　価基本通達185の本文に定める「１株当たりの純資産価額（相続税評
　　　価額によって計算した金額)」の計算に当たり、これらの資産について

172

は、当該譲渡又は贈与の時における価額によること。

(4) 財産評価基本通達185の本文に定める「1株当たりの純資産価額
（相続税評価額によって計算した金額）」の計算に当たり、同通達186-2
により計算した評価差額に対する法人税額等に相当する金額は控除し
ないこと。

QⅡ-10 経済的実質に着目した税務バリュエーション ：ノウハウ設定契約

【前提】
・A社は全国チェーンの古物販売事業を展開しています。
・A社が保有・使用するオークションシステムは業界内でも非常に有
名で、現状はA社自社でのみ使用中です。
・B社はある地域で10店舗の同種の古物販売業を経営しています。
・B社は、A社のシステムが使えるなら「加盟金」などの名目で2億円
を支払ってもいいと言っています。
・A社は直近の業績悪化の影響から、B社から受け取る加盟金について
は一時の売上（益金）として認識したい思惑があります。
・B社が支払う意向の2億円は、全額銀行借入によって賄おうと考えて
います。一方、当該2億円の償却方法によっては、P/Lへのインパ
クトが大きすぎると、以後の銀行借入が難しくなることから、できる
限り償却期間等が長くなる方法を模索しています。
・システム利用期間の設定はなく、この2億円さえ最初に払えば永続的
に使用できることで両者は合意しています。

【質問】

Ⅱ　税務上適正評価額　*173*

　実体としてはＢ社がＡ社のシステムを利用するための利用料ですが、見方を変えればＡ社への加盟金とも考えられます。なお、加盟店システムを構築してもいいと言われています。

　一方で、当該契約はノウハウ設定契約とも受け取れるとも考えています。このような場合、税務上の適正な考え方はどのようなものになるでしょうか。

　なお、例えば、本来は営業権5年というものを何らかの名目で20年償却していた場合であっても、税務調査で否認はされない（減額更正になる）とは思っており、その点は危惧していません。しかし、銀行側は全額資産計上・償却なしはおかしいだろうとは言っています。

Answer

　対当局としては、確かにご指摘の通りとなりますので、両者の思惑を汲んだ税務処理を各種考慮する必要があります。

【解説】

　「実体としてはＢ社がＡ社のシステムを利用するための利用料ですが、」

　これは原則として無形資産に該当します。会計上償却期間の明確な定めはありません。企業結合会計基準に明確な基準がないため任意償却ということになります。

　一方で、税務上は5年償却が原則として想定されます。ソフトウェアのうちその他に分類されるおそれがあるからです。対与信の観点からは、原則としてP/L数値が考慮され（決算報告書ベースの利益金額）、課税所得は二の次ですから、まずこれで打診します。

　「見方を変えればＡ社への加盟金とも考えられます。」

　これも無形資産に該当すると思われます。契約に基づく無形資産と企業結合会計基準にあります。

　「当該契約は、ノウハウ設定契約とも受け取れるとも考えています。」

　これも同様に、無形資産です。技術に基づく無形資産と企業結合会計基準に

あります。

　すなわち、どれも上記と同じ結論になってしまいます[8]。

　そこで

・保証金

・ノウハウの頭金等の分割払い

としてはいかがでしょうか。

・保証金について

　　契約書上で時期別の償却を設定します。トータルで当然のことながら100％償却することになります。償却が決定した時期（任意）に当該償却額を損金計上します。仮に20年なら１年ごとに５％償却となります。

・ノウハウの頭金等の分割払いについて

（参照 URL）

https://www.nta.go.jp/law/tsutatsu/kihon/hojin/08/08_02.htm

　　国税庁上記リンク先において、「５年（設定契約の有効期間が５年未満である場合において、契約の更新に際して再び一時金又は頭金の支払を要することが明らかであるときは、その有効期間の年数）」とあることから５年以内の分割払い契約を設定できれば償却は長引きます。

　　ただし、この場合、一括で２億円支払うわけではないので非現実的です。実務においては、交渉によって、利息若しくは対価のアップになることと思われます。

「なお例えば、本来は営業権５年というものを何らかの名目で20年償却していた場合であっても、税務調査で否認はされない（減額更正になる）とは思っており、その点は危惧していません。」

とのご指摘どおり対当局に対しては結果としてこうなると思われます。

8　無形資産の会計基準上の取扱いについては下記の URL ご参照のこと
　https://www2.deloitte.com/jp/ja/pages/mergers-and-acquisitions/articles/accounting-practice-05.html
　https://www2.deloitte.com/jp/ja/pages/mergers-and-acquisitions/articles/accounting-practice-06.html

II　税務上適正評価額　***175***

上記私見はあくまで対与信の緊急措置です。

Q II-11　税務上、不確定概念に該当する場合の合理的な税務バリュエーション：著作権評価における税務上の留意点

【前提】

　本の著者は、一般的に

　〇著者：個人名（本に表記される名前）

　〇著作権者：法人（権利者と印税の収受者）

であることが多いと思います。

　さて、ここでこの著作権を関係者間取引で売買する場合の評価について、下記を教えてください。なお、第三者取引前提です。

【質問】

　1）著作権の評価については財産評価通達148項が存在することは知っています。当該通達における「評価倍率」は実際のところ、どの程度になるのでしょうか。

　　本は一般的に、出版直後に印税がもっとも多額になり、その後は重版ごとに少しずつの印税が入ってきます。また、本は著者の属人性が高いため、著作権者（法人）に著者が帰属しない場合は、著作権の評価額が0とは言えないまでも少額になるのが常識的ではないか、と考えています。

　2）著作権の税務上の（適正）評価額が500万円で、実際の譲渡価格が1,500万円とした場合、差額の1,000万円は営業権になるということでしょうか。

Answer

難解な評価額の算定となります。下記の基本的な課税関係をまずは留意していただければよいと思っております。

【解説】

1）について

笹岡先生『財産評価の実務』（清文社）2205頁によると、精通者意見（出版社）により推算した印税等とされていますし、原則として著作権、著作隣接権についてはそのように評価しています。

【財産評価基本通達148項】

（著作権の評価）

148　著作権の価額は、著作者の別に一括して次の算式によって計算した金額によって評価する。ただし、個々の著作物に係る著作権について評価する場合には、その著作権ごとに次の算式によって計算した金額によって評価する。（昭47直資3-16・平11課評2-12外改正）

　年平均印税収入の額×0.5×評価倍率

　上の算式中の「年平均印税収入の額」等は、次による。

(1)　年平均印税収入の額

　　課税時期の属する年の前年以前3年間の印税収入の額の年平均額とする。ただし、個々の著作物に係る著作権について評価する場合には、その著作物に係る課税時期の属する年の前年以前3年間の印税収入の額の年平均額とする。

(2)　評価倍率

　　課税時期後における各年の印税収入の額が「年平均印税収入の額」であるものとして、著作物に関し精通している者の意見等を基として推算したその印税収入期間に応ずる基準年利率による複利年金現価率とする。

II　税務上適正評価額　*177*

当然、所得の増減に係る通常の対応方法は平均課税です。

【所得税法第90条】

（変動所得及び臨時所得の平均課税）

第90条　居住者のその年分の変動所得の金額及び臨時所得の金額の合計
額（その年分の変動所得の金額が前年分及び前前年分の変動所得の金額の合
計額の2分の1に相当する金額以下である場合には、その年分の臨時所得の
金額）がその年分の総所得金額の100分の20以上である場合には、その
者のその年分の課税総所得金額に係る所得税の額は、次に掲げる金額の
合計額とする。

一　その年分の課税総所得金額に相当する金額から平均課税対象金額の
　　5分の4に相当する金額を控除した金額（当該課税総所得金額が平均課
　　税対象金額以下である場合には、当該課税総所得金額の5分の1に相当す
　　る金額。以下この条において「調整所得金額」という。）をその年分の課
　　税総所得金額とみなして前条第1項の規定を適用して計算した税額

二　その年分の課税総所得金額に相当する金額から調整所得金額を控除
　　した金額に前号に掲げる金額の調整所得金額に対する割合を乗じて計
　　算した金額

2　前項第2号に規定する割合は、小数点以下二位まで算出し、三位以下
　を切り捨てたところによるものとする。

3　第1項に規定する平均課税対象金額とは、変動所得の金額（前年分又
　は前前年分の変動所得の金額がある場合には、その年分の変動所得の金額が
　前年分及び前前年分の変動所得の金額の合計額の2分の1に相当する金額を
　超える場合のその超える部分の金額）と臨時所得の金額との合計額をいう。

4　第1項の規定は、確定申告書、修正申告書又は更正請求書に同項の規
　定の適用を受ける旨の記載があり、かつ、同項各号に掲げる金額の合計
　額の計算に関する明細を記載した書類の添付がある場合に限り、適用す
　る。

税務上の取扱いは以上になりますが、複数の専門家の鑑定意見書があれば話は別です。

実際、東京地判平成19年1月31日では「価格を専門家に相談して決定しなかった」ことが納税者敗訴の原因とされており、逆に言えば複数の専門家による鑑定意見書が存在しかつその計算過程に問題がないのであれば財産評価基本通達と乖離があっても税務上の評価額とみなされますから下記2）のような問題は生じません。

> ※佐藤信祐『非上場株式評価の実務』（日本法令）107〜108頁では具体的な評価方法ですが、通常、著作権はインカムアプローチがとられると想定されます。中でもロイヤリティ免除法をとるのが一般的です。通常の DCF 法と多少異なります（下記文献ご参照のこと）。
> ※デロイトトーマツ『無形資産評価の実務』（清文社）189〜196頁。
> ※プルータス・コンサルティング『企業価値評価の実務 Q & A』（中央経済社）469〜472頁。

2）について

同族間でも複数の鑑定意見書と合理的な算定価格の立証責任をはたせば、課税関係は生じないものと考えられます。

第三者であれば当然純然たる第三者概念が発動し、課税上弊害がない限り、当事者合意価額が時価となります。

差額概念は「のれん」として処理して問題ないでしょう。

QⅡ-12 税務上、不確定概念の権利を用いた持株会社への収益付け：意匠権評価についての税務上留意点

【前提】

親会社にいくつか意匠権などの権利を残し、HD 化を検討中です。親子で賃貸借契約などを交わして、使用料などを子会社から親会社へ支払う計

Ⅱ　税務上適正評価額　*179*

画をしています。

【質問】

　この場合の賃貸借契約の単価は一般的にどうしているのでしょう？利益の○％、売上の○％などの基準が妥当ということで、経理、本部管理委託報酬と一緒に収益計上させるというイメージとなるのが妥当でしょうか。

Answer

無形資産のみの移転により収益付けすることはかなり困難かと思われます。しかし、複数の専門家による鑑定意見書が存在すれば税務上もそれに追随されることから、その方面から手段を探るのもまた一法です。

【解説】

【財産評価基本通達146項】

（実用新案権、意匠権及びそれらの実施権の評価）

146　実用新案権、意匠権及びそれらの実施権の価額は、140《特許権の評価》から前項までの定めを準用して評価する。

【財産評価基本通達140項】

（特許権の評価）

140　特許権の価額は、145《権利者が自ら特許発明を実施している場合の特許権及び実施権の評価》の定めにより評価するものを除き、その権利に基づき将来受ける補償金の額の基準年利率による複利現価の額の合計額によって評価する。（平11課評 2 -12外改正）

【財産評価基本通達145項】

（権利者が自ら特許発明を実施している場合の特許権及び実施権の評価）

145　特許権又はその実施権の取得者が自らその特許発明を実施している場合におけるその特許権又はその実施権の価額は、その者の営業権の

> 価額に含めて評価する。

　上記の評価通達での評価方法もまずは第一に考慮しますが、その特許権「のみ」に係る収支計画書を作成し、そこからそこで用いた収益計上額を利用するというインカムアプローチを採用してもよいかと思われます。

　特許権に係る分だけの収益だけ計上することは可能だという前提になってしまいますが。例えば、その特許権を使った製品から生じる収益の何％かを計上するという方法などが参考になると思います。当該収支計画書が現実的なものであれば、税務上否認されることはないと思われます。

　会計では企業会計基準委員会において「無形資産に関する検討経過の取りまとめ」平成25年6月28日が取りまとめられており[9]、バリュエーションはそもそも租税法より会計基準を優先して考慮するのが理論上、正確なため、これを取り込むべきという考え方もあります。

　移転価格税制（TP）における無形資産の解釈を準用する、という考え方もあります。

　IRS（「Internal Revenue Service」の略、我が国の国税庁に相当する米国の「内国歳入庁」という行政機関）における §1.482-4 (b) における無形資産の定義は

§1.482-4 (b)

(b)Definition of intangible. For purposes of section 482, an intangible is an asset that comprises any of the following items and has substantial value independent of the services of any individual -

(1) Patents, inventions, formulae, processes, designs, patterns, or know-how;

(2) Copyrights and literary, musical, or artistic compositions;

(3) Trademarks, trade names, or brand names;

(4) Franchises, licenses, or contracts;

(5) Methods, programs, systems, procedures, campaigns, surveys, studies,

---

9　詳細は https://www.asb.or.jp/jp/wp-content/uploads/sme20.pdf を参照してください。

II　税務上適正評価額　**181**

forecasts, estimates, customer lists, or technical data; and

(6) Other similar items. For purposes of section 482, an item is considered similar to those listed in paragraph (b)(1) through (5) of this section if it derives its value not from its physical attributes but from its intellectual content or other intangible properties.

としています。なお、上記に定義に該当し、無形資産として認識された場合の計算方法は原則として DCF 法です。

Q II-13　エンプティ・ボーティングに係る諸論点：議決権分離スキームの是非

自益権と共益権を分離するスキームについてご教示ください。

Answer

現状、課税実務上は議決権（指図権）は税務上の適正評価額は 0 評価とされていますが、当該評価方法について議論の際中であり、将来的に抜本的な株価評価方法の改正があるかもしれません。ここではエンプティ・ボーティングにまつわる一般的な論点を下記します。

【解説】

各種スキームを基にした自益権と共益権を分離したスキームについては現状、評価方法が定まらず、当該アレンジメントは、納税者の予測可能性を阻害させていることは周知の通りだと思われます。

これは、会社法による規制の外の契約により、当初法が予定していなかった自益権と共益権の組み合わせが自由なアレンジメントにより実現可能となっている環境が今まではにはなかったことが主原因として挙げられます。現行租税法は、普通株式を前提に構築されており、種類株式・民事信託を用いた株式の議

決権と経済的持分とを乖離させた場合における対応は全くもってないのです。

ましてや議決権拘束契約、エクイティ・スワップ契約など複合している株式の課税関係や評価については現状、先行研究は見当たらない状況です。

相続税評価の曖昧さも手伝い、当事者において価値があると思う権利を取得しながら低い評価額で課税を受けるという租税回避も実行可能性は多分にあります[10]。

株式に内包される株主権は共益権と自益権があります。共益権は、会社の運営に参与する権利であり、議決権がその中心的な権利です。議決権は経済的な価値もない財産権を有せず、課税上も価値がないとされます。自益権は、株主が会社から経済的利益を受ける権利であり剰余金配当請求権と残余財産分配請求権からなります。

会社法では共益権は自益権とともに普通株式に内包され、これらを個別に区分し処分することはできないものとされます[11]。その根拠として共益権も自益権と同様、基本的に株主自身の利益のために行使できる権利であり、両者の性質に差異はなく、株式に一体的に内包されるものであるからとされます[12,13]。

原則の下では、自益権が経済価値の原則であり、株式の経済価値は自益権から生まれるキャッシュ・フローにあるとされます。しかし、閉鎖会社の場合、その価値は実態として、会社を支配し経営することによって、当該キャッシュ・フローが生じます。

閉鎖会社において、通常、剰余金の配当も解散による残余財産の分配もせず、自益権としての現実的実態としての経済的価値は有しないものと考えられ、株主が代表取締役として、会社を支配しつつ、自らに又は家族に役員報

10　品川芳宣「世代間の資産移転・事業承継をめぐる現状と課題」税理 Vol.59　N0.6（2016年）18頁〜19頁

11　前田庸『会社法入門（第12版）』85〜86頁（有斐閣　2009年）

12　伊藤靖史・大杉謙一・田中亘・松井秀征『会社法（第2版）』69頁（有斐閣　2011年）

13　株主の地位が均一の割合的単位に細分化されていることから、制度的に株主平等原則が要され、これから反映され、株式1株につき1個の議決権を有することとなった（会社法308①）が、両者が異なる権利だとして分離できれば、この1株1議決権の原則に反する法定以外の株式が任意に組成できることになり不合理であるということである。

酬、交際費等を支給することでその代替になっていることが大半だからです[14]。

以上より、閉鎖会社の場合、株主であるゆえの経済的価値はなく、株主兼役員として会社の経営に関与することに経済的価値が生じます。それゆえ、閉鎖会社においてはその株式価値は自益権になく、共益権（議決権）にあるのです。

従来の議論では、経済的価値の側面からすると私法や租税法では議決権に価値はないとされてきました。自益権のみにその価値は付与されるわけです（評価対象とされるわけです）。

したがって、株式の議決権と経済的価値が分離できれば議決権だけ取り出して負担なく事業承継することも可能なはずです。経済実態として閉鎖会社の場合、議決権に価値があり、自益権に価値がありません。

事業承継の分野において議決権だけの承継が可能であれば、実態として有価値な権利を取得でき、遺留分や相続税の問題を回避することも可能と考えられます。

しかし現行の手法では、両者を区分して遺贈や相続により承継することは不可能です。

では、現行の私法を前提として何かアレンジメントは何が考えられるのでしょうか。

1）株主間契約

議決権拘束契約は株主間契約の典型例で、取締役選任等に対して当事者間の合意に従い議決権を行使する旨定める契約です[15]。

会社支配を単なる資本多数決で決定することを回避するために締結され[16]、

---

14 閉鎖型タイプの会社において経営に関与できるためでなければ資本出資をする意味は乏しく、また取締役として能動的に経営に参画することを望む株主が多いと思われる。中小企業における経営者は、自己の財産の大部分をその会社に出資しているのが現状であり、同社の業務執行に従事し、一定額の報酬（給与）を受けないと生活できない。以上につき江頭憲治郎『株式会社法（第6版）』52頁及び308頁（有斐閣　2015年）

15 江頭　前掲　62頁

16 江頭　前掲　336頁

主に株式会社の株主が株主総会における議決権の行使の方法について合意しておくことは、ある目的に沿った株主総会決議の成立を指向することになります[17]。議決権拘束の有効性については一般に認められていることですが[18]、議決権拘束契約自体について違反の問題は生じます。

有力説では、契約当事者間の債権契約としては有効であるが、契約に違反して議決権行使が行使されたとしても、その株主意思による行使である以上、その効力には影響はなく、契約違反者に損害賠償義務が発生するのみであるといわれています[19]。契約した株主を行使することは無論可能ですが、当該契約は会社に対して効力は生じません。

つまり議決権行使の結果である総会決議等を否定することができない以上、会社の行為を縛ることは不可能なのです。

一方、株主全員が当事者の契約である場合には、対会社関係では効力を主張できないという理屈を形式的に当てはめることは妥当ではなく、契約違反の議決権行使により成立した決議は定款違反として取消の対象となる、とする見解もあります[20]。

議決権拘束では、株主議決権と経済的持分を分離することは確かに可能であるものの、その実効性について契約違反の際の救済方法等、不明確性は多々残ります[21]。

17　森田果「議決権拘束・議決権信託の効力」浜田道代＝岩原紳作編「会社法の争点（ジュリスト増刊）（有斐閣　2009年）102頁

18　議決権拘束契約は、株主総会ごとに議決権代理行使の代理授与を要求している会社法310条2項に違反しているか問題となるが、同条の趣旨は、経営陣が会社支配のために議決権代理行使の濫用を防止することにあり、そうでない議決権拘束契約に同条を形式的に当てはめることは妥当ではない。これにつき江頭前掲注※338頁注（3）及び森田前掲注※103頁参照

19　江頭　前掲注※　336頁

20　江頭　前掲注※　336頁〜337頁注（2）、森田前掲注※103頁

21　具体的には①議決権拘束合意の有効性②有効であるとした場合の合意に違反する株主総会決議の効力③合意に違反した行為の差し止め請求権の可否④合意違反により賠償されるべき損害の捉え方という4種の論点が登場する。これらについて明確になっていないという指摘について行方國雄「閉鎖会社における種類株式及び属人的な定めの利用」（ジュリスト増刊会社法施行5年―理論と実務の現状と課題）（2011年）73頁

Ⅱ　税務上適正評価額　*185*

２）種類株式

　実務上活用はそれほどなされていないと思われますが代替案として種類株式があります。

　当該理由として、種類株式の発行手続の煩雑さ等が列挙されています[22]。また、租税法上の問題でも後述するが、種類株式の最大の問題はその評価にあります。現行実務においてその評価方法が明らかになっているのは、一部であり、他は個別に検討すべきである、というのが当局の建前となっています。

　なお、信託受益権の評価でも同様の問題が生じるため、これについてはまとめて下記することにします。

　最判平成28年7月1日では、株式の「取得の価格」／公開買付け後に株式を全部取得条項付種類株式にする取引について下記のような判示をしています。

　1　本件は、抗告人による全部取得条項付種類株式の取得に反対した抗告人の株主である相手方らが、会社法172条1項に基づき、全部取得条項付種類株式の取得の価格の決定の申立てをした事案である。

　2　多数株主が株式会社の株式等の公開買付けを行い、その後に当該株式会社の株式を全部取得条項付種類株式とし、当該株式会社が同株式の全部を取得する取引において、独立した第三者委員会や専門家の意見を聴くなど多数株主と少数株主との間の利益相反関係の存在により意思決定過程が恣意的になることを排除するための措置が講じられ、公開買付けに応募しなかった株主の保有する上記株式も公開買付けに係る買付け等の価格と同額で取得する旨が明示されているなど一般に公正と認められる手続により公開買付けが行われ、その後に当該株式会社が買付け等の価格と同額で全部取得条項付種類株式を取得した場合には、上記取引の基礎となった事情に予期しない変動が生じたと認めるに足りる特段の事情がない限り、裁判所は、上記株式の取得価格を公開買付けにおける

22　信託を活用した中小企業の事業承継円滑化に関する研究会「中間整理～信託を中心とした中小企業の事業承継の円滑化に向けて～」（2008年9月）6頁

買付け等の価格と同額とするのが相当である。

3）民事信託

　事業承継信託は、オーナー経営者（委託者）が生前に、自社株式を対象に信託を設定し、信託契約において、自らを当初受益者とし、オーナー経営者死亡時に後継者が受益権を取得する旨を定めます。

　同時に委託者であるオーナー経営者が、議決権行使の指図権を保持し、受託者はその指図に従い議決権を行使することになります。

　そして、相続時に受益権を分割して非後継者の遺留分に配慮しつつ、議決権行使の指図権を後継者のみに付与するというものです。

　「議決権信託」は議決権を統一的に行使するため、株主が1人であの受託者に対し信託するものです[23]。議決権信託の有効性は、議決権拘束契約と同じ理由で有効と解されており[24]、その効力は受託者が議決権を指図人の指図に従い行使することから、合意に反する議決権行使は想定し得ないといわれています。

　会社法上問題となるのは、相続発生時に後継者が相続する株式数にかかわらず、議決権行使の指図権を全部有することができるのか、即ち、議決権行使の指図権と受益権との分離が可能であるかという点にあります。

　発行会社に対して議決権を行使できるのは名義人としての受託者であるが、特約により議決権の行使は受益者又は委託者の指図によって行うことが可能とされており、当該仕組みは一般的な株式管理信託ではよく利用されます。

　議決権行使を指図する当該権利を「議決権行使の指図権」と呼びますが、受益者に指図権を平等に付与しない場合、会社法の1株1議決権の原則との抵触

---

[23]　なお、議決権のみの信託は認められない。議決権は財産権ではなく、また、株式によって表彰される権利は一体をなすものであるから、議決権だけを信託することは認められない。四宮和夫『信託法（新版）』136頁注（10）24頁〜25頁参照のこと。

[24]　前掲注8の理由参照のこと。

が問題視されます。

　各株主は原則としてその有する株式1株につき1個の議決権を有するが、実質的な株主である受益とその議決権の指図権者を区別することにより、自益権と共益権とが分離し、会社法の認めていない複数議決権株式を実質的に創出していることになるのではないかという懸念が生じるというわけです。

　この点、「非公開会社においては議決権について株主ごとの異なる取扱い（属人株）を定めることが許容されており（会社法109②）、剰余金等配当請求権等の経済的権利と議決権を分離することも許容されています。複数の受益者のうちの特定の者に議決権行使の指図権を集中させても会社法上の問題は生じないのです」[25]という解釈が明らかにされ課税実務上もこれを活用されることとなっています。

4）エクイティ・デリバティブ / 貸株

　対象となる株式を取得・保有するのと同時にエクイティ・スワップのショート・ポジションをとるという方法です[26]。エクイティ・スワップは、固定又は変動金利と株式又は株価指数のリターンから生じるキャッシュ・フローの全部を相手側に引き渡すという手法となります。株主は、一定の金利を対価として株式から生じるキャッシュ・フローの全部を相手側に引き渡す契約を締結されます。

　また一法として貸株もあります。株主総会の議決権行使の基準日の直前に株式を借入、議決権を取得し、基準日後に返還するものです[27]。当該株主は、議決権を完全な株主として行使できつつ、この株式の騰落による影響を受けないし、配当を取得することもありません[28]。

25　信託事業承継研究会　前掲注※　中間整理8頁　なお、公開会社や上場会社においても指図権の分離が会社法上問題ないかという論点につき、会社法上有効とされる説が有力である。この点、中田直茂「事業承継と信託」ジュリスト1450号（2013年）24頁〜25頁
26　白井　前掲　13頁
27　白井　前掲　13頁
28　森田　前掲　103頁

そもそも上記2つは投機性金融商品として証券会社から取り扱われていることから中小企業実務には全く関係ありません。

5）長期委任

後継者を代理人として委任状により議決権行使を長期間委任させる手法も考えられます。

しかし、議決権行使の代理権の授与は総会ごとにしなければならない（会社法310②、325）より、実現困難です。ただし閉鎖会社においては経営者における会社支配の手段として濫用されるのでなければ有効と解されます[29]。

6）会社法上の問題

議決権と自益権を分離する事業承継スキームの会社法上の有効性には問題はありません。これはあくまでその目的が閉鎖会社の株主間の合意に基づくものだからです。

しかし、少数株主の議決権を不当に制限することはあってはならないため、この場合、会社法上無効となる可能性もあるでしょう[30]。また租税法上の評価で一定の区分をすべきであるとも考えられます。

極端にいえば、株式の経済価値を一切有せず、議決権を行使する者を創出することも可能であるから、議決権行使と表裏をなす経済的リスクを負わない株主が生ずることになるのです。

これは会社法が株主に議決権を付与した趣旨（株主は、経済的な残余権者であるから、会社の負債を控除した純資産を増加させる強力なインセンティブを有し、議決権を株主に付与することが会社全体の効率的な経営に資する[31]）を根本から揺るがすことになり得ます。

これら制度の濫用により少数株主や債権者等の利害が大きく害されること

29　江頭　前掲　340頁及び338頁注（3）参照のこと。
30　江頭　前掲　338頁
31　白井　前掲　13頁

は、会社法違反として無効となる可能性は多分にあるでしょう。

7）信託法上の問題

エンプティボーティングと評価される信託についても影響は当然及びます。事業承継信託は、株主議決権と経済的持分の乖離を生じさせる信託であるから、信託法上、他社を害する指図権の濫用がある場合には、議決権の指図権者に、信託法上の受託者に応じた善管注意義務、忠実義務、公平義務を課すべきであるという解釈が適用される余地もあるし、また検討されるべきであると考えられます[32]。

8）評価の問題

自益権と共益権の自由なアレンジメントが実現可能になりつつある現状においても、それらの権利の公正な評価額（経済的価値）を計算することは非常に困難です。

例えば、相続税法上の評価では従来の自益権を共益権が分離されていない普通株式の評価方法にとらわれていて、これらを適正に評価する指針を現状、公表されていません。

また議決権には価値がないという前提で自益権のみを評価するのは実務通説であるが、支配権者が有する議決権には本当に価値がないのかは議論の余地が残るところです。

この評価の困難性の議論はすでに種類株式では蓄積されています[33]。しかし、一定のオーソライズされた評価方法はありません。

ファイナンス的な公正価値の評価（上述、最判平成28年7月1日参照のこと、

---

[32] 白井正和「エンプティ・ボーティングをめぐる議論の状況とそこから得られる示唆」法律時報86巻3号（2014年）12頁

[33] 澁谷雅弘「無議決権株式を用いた事業承継のタックスプランニング」租税事例研究96号（2007年）69頁以下、渋谷雅弘「種類株式の評価」金子宏編「租税法の基本問題」647頁以下（2007年）、一高龍司「相続税における財産評価の今日的問題〜事業承継と種類株式〜」日税研論集68「租税法における今日的財産評価の今日的理論問題」145頁以下（日本税務研究センター、2016年）等

元来「公正な価格」と租税法における評価は相いれないものと思われます）と相続税法上の評価が乖離する不確実性は極めて高いのです。相続トラブルが想定される事業承継の局面では、事前の対応が困難で実務上も阻害要因となっていることが現実です。

　これは民事信託の受益権の評価についても同様です。基本的には、信託が付与されていない閉鎖会社株式の評価額により評価することになっていますが、受益者連続型信託において信託受益権を収益受益権と元本受益権とに複層化した場合の評価額の算定方法について課題は残ります[34]。

　租税法上、自益権と共益権を分離させた場合、そもそも租税法上の「資産」に該当するかという上で、評価のヒントとして下記の裁判例があります。

東京地判平成27年3月12日判決【譲渡所得の基因となる「資産」該当性／経営破綻した銀行の未公開株式】

1　本件は、平成22年9月に破綻したA銀行株式会社の取締役兼代表執行役であった原告が、同年10月20日に保有していた本件銀行の株式3100株を1株1円（合計3100円）で譲渡し、これにより株式等に係る譲渡所得等の金額（未公開分）の計算上損失が生じたとして、同年分の所得税の確定申告及び修正申告を行ったところ、中野税務署長から、本件株式譲渡を株式等に係る譲渡所得等の金額（未公開分）の計算の基礎に含めることはできないとして更正処分等を受けた事案である。

2　所得税法33条1項の規定する譲渡所得の基因となる「資産」には、（中略）社会生活上もはや取引される可能性が全くないような無価値なものについては、同項の規定する譲渡所得の基因となる「資産」には当たらないものと解するのが相当である。

3　株式は、株式会社の社員である株主の地位を割合的単位の形式にしたものであり、原則として自由に譲渡され、株主においては、利益配当請

34　高橋倫彦「受益権複層化信託の相続税課税」T&A master NO.619（2015年）14頁以下

求権、残余財産分配請求権等の自益権や株主総会における議決権等の共
益権を有することから、株式は、上記各権利を基礎として一般に経済的
価値が認められて取引の対象とされ、増加益を生ずるような性質のもの
として、所得税法33条1項の規定する譲渡所得の基因となる「資産」に
当たるものと解される。

4　一方、株式の経済的価値が自益権及び共益権を基礎とするものである
以上、その譲渡の時点において、これらの権利が法的には消滅していな
かったとしても、一般的に自益権及び共益権を現実に行使し得る余地を
失っていた場合には、後にこれらの権利を現実に行使し得るようになる
蓋然性があるなどの特段の事情が認められない限り、自益権や共益権を
基礎とする株式としての経済的価値を喪失し、もはや、増加益を生ずる
ような性質を有する譲渡所得の基因となる「資産」には該当しないもの
と解するのが相当である。

5　本件銀行が本件株式譲渡の前後を通じて極めて多額の債務超過状態に
陥っており、剰余金の配当や残余財産の分配を行う余地はなかったこと
からすると本件銀行の株主は、本件株式譲渡の時点において、もはや、
利益配当請求権、残余財産分配請求権等の自益権を現実に行使し得る余
地はなく、また、同時点において、本件銀行は、E銀行に対する一部事
業譲渡の後に解散して清算されることが予定されていたことからする
と、後に自益権を現実に行使し得るようになる蓋然性もなかったという
べきである。

6　金融庁長官による預金保険法74条1項の規定する金融整理管財人によ
る管理を命ずる処分がされた時点（平成22年9月10日）において、本件
銀行の株主は、本件銀行の存続を前提とする経営等の意思決定に参画す
ることができなくなっており、一般的に株主総会における議決権等の共
益権を現実に行使し得る余地を失っていたものと認めるのが相当であ
り、また、同時点において、本件銀行は解散して清算されることが予定
されていたことからすると、後に共益権を現実に行使し得るようになる

蓋然性もなかったものと認めるのが相当である。

7　以上によれば、（中略）一般的に、自益権及び共益権を現実に行使し得る余地を失っており、かつ、その後に自益権及び共益権を行使することができるようになる蓋然性も認められなかったというべきであるから、所得税法33条1項の規定する譲渡所得の基因となる「資産」には該当しないものと認めるのが相当である。

ただし、本判決の射程については議論の余地があります。

9）租税法上の問題

株主間契約及び長期委任及び貸株については譲渡・贈与の時期の問題が生じます。

種類株式では上述の通り評価の問題があります。

民事信託においては、例えば受益者が存しない信託を将来の受益者を親族又は未生の者とすると、通常の取引よりも重い課税が生じるため、事業承継信託の活用場面は非常に限定的であるといったものです[35]。

エクイティ・デリバティブについては、現行租税法の多くが、普通株式を前提に構築されており、種類株式・民事信託を用いた株式の議決権と経済的持分とを乖離させた場合における対応は全くもっていません（もっとも、これについては中小企業実務においては一切留意する必要はありません）。

相続税評価の曖昧さも手伝い、当事者において価値があると思う権利を取得しながら低い評価額で課税を受けるという租税回避も実行可能性は多分にありえるのです[36]。

なお、現在でも下記のような議論が既に展開されています。

35　渡辺徹也「受益者等が存しない信託に関する課税ルール」日税研論集62「信託税制の体系的研究―制度と解釈―」193頁～194頁（日本税務研究センター　2011年）参照

36　品川芳宣「世代間の資産移転・事業承継をめぐる現状と課題」税理 Vol.59　No.6（2016年）18頁～19頁

Ⅱ　税務上適正評価額　**193**

・株式評価は抜本的に見直すべき。類似業種のみならず、純資産方式も検討することが望ましい。

・議決権を有する株式と議決権を有しない株式の評価方法は区別することが望ましい。

・取引相場のない株式の評価にあたって、例えば純資産価額方式では、いわば残余財産分配請求権の価値（清算価値）で評価されているものと考えられる。しかし、株式には3つの権利（議決権、配当受益権、残余財産分配請求権）があり、事業承継に必要なのは議決権であるから、事業承継時には議決権の価値で評価するといった見直しも検討すべきではないか[37]。

ご興味ある方は日本公認会計士協会の下記「専門情報」もあわせてご覧ください。

租税調査会研究報告第33号「取引相場のない株式の評価の実務上の論点整理」の公表について

https://jicpa.or.jp/specialized_field/20180919jhj.html

Q Ⅱ-14　信託受益権の複層化「質的分割」：受益権分離型スキームの問題点、危険性

新設法人資金調達スキームやM&Aにより株式の現金化を実現できた方に対する現金の贈与方法について信託受益権の複層化スキームも流行しているようです。問題点等あればご教示ください。

Answer

金融庁から再三税制改正要望がでているにもかかわらず、受益権の複層化の

37　事業承継を中心とする事業活性化に関する検討会「第3回・第4回事業承継を中心とする事業活性化に関する検討会議事要旨」議事録より抜粋

194

立法化は遅れています（本稿脱稿時点、令和２年度税制改正要望にも掲載されています）。

　そのような状況においても下記の通達を使い様々なスキームを試みていることも多いようです。

　問題点等を下記に列挙します。

【解説】

　現行法上、質的分割された場合の複層化信託について、財産評価基本通達202項に規定があります。

　民事信託に係る複層化信託の場合、信託税制上は、相続税法において当該民事信託を受益者連続型信託以外の信託と受益者連続型信託の二区分としています（相基通９の３-１）。

　受益権が複層化された信託における現行税制上の評価方法について財産評価基本通達202項で確認しておきます。

【財産評価基本通達202項】

（信託受益権の評価）

202項　信託の利益を受ける権利の評価は、次に掲げる区分に従い、それぞれ次に掲げるところによる。（平11課評２-12外・平12課評２-４外改正）

⑴　元本と収益との受益者が同一人である場合においては、この通達に定めるところにより評価した課税時期における信託財産の価額によって評価する。

⑵　元本と収益との受益者が元本及び収益の一部を受ける場合においては、この通達に定めるところにより評価した課税時期における信託財産の価額にその受益割合を乗じて計算した価額によって評価する。

⑶　元本の受益者と収益の受益者とが異なる場合においては、次に掲げる価額によって評価する。

　イ　元本を受益する場合は、この通達に定めるところにより評価した

課税時期における信託財産の価額から、ロにより評価した収益受益
者に帰属する信託の利益を受ける権利の価額を控除した価額
ロ　収益を受益する場合は、課税時期の現況において推算した受益者
が将来受けるべき利益の価額ごとに課税時期からそれぞれの受益の
時期までの期間に応ずる基準年利率による複利現価率を乗じて計算
した金額の合計額

1）受益権分離型スキーム

　現行の受益権評価方式では受益権を分離させることにより節税策をとること
は不可能になったともいわれます。

　しかし、その一方で、財産評価基本通達202項は収益受益権の評価損益は元
本受益権で吸収されるため、基準年利率を上回る収益率を設定することによっ
て、また信託契約期間を引き延ばすことによって、元本受益権の評価を引き下
げ、節税策として用いられる例も散見されます。

　オーナーが自社の資金調達のために引き受けた社債、すなわち私募債や自社
に対する貸付金を信託財産として信託契約を締結することも可能です。その
際、社債のように収益が安定した資産を信託財産とするのであれば、その利息
部分を受け取る権利と信託満了時に残余財産を受け取る権利とに分離すること
も可能です。これを受益権分離型信託と呼びます。

　受益権分離型信託の受益権は、信託財産である私募債の元本と信託契約満了
時に受け取る権利である元本受益権と信託財産から生じる収益を受け取る権利
である収益受益権に分離されたものとなります。

　分離された各受益権は別々に譲渡、贈与することも当然可能です。

　例えば、収益受益者を父親、元本受益者を子供として信託契約を締結すれ
ば、元本受益権を子供に承継することが可能となります（この際、子供に当
然、贈与税は課税されます）。

　受益権分離型信託の受益権の評価は上述の財産評価基本通達202項を使いま

す。

したがって、信託受益権の評価額＝収益受益権＋元本受益権の評価になります。年利率３％の私募債を信託財産として10年の信託契約を締結した場合、収益受益権は「３％の利息を10回受け取る権利」となります。

したがって、時の経過により収益が実現し、収益受益権の評価額は毎年低下していくこととなります。

一方、元本受益権は「信託終了時に元本（額面）を受け取る権利」であるため、時の経過とととともに上昇することになります。

例えば、額面20億円の社債を信託し、表面利率は５％と設定し、同率の収益分配を設定します。委託者及び収益受益者は父親、元本受益者は子供とします。信託期間は15年とします。収益受益権は基準年利率によって割引現在価値を計算するので13億8,650万円と評価されます。一方で元本受益権の評価額は20億円から13億8,650万円を差し引き６億1,350万円と評価されます。

委託者である父親の信託により元本受益者が子供となったので元本受益者の評価額に対して贈与税が課税されるわけです。

この点、元本の割引現在価値を計算すると17億2,200万円です。

すなわち、受益者である子供は約17億円の価値ある財産を無償で受け取ったことになります。

先ほどの計算例で言えば、元本受益権が６億円という評価額であるということは、金融資産の評価額が11億円も引き下がることになり大幅な節税効果が発現できたことになるのです。

なぜ、このようなことが起きるのでしょうか。

それは財産評価基本通達202項の計算ロジックが金融商品の時価評価方法と整合性が取れていないからです。

平成18年度税制改正前は元本と収益を各々単独で評価していました。当時は割引現在価値を計算するための基準年利率は年８％（改正後4.5％）と非常に高い利率でした。

この結果、「信託の収益率＜基準年利率」となり、元本受益権の割引現在価

値を大きく引き下げることにより節税することが可能であり、これを利用した自社株移転スキームも数多く見受けられたのです。

しかし、現在の基準年利率は0.25～1％という極めて低い利率です。現行202項への改正により、従来までの節税策は封じ込められたかのように思われました。

問題となるのは差引計算方式の基本公式である「信託受益権＝元本受益権＋収益受益権」です。というのは、割引現在価値の計算の前提となるのは収益の割引現在価値と元本の割引現在価値の合計が一致するのは収益の利回りと割引率が一致する場合のみだからです。

先ほどの例でいえば、額面20億円、償還期間15年の社債を信託財産とした場合、収益分配の利回りが割引率と一致する場合のみ、収益受益権の割引現在価値と元本受益権の割引現在価値の合計額が20億円として一致することになるわけです。

つまり「信託の収益率＞基準年利率」としその差を大きくすればするほど、元本受益権の相続税評価額は引き下げられることになるのです。

これは収益受益権が元本受益権の価値を食いつぶしている状況であり、受益者分離型信託の元本受益権を子供に贈与した場合、収益受益権の価値が上昇すればするほど元本受益権の評価が下がることになるということになります。

これが財産評価基本通達202項の計算ロジックが金融商品の時価評価方法と整合性が取れていないといった所以です。

貨幣の時間価値を無視して考慮してみます。収益率10％の金融資産があったとします。収益分配の合計額は20億円×10％×15年＝30億円となります。元本20億円と単純合算すれば50億円です。この金融商品を20億円で評価するというのが現行制度なのです。

証券投資信託など収益が安定しないような金融商品を信託財産とした場合に、その収益受益権はどのように評価すべきでしょうか。私募債のように安定した収益を推算することができません。

この点、財産評価基本通達202項は「収益を受益する場合は、課税時期の現

況において推算した受益者が将来受けるべき利益の価額ごとに課税時期からそれぞれの受益の時期までの期間に応じる基準年利率による複利現価率を乗じて計算した金額の合計額」と規定しており、「現況において推算」するならば、過去の実績は問われず、将来収益の予測数値を使って収益受益権を評価すればよいとあります。

つまり、合理的な予測であれば、毎年の収益率が異なる場合もあり得えます。しかし、これは公正価値評価における DCF 法と同様の発想といえます。

証券投資信託1,000万円を信託財産として、信託期間10年の受益権分離型信託を設定します。

予想収益分配金が毎年50万円であれば、収益受益権は複利現価率を使って計算すると約4,812,000円です。

一方、予想収益分配金が当初 2 年は100万円で 3 年目以降は50万円であれば、収益受益権は約5,808,500円と評価されます。

当該評価方法によれば、信託の収益率をあまりに高額に設定すると信託期間満了時において、元本受益権が当初信託財産の額面を下回るリスクがあるのです。

また、収益分配に伴う所得税の負担も当然大きくなります。信託財産が生み出す収益は毎年変動するのが通常の考え方と思われます。信託契約で設定された収益分配を賄うことができない場合、信託元本を取り崩して収益受益者に支払うことになります。

このため、元本受益者が受け取る元本が毀損し、贈与のために信託を設定した目的が達成できなくなる恐れも過分にあります。

より極端に受益権が複層化された信託を設定し、その 5 年後に合意等により信託を終了したときの収益受益権の評価額の算出方法です。委託者＝収益受益者が亡くなることで信託は終了します。

相続が発生した時には、その時点において残りの信託期間分の収益受益権評価額を算出し、その評価額を相続財産に合算することが求められます。

信託が終了すれば、信託財産は元本受益者に交付されることになりますが、

II 税務上適正評価額　*199*

委託者＝収益受益者が得ることになっていた残り期間分の収益受益権も信託終了時に取得するものとして、信託終了時点の収益受益権の評価額に合算されてしまうのです。

また、この信託では、信託財産から得られた収益を、収益受益者に交付することになります。信託受益権の評価は信託設定時に行うことになりますが、実際の交付の手続は信託財産を交付することとして信託契約に定められた信託配当日に信託財産から得た収益より必要経費を差し引いた金額を収益受益者に交付します。収益の交付が信託契約に定められた通り行われない場合、信託設定時に推算した金額と極めて異なる額で信託収益を交付することになるときには、信託受益権の当初評価額が変更される可能性があります。

課税実務上、資産を承継させる計画を考慮する場合を想定してみます。財産を今直ちに単純贈与すべきか、相続時まで待って移転すべか、もしくは、元本受益権の贈与が良いかが議論されるわけです。

単純贈与では贈与税負担が大きいがその後の資産所得は受贈者に帰属します。相続では贈与税負担はないが相続税負担があり、相続時点までの資産所得は被相続人に帰属するが、相続により相続人に帰属します。元本受益権の贈与では元本受益権の贈与税負担が軽く、信託満期までの資産所得は委託者に帰属するが、相続により相続人に帰属します。

財産の移転をこれらの3ケースに分けて、税率を同じと仮定して受贈者等の資産承継者の受領する税引後の金額を試算してみると、財産の収益力が信託受益権評価の基準となる基準年利率と同じ場合は3ケースにおいてほとんど変わらなかったが、財産の収益力が基準年利率より高い場合は、相続より単純贈与が有利であり、元本受益権の贈与は更に有利となります。単純贈与が有利になるのは当然として、元本受益権の贈与がなぜ更に有利となるのはなぜでしょうか。

試算では税込みの信託収益額を計算基礎として収益受益権を評価したので、収益受益権の評価額が割高になり、その結果、元本受益権の評価額が割安になったものと思われます。

ちなみに、信託収益が源泉分離課税の場合、所得課税の偏頗性から収益受益者は税引後の信託収益額しか受領しません。

そこで税引後の信託収益額を計算基礎として評価すると、収益受益権の評価額が適正になり、その結果、元本受益権の評価額も適正になり、元本受益権の贈与が有利にならないのです。

現行の財産評価基本通達202項は「受益者が将来受け取るべき利益の額」としているので、税引後の信託収益額を計算基礎とすべきと思われます。

税引後の信託収益額は信託所得の種類、受益者の所得水準により異なり、将来の税制改正によっても変わるので、将来受け取るべき利益の額の算定は困難ですが、課税時期の源泉分離課税率が将来も適用されるものと想定して、税引後の信託収益額を推算する方法も考えられます。中小・零細企業の貸付金、私募債の利率が3～5％の高い水準で決定してよいものか、そもそもそこに恣意性が介入しています。

なお、上記は岸田康雄『顧問税理士が教えてくれない資産タイプ別相続・生前対策完全ガイド』（中央経済社（2014/6/13））該当箇所を適宜参照しております。

課税実務における留意点は下記です。

・収益受益者が得る収益の推算を適正に行う。信託期間は収益受益者の平均余命で決定する。

・早期に相続が発生する場合のリスクを説明する。

・信託の収益率＞基準年利率の差が多ければ多いほど、元本受益権の相続税評価額は少なくなるが、「過度に」行うことは絶対NG、「現況で推算」の立証責任は最終的には納税者側にいくはずです。

・最終的に元本受益権がマイナスになる場合もあり得る。この場合の債務控除の適用可能性はない。

このスキームは、当局側において、課税関係の洗替による課税をしようとする動きも現場の調査レベルでは見受けられるようです。上記のように、複層化しても、受益者連続信託とみなされて、財産評価基本通達202項での評価をせ

II 税務上適正評価額 **201**

ず、相続税基本通達９の３-１で評価されるケースが多いようです。今後は、慎重な取扱いが必要です。

【相続税基本通達９の３-１】

（受益者連続型信託に関する権利の価額）

９の３-１　受益者連続型信託に関する権利の価額は、例えば、次の場合には、次に掲げる価額となることに留意する。（平19課資２-５、課審６-３追加）

(1)　受益者連続型信託に関する権利の全部を適正な対価を負担せず取得した場合　信託財産の全部の価額

(2)　受益者連続型信託で、かつ、受益権が複層化された信託（以下９の３-３までにおいて「受益権が複層化された受益者連続型信託」という。）に関する収益受益権の全部を適正な対価を負担せず取得した場合　信託財産の全部の価額

(3)　受益権が複層化された受益者連続型信託に関する元本受益権の全部を適正な対価を負担せず取得した場合（当該元本受益権に対応する収益受益権について法第９条の３第１項ただし書の適用がある場合又は当該収益受益権の全部若しくは一部の受益者等が存しない場合を除く。）　零

(注)　法第９条の３の規定の適用により、上記（２）又は（３）の受益権が複層化された受益者連続型信託の元本受益権は、価値を有しないとみなされることから、相続税又は贈与税の課税関係は生じない。ただし、当該信託が終了した場合において、当該元本受益権を有する者が、当該信託の残余財産を取得したときは、法第９条の２第４項の規定の適用があることに留意する。

２）意図的に作出した債務控除額

現行財産評価基本通達202項では、理論上、収益受益権の評価額が信託財産の評価額を超えることもあり得ます。財産評価基本通達202項を文理でとら

え、そもそも収益受益権と元本受益権は信託財産から分離されたものにすぎないことから総額は受益権一体となるはずです。

その点、複層化した場合の信託の課税関係についても、信託を活用しなかった場合と同様の権利関係を擬制することとして整理されるはずです。

例えば信託財産を賃貸不動産と仮定し、信託期間を30年、賃料が毎年500万円とします。

当該信託契約は信託を活用しなかった契約に引き直すと、元本受益者が不動産を所有し契約期間30年にわたり毎年500万円を収益受益者に支払う義務が生じる一方、収益受益者は30年の契約期間において、毎年500万円を受領できる債権を有すると擬制できます。

この場合、30年の複利年金現価率24.016を用いて各受益権を計算すると、信託財産の評価額1億円−収益受益権の評価額1.2億円＝元本受益権△2,000万円となります。

相続税の計算上、課税財産の概念にマイナスはありません。

これは本質的には債務であるから、債務控除の対象になり得るかという論点が生じます。

相続税法第9条の3第1項は、受益者連続型信託の受益権の評価を定めたものと解説されていますが、この規定の位置は相続税法第1章総則にあり、第3章財産評価ではありません。

この規定は受益権の価格の計算方法を示しているだけで、その課税価額を信託財産の全部とすると規定しているわけではないのです。

相続税の財産評価は相続税法第3章に定めがあり、その課税は財産評価額に基づくことになります。

相続財産の評価は相続税法第22条によればその時価に基づくことになっています。収益受益権の権利の価額が相続税法第9条の3第1項により信託財産の評価額の全部となるとしても、収益受益者は元本受益者に対し信託財産から元本を支払う債務を確実に負っているので、その経済的価値は負担付遺贈の評価と同じように負担部分、つまり元本受益権の評価額のこと、を差し引いた債務

控除後の純額になると思われます。

　ただし、ここにも恣意性の介入により、意図的に債務控除額が作出されるため、課税実務上実行すべきスキームではありません。

Q Ⅱ-15　受益権分離型スキーム、信託受益権の質的分割における具体的な裁判例

> 表題の件につき参考となる裁判例があればご教示ください。

Answer

　下記の裁判例が参考になります。

【解説】

　大阪地裁平成23年7月25日判決（UCCホールディングス事件）です。ここではポイントを抽出してご紹介します。

【事件番号】　大阪地方裁判所判決／平成21年（ワ）第8701号

【判決日付】　平成23年7月25日

【判示事項】　株式譲渡契約における売主の表明保証違反を理由とする補償
　　　　　　　金支払義務が否定された事例

【判決要旨】（省略）

第1　当事者の求めた裁判（省略）

第2　当事者の主張（省略）

理　　由

1　甲17、乙19、証人甲野松夫の証言、被告Y4の本人尋問の結果、掲
　記の証拠及び弁論の全趣旨によれば、次の事実が認められる（当事者間

に争いがない事実を含む。)。

(1) 被告らによるシャディ株式の保有

　　被告らは、ギフト販売等を主な事業内容とするシャディ社の創業家
　一族であり、平成12年ころまで、被告ら名義及び被告らが全株式を保
　有するツインツリー社名義で、次のとおり、シャディ社の発行済株式
　の約54.2%に相当する1099万4754株を保有していた。

　　　被告Ｙ１　　　　　　　　　　145万株

　　　被告Ｙ１を除く被告ら　　　278万7900株

　　　ツインツリー社（シャディ株式の保有会社）

　　　　　　　　　　　　　　　675万6854株

(2) 本件信託契約の締結

　ア　本件信託契約の計画立案

　　被告Ｙ１は、平成12年ころ、シャディ株式から得られる配当収
　益を日本ボランタリー・チェーン協会の公益活動に利用できるよう
　にするため、自己が保有するシャディ株式を信託し、その信託受益
　権を元本受益権と収益受益権に分割した上、収益受益権を日本ボラ
　ンタリー・チェーン協会に寄贈する計画（以下「本件計画」という。）
　を立案した。

　イ　税務当局への事前相談

　　被告Ｙ１は、本件計画の実行によりいかなる課税が発生するか
　について、税務当局に事前相談することにし、平成12年１月25日、
　被告Ｙ４及び被告らの顧問会計士である乙山公認会計士らと共
　に、国税庁を訪れ、課税部資産税課の丙川課長補佐に対し、本件計
　画による課税関係について、各種問い合わせをした。

　　丙川課長補佐は、信託の収益受益権は譲渡所得の基因となる資産
　に該当しない（下線筆者）とし、本件計画の実行により、被告Ｙ１
　に所得税法59条１項１号による譲渡所得が発生することはないと返
　答したが、「ただし、いったん、信託期間が長期間にわたる信託契

約を結び、その受益権を元本受益権と収益受益権に分けた上で、信託契約設定当初に、財産評価基本通達の規定により低く評価された元本受益権を関係者へ贈与又は譲渡し、その後信託期間中にもかかわらず信託契約を解消するという租税回避行為ともいうべき取引が最近みられます。このような行為については、国税局としては、信託解約時になんらかの形で課税するという方向で検討しており、留意していただきたい。」（下線筆者）と注意喚起した。

　以上の丙川課長補佐の発言を含む事前相談の内容は、「VCAの寄付に関する国税庁への相談に関する議事録」（乙5。以下「本件議事録」という。）として書面化された。

ウ　本件信託契約の締結

　被告Y1は、本件計画を実行することにし、平成12年3月27日、日本ボランタリー・チェーン協会及びUBS信託銀行との間で、本件信託契約による収益受益権を日本ボランタリー・チェーン協会に取得させる旨の合意を含む本件信託契約を締結した（甲5の1〜3）。

(3)　本件合意解約に至る経緯

ア　ツインツリー社へのシャディ株式の集約

　平成14年夏ころ、株式譲渡益による所得税の課税制度が変更される見込みとなったことから、被告らは、自己が保有するシャディ株式（被告Y1については元本受益権）をツインツリー社に集約することとした。

　そして、被告Y1を除く被告らは、同年11月22日、ツインツリー社に対し、自己名義のシャディ株式278万7900株を、合計32億5626万7200円（1株当たり1168円）で売却した。

　また、被告Y1も、平成15年3月14日、ツインツリー社に対し、自己が有する元本受益権を配当受領権のない株式として評価して、これを9億3960万円（1株当たり648円）で売却した（乙11）。

イ　本件合意解約

　　平成16年になって、UBS信託銀行は、日本における事業から撤退して解散することになり、ツインツリー社及び日本ボランタリー・チェーン協会に対し、本件信託契約を終了させることを要請した。被告Y1、ツインツリー社及び日本ボランタリー・チェーン協会は、これをやむを得ないものとして受け入れ、同年6月8日、UBS信託銀行との間で、本件合意解約をした（甲6）。

　　本件合意解約により、日本ボランタリー・チェーン協会が取得した収益受益権は消滅したものとされ、ツインツリー社は、UBS信託銀行から、本件信託契約の信託元本であるシャディ株式及び現金の交付を受けた。

ウ　ツインツリー社における税務処理

　　ツインツリー社は、被告Y1から元本受益権を取得した際、これを配当受領権のない株式として評価された金額である9億3960万円（1株当たり648円）で、「シャディ株式」として資産計上した（乙11）。そして、本件合意解約後も、本件経済的利益は、資産（シャディ株式）の評価換えをすることにより生じた評価益にすぎず、法人税法25条1項により益金不算入とされるべきであるとして、これをツインツリー社の法人税課税所得の計算における益金の額に算入しなかった（乙14）。

(4)　本件株式譲渡契約の締結

ア　原告の紹介

　　ツインツリー社の全株式（本件株式）を保有していた被告らは、平成16年末から平成17年初めころにかけて、ツインツリー社を通じて、シャディ社の事業形態及び経営改革を模索するようになった。そのような中、被告らは、コンサルティング会社から、シャディ社の経営に興味を抱いている会社として、原告を紹介された。

イ　本件DDの実施

原告代表者らは、シャディ社の経営に参画するため、本件株式を取得することを検討し始め、平成17年8月8日、ツインツリー社の代表取締役であった被告Y4と面会し、その席上、被告Y4から、ツインツリー社の平成14年12月期～平成16年12月期の決算報告書や税務申告書を含む各種資料を交付された。

原告は、森・濱田松本法律事務所の弁護士ら並びにE＆Yの公認会計士及び税理士らに本件DDを委託し、同弁護士ら並びに公認会計士及び税理士らは、同年8月初旬から9月初旬にかけて、原告のために、本件DDを実施した。そして、本件DDを担当していた弁護士が、被告Y4に対し、ツインツリー社の偶発債務の有無や、日本ボランタリー・チェーン協会への寄付に関する質問をしたところ（乙16）、被告Y4は、ツインツリー社に偶発債務は存在しないと回答し、同年8月22日、同弁護士に対し、本件信託契約の締結から本件合意解約に至る事実経過を直接説明するとともに、本件信託契約の契約書（甲5の1～3）、本件合意解約に係る解約合意書（甲6）のほか、本件議事録（乙5）を手渡した。

　ウ　本件株式譲渡契約の締結

本件DDの実施後、原告と被告らは、本件株式を売買することを合意し、平成17年9月13日、本件株式譲渡契約を締結した。

(5)　本件株式譲渡契約における表明保証（省略）

(6)　本件税務調査と本件指摘

本件株式譲渡契約後、ツインツリー社は、平成19年4月18日から、本件税務調査を受け、本件合意解約によってツインツリー社が得た本件経済的利益について、平成16年12月期の事業年度に係る法人税の申告漏れがあるとの本件指摘を受けた。

(7)　原告と被告Y4との間の協議

　ア　被告Y4の説明と主張

原告の甲野取締役は、平成19年4月18日、被告Y4に対し、本

件税務調査が開始され、本件指摘を受けた旨を伝えた（乙1の1、2）。

これに対し、被告Ｙ4は、同年5月1日、乙山公認会計士と共に原告の本社を訪れ、甲野取締役及び原告の顧問税理士4名に対し、本件信託契約の締結から本件合意解約に至る一連の経緯を説明するとともに、本件経済的利益は評価益にすぎず、本件指摘には課税根拠がないと主張した。

イ　税務当局の見解の聴取

甲野取締役は、平成19年5月8日、原告の顧問税理士の一人であり元国税局長の丁田税理士と共に、神戸税務署に出向き、本件税務調査を担当していた大阪国税局の戊原専門官や己本実査官らに対し、本件指摘に係る法的根拠を聴取した。すると、戊原専門官らは、本件経済的利益は法人税法22条2項の「その他の取引…に係る当該事業年度の収益」に該当すると述べた。甲野取締役らは、本件経済的利益は評価益にすぎないのではないかとか、仕訳（相手勘定）はどうなるのかといった質問をしたが、これらの質問に対する明確な回答はなかった。

ウ　被告Ｙ4側による交渉の提案

甲野取締役は、平成19年5月9日、被告Ｙ4に対し、戊原専門官らの見解を伝えた。これに対し、被告Ｙ4は、本件信託契約の締結に際しては、国税庁に事前相談をしており、本件指摘には課税根拠がないと改めて主張し、今後の交渉には、本件信託契約に関する一連の経緯をよく知る乙山公認会計士も参加させて欲しいと述べた。これを受けて、甲野取締役は、同月31日、丁田税理士に対し、今後の交渉は乙山公認会計士に任せたいと述べた。すると、丁田税理士は憤慨して、その場に同席していた被告Ｙ4に対し、原告の税歴にキズをつけないようにする旨の念書を差し出すよう要求した。これに対し、被告Ｙ4は、そのような条件で税務当局と交渉

をすることはできないと述べた（乙12の1、2、乙13）。

その後、甲野取締役は、同年6月11日、戊原専門官らと再協議したが、その席上、税務当局としては、ツインツリー社が修正申告に応じなければ、同月末を目途に更正処分をする方針を伝えられた。

そこで、甲野取締役は、同月18日、被告Y4に対し、乙山公認会計士から、直接、戊原専門官に本件指摘の課税根拠を問い合わせてもらえないかと依頼した（乙17）。これを受けて、乙山公認会計士は、同月19日、戊原専門官に電話連絡をしたが、被告Y4側には原告からの正式な受任がないとして、本件指摘に係る説明を拒絶された（乙18）。

エ　原告の方針決定

甲野取締役は、平成19年6月27日、被告Y4に対し、原告も課税根拠の確実性に疑問を抱いており、今後は、被告Y4側に税務当局との交渉を任せたいと伝え（乙2）、被告Y4もこれを了承した（甲13）。

そこで、甲野取締役は、同年7月2日に開催された原告のグループ経営会議において、本件指摘に係る税務当局との交渉を被告Y4側に任せたいと提案した。

しかし、上記会議に出席した役員らから、原告の役員でも従業員でもない被告Y4に交渉を委任するのはいかがなものか、被告Y4に委任すると税務当局との紛争が長期化するのではないかといった意見が出された。また、同じく上記会議に出席した原告の顧問税理士らから、本件指摘には合理性があるとの意見も出された。

その結果、原告としては、本件指摘の課税根拠については税務当局と争わず、修正申告に応じるが、納付税額については圧縮するよう交渉するとの方針が決定された。なお、上記会議には、被告らの関係者は一人も参加していなかった。

オ　本件修正申告

甲野取締役は、平成19年7月3日、被告Y4に対し、本件指摘については原告側で対応し、税務当局と争うことは避けることにしたので理解して欲しいと伝えた。これに対し、被告Y4は、「仕方がないですね。頑張ってください。」と述べた。甲野取締役は、同年8月10日、被告Y4に対し、税務当局との交渉経過を伝えたが（乙3）、被告Y4からの返答はなかった。

その後、原告は、被告らと接触することなく、同年9月6日、税務当局との間で、本件経済的利益の評価額を4億6263万3000円として修正申告することで合意した。その際、甲野取締役は、己本実査官から、本件指摘の課税根拠につき、概要、次のとおり記載された無記名の文書（甲2）を受け取った。

「ツインツリー社は、本件信託契約により、シャディ株式の時価から収益受益権価額を控除した金額で元本受益権を取得した。しかし、本件合意解約により、ツインツリー社は、収益受益権によって制限されない、いわば完全な状態の株式を取得するに至った。つまり、ツインツリー社は、本件合意解約により、収益受益権に相当する経済的利益を得た。このような経済的利益は、法人税法22条2項にいう『その他の取引…に係る当該事業年度の収益』に該当し、その金額は、ツインツリー社の法人税課税所得の計算上、平成16年12月期の事業年度の益金の額に算入されるべき（下線筆者）である。」

原告は、同月10日のグループ経営会議において、本件修正申告について承認決議をした。そして、ツインツリー社は、同年10月17日、本件修正申告を行い、2億3259万1550円の法人税及び住民税等を納付した。また、ツインツリー社は、本件修正申告等に関連し、234万7221円の税理士報酬を支払った。

カ　被告Y4に対する報告

被告Y4は、平成19年10月26日、丁田税理士から、原告が本件修正申告を行った旨を伝えられ、本件修正申告の内容及び原告の納

付税額を知った（乙4）。その際、被告Y4は、丁田税理士から、本件指摘の課税根拠に関する前記オの文書（甲2）を提示された。

なお、本件修正申告においては、「シャディ株式」の帳簿価額を増額する方法で、本件経済的利益が計上されていた（甲7、乙4）。

(8) 原告による補償金支払請求と被告らの拒絶

原告は、平成20年4月16日、被告らに対し、本件修正申告により納付した法人税及び住民税等並びに税理士報酬支払額の合計2億3493万8771円の補償金請求権を有している旨通知した。

これに対し、被告らは、同月30日、原告による補償金の支払請求には応じられないと回答した（甲4）。

2 請求原因について

(1) 請求原因(1)～(4)について

当事者間に争いのない事実及び前記認定事実によれば、請求原因(1)～(4)の各事実を認めることができる。

(2) 請求原因(5)について

ア 表明保証条項①～③違反について

原告は、本件経済的利益は法人税法22条2項にいう「その他の取引…に係る当該事業年度の収益」に該当し、その金額はツインツリー社の法人税課税所得の計算上、平成16年12月期の事業年度の益金の額に算入されるべきであるとし、これを前提として、表明保証条項①～③の違反を主張する。

しかし、原告が前提とする点については、被告らが相応の理由を挙げて反論しているところであり、ツインツリー社が本件経済的利益を同社の法人税課税所得の計算における益金の額に算入しなかったことについて、これを適法なものではないと認めるまでの十分な主張・立証はない。

そうすると、上記前提に関する原告の主張を採用することはできず、被告らが表明保証条項①～③に違反したと認めることはできな

い。

イ　表明保証条項④、同⑤違反について

　(ア)　前記認定事実によれば、ツインツリー社は、被告Ｙ１から本件信託契約に基づく元本受益権を取得した際、これを配当受領権のない株式として低く評価された金額で、「シャディ株式」として資産計上した。そして、本件合意解約後も、本件経済的利益は、資産（シャディ株式）の評価換えをすることにより生じた評価益にすぎず、法人税法25条１項により益金不算入とされるべきであるとして、これを法人税課税所得の計算における益金の額に算入しなかった。

　　　これに対し、平成19年４月18日から実施された本件税務調査を担当した戊原専門官らは、本件経済的利益は、同法22条２項の「その他の取引…に係る当該事業年度の収益」に該当し、本件経済的利益は、ツインツリー社の法人税課税所得の計算上、平成16年12月期の事業年度の益金の額に算入されるべきであるとの本件指摘をした。

　　　以上の事実によれば、表明保証条項④について、各基準日後に、「ツインツリー社と税務当局との間で」、本件経済的利益への課税の可否について「見解の相違が生じ」たことは明らかである。

　(イ)　そこで、本件株式の売主である被告らが、「各基準日において」、このような見解の相違が生じる「おそれ」を「知り得た」か否かを検討する。

　　　前記認定事実によれば、被告Ｙ１は、平成12年１月25日、被告Ｙ４及び被告らの顧問会計士である乙山公認会計士らと共に、国税庁を訪れ、課税部資産税課の丙川課長補佐に対し、本件計画の実行に伴う課税関係につき、各種問い合わせをした。

　　　これに対し、丙川課長補佐は、信託の収益受益権は譲渡所得の

基因となる資産に該当しないとしながらも、「いったん、信託期間が長期間にわたる信託契約を結び、その受益権を元本受益権と収益受益権に分けた上で、信託契約設定当初に、財産評価基本通達の規定により低く評価された元本受益権を関係者へ贈与又は譲渡し、その後信託期間中にもかかわらず信託契約を解消するという租税回避行為ともいうべき取引が最近みられます。このような行為については、国税局としては、信託解約時になんらかの形で課税するという方向で検討しており、留意していただきたい。」と注意喚起した。

　その後、被告Ｙ１は、信託期間が30年間という長期間に渡る本件信託契約を締結し、信託受益権を元本受益権と収益受益権とに分けた上で、元本受益権を配当受領権のないシャディ株式として低く評価した金額で、被告らが全株式を保有するツインツリー社に売却し、ツインツリー社は、本件信託契約の信託期間中に、本件合意解約をしたというのである。

　このように、本件信託契約の締結から本件合意解約に至る一連の経緯は、丙川課長補佐が、信託契約の合意解約時に何らかの形で課税することを検討しているので留意されたいと注意喚起したのと同一の経過をたどっている。そして、被告Ｙ１及び被告Ｙ４は、丙川課長補佐から直接、上記の課税可能性につき注意喚起を受けていたのであるから、同被告らは、各基準日において、本件合意解約により、税務当局がツインツリー社に対して課税し得るとの見解を有し、これに基づいて本件指摘がされるおそれを認識し得たというべきである。

(ウ)　これに対し、被告らは、丙川課長補佐の発言は、本件信託契約の締結から本件合意解約に至る一連の経緯が、租税回避行為に該当する場合に限定されたものであるとし、本件合意解約は、UBS信託銀行の日本における事業からの撤退というやむを得な

い事情によるものであって、被告Ｙ１及びツインツリー社には租税回避の意図はなかったから、これが租税回避行為に該当することはないとして、丙川課長補佐の注意喚起によっても、なお、被告らは、税務当局がツインツリー社に対して課税し得るとの見解を有するおそれを認識し得なかったと主張する。

　しかし、丙川課長補佐の発言では、「租税回避行為ともいうべき」とか、「なんらかの形で課税する」といった言い回しが用いられており、それが租税回避行為に該当する場合に限定して課税する趣旨であったと直ちに認めることはできない。

　また、租税回避行為については、法律上明確な定義規定があるわけではなく、いかなる行為が租税回避行為に該当するかを一義的に判断することも困難である。したがって、仮に、丙川課長補佐の上記発言が租税回避行為を念頭に置いたものであり、被告Ｙ１らとしては、自らの行為が租税回避行為に該当することはないと考えたとしても、なお、税務当局が、被告Ｙ１らの見解とは異なり、その行為が租税回避行為に該当するという見解を有するに至る可能性も考えられる。

　そうすると、被告らの上記主張を採用することはできず、被告らは、各基準日において、本件合意解約により、税務当局がツインツリー社に対して課税し得るとの見解を有するおそれを認識し得たと認めるのが相当である。

㋒　以上によれば、被告らは、各基準日において、本件経済的利益への課税の可否につき、ツインツリー社と税務当局との間で見解の相違が生じるおそれがあることを知り得たものであり、表明保証条項④に違反する事実が認められる。

㋓　また、被告らが、各基準日において、税務当局がツインツリー社に対して課税し得るとの見解を有するおそれを認識し得たのに、被告Ｙ４が、本件ＤＤを担当した弁護士に対し、ツインツ

リー社に偶発債務は存在しないと回答したことは、表明保証条項
⑤にいう「売主が買主…の代理人に開示したツインツリー社に関
する情報」の「正確」さに欠けているから、同条項にも違反す
る。

ウ　表明保証条項⑥違反について

原告は、被告らが、本件 DD において、本件合意解約に伴うツ
インツリー社への課税可能性について説明しなかったことが、表明
保証条項⑥に違反すると主張する。

しかし、表明保証条項⑥は、「本件株式譲渡契約の内容に関して
…売主が重要であると認識していた情報」と規定しており、「認識
し得た」情報とは規定していない。そして、被告らにおいて、各基
準日に、税務当局がツインツリー社に対して課税する見解を有する
おそれを認識し得たとはいえ、これを実際に認識していたと認める
ことはできない以上、原告の上記主張を採用することはできない。

(3)　以上のとおり、請求原因(5)については、表明保証条項④、同⑤違反
の事実が認められる。そこで、次に、抗弁について判断する。

3　抗弁1（被告らの事実開示による免責）について（省略）

4　抗弁2（原告の事前相談欠缺による免責）について（省略）

上記の判示は大きく「信託受益権の複層化」と「DD の専門家責任の所在」
について提示されています。裁判の主論点となったのは後者になりますが、複
層化についても裁判所の見解が述べられている箇所があります。それについて
のポイントを列挙します[38]。

○本事例における信託法上の当事者

・信託目的財産：シャディ株式

・委託者：シャディ創業者（大株主）

38　事案の概要については掲載判示の他、「週間税務通信 No.3563令和元年 7 月 8 日号」33〜40頁も
参照している。

・受託者：USB銀行

・収益受益権者：社団法人日本ボランタリー・チェーン協会

・元本受益者：シャディ創業者（大株主）

・信託期間（30年）

○本事案の信託スキーム

① 当該株式について収益受益権と元本受益権とに複層化

② 収益受益額相当分だけ元本受益権相当額が引き下がった、相続財産の引き下げスキーム。当該収益受益額相当額は日本ボランタリー・チェーン協会に譲渡されている。

③ なお、シャディ創業者が持っていた元本受益権は、UCCによるツインツリー社買収前に、ツインツリー社に売却されている。

○本判決の中での信託受益権複層化の際の当局の見解

① 収益受益権の移転は所得税法第59条の「譲渡」に該当しない

② 信託契約が中途解約された場合には課税関係も生じうる（相続税基本通達9-13と同じ）

【相続税基本通達9-13】
（信託が合意等により終了した場合）

9-13 法第9条の3第1項に規定する受益者連続型信託（以下「受益者連続型信託」という。）以外の信託（令第1条の6に規定する信託を除く。以下同じ。）で、当該信託に関する収益受益権（信託に関する権利のうち信託財産の管理及び運用によって生ずる利益を受ける権利をいう。以下同じ。）を有する者（以下「収益受益者」という。）と当該信託に関する元本受益権（信託に関する権利のうち信託財産自体を受ける権利をいう。以下同じ。）を有する者（以下「元本受益者」という。）とが異なるもの（以下9の3-1において「受益権が複層化された信託」という。）が、信託法（平成18年法律第108号。以下「信託法」という。）第164条《委託者及び受益者の合意等による信託の終了》の規定により終了した場合には、原則とし

II 税務上適正評価額 **217**

て、当該元本受益者が、当該終了直前に当該収益受益者が有していた当該収益受益権の価額に相当する利益を当該収益受益者から贈与によって取得したものとして取り扱うものとする。(平19課資 2 - 5 、課審 6 - 3 追加)

③ 合意解約時に収益受益権が消滅し、相当額の経済的利益が移転することを法人税法第22条取引とみなして課税関係が発生。つまり、複層化(入口)でディスカウントしておいて出口(元本受益権売却時)に差額課税をしないのは課税の公平に反するという判断。

Q II-16 税務上適正評価額の「基本的な考え方」

　他著書で見られる税務上の適正評価額に「絶対に」従わなければならないのでしょうか。

Answer

　そんなことはありません。複数の専門家の証明書が必要があれば大丈夫だという判示も過去にあります。

【解説】

　2 つのアプローチからそれはないと考えられます。1 つは「純然たる第三者概念」です。これに該当した時は、法人税基本通達 9 - 1 -14(4 - 1 - 5)も所得税基本通達59- 6 もともに形式的に当てはめることはおかしいとありますので(各脚注参照のこと)、これが論拠の 1 つとなります。また、課税執行庁が、納税義務者が選択した株価とそれに基づいて計算した所得に代えて、租税法上の定めた株価に基づいて計算した所得をもって、課税をするのであれば、明らかに取引自体に干渉をなす結果と招きます。

　これは税法の隠れた原則の 1 つの「経済取引への中立性」から逸脱すること

になるという意見もあります[39]。

　もう1つは過去の裁判例です。東京地判平成19年1月31日では下記のように述べています。

　「原告は、本件における買取価額は、公認会計士や税理士等の専門家に相談して決めたものでも、評価通達に定められた評価方法を基に算定したものでもなく、原告の大体の感覚で決めた旨述べており、原告が買取価額の設定をする際に何らかの合理的な方法に基づく計算を行ったという事実は認められない上、本件各買取申出書面には、1株当たりの当期利益や、類似業種比準方式又は純資産価額方式に基づく1株当たりの評価額等、Aの株式の買取価額の算定根拠を示す記載は一切ない。また、弁論の全趣旨によると、Aの株式は、原告の買取りの申出による売買以外の取引はほとんど行われていなかったものと認められるところ、Aの株主が株主総会に出席することはほとんどなかったこと及び本件各譲渡人同士のつながりを示す事実は見受けられず、本件各譲渡人が本件各譲受けに際し、本件各株式の売却価額について他の者に相談等した様子がうかがわれないことからすると、本件各譲渡人が、Aの株式の客観的な交換価値を把握するための情報を入手していたとは言い難く、その客観的な交換価値を把握することは困難であったといえる。」

　ここから専門家による鑑定意見書が存在し、かつ、その計算過程に問題がないのであれば、租税法上も容認されるとの見解があります[40]。

39　茂腹敏明『非上場株式鑑定ハンドブック』460頁　中央経済社　2009年
40　佐藤信祐『非上場株式の評価の実務』107頁　日本法令　2018年

Ⅱ 税務上適正評価額 **219**

QⅡ-17 DES に係る負債の税務上時価

DES での負債の時価評価の方法についてご教示ください。

Answer

複数の方法が考えられます。

【解説】

実態貸借対照表でプラスの場合は貸付金券面相当額、マイナスの場合は0評価するのが無難でしょう。課税実務上は、財産評価基本通達204項、205項は機能しません。全くの私見ですが、205項は例示列挙通達ではなく、限定列挙通達に該当すると思われます。

DES に係る会計事務所への損害賠償事件は控訴審で棄却されました。こういった状況が取り巻く中、我々はクライアントへの説明を徹底して、言質を得た上で、アグレッシブな判断をするか、保守的な判断をするかを極めて慎重に吟味する必要があります。

実態貸借対照表での実質債務超過状態での「税務上の時価」はいくつか見解があります。

⇒0評価

課税実務上、これが一番安全策と思われます。

⇒実務対応報告第6号 デット・エクイティ・スワップの実行時における債権者側の会計処理に関する実務上の取扱い

DCF 法（実務上）、税務でも許容される余地はあると思いますが、DCF法自体、税理士の通常実務に遭遇しないため、適用事例は比較的少ないと思われます。

⇒適正評価手続に基づいて算定される債権及び不良債権担保不動産の価額の税務上の取扱いについて（法令解釈通達）

国税庁が了承した DCF 法です。上記と同様、DCF 法自体、税理士の通常実務に遭遇しないため、適用事例は比較的少ないと思われます。

⇒企業再生税制適用場面において DES が行われた場合の債権等の評価に係る
税務上の取扱いについて

　　これも国税庁が了承した方法です。ただし、「時価」としか言及がないの
　　で、実務直結で利用できるものではありません。
これら債権の「時価」に関しての判示が過去にあります。

東京地方裁判所平成19年（行ウ）第758号法人税更正処分取消請求事件
（棄却）（控訴）国側当事者・国（東京上野税務署長）平成21年4月28日判決
【税務訴訟資料　第259号−78（順号11191）】【DES による債務消滅益の益金算
入／債権・債務の混同により生じた差額】（TAINZ コード　Z259-11191）
〔要点〕
　　DES による債務消滅益は、法人税法上、益金に算入する必要があると
された事例
　　本件における納税者（原告・控訴人・上告人）は、関連会社からの債権
の現物出資及び同社への新株発行による同社に対する債務の株式への転化
（DES）について、資本等取引に該当するものと考え、債務消滅益を益金
の額に算入しないで法人税の申告をしていましたが、課税庁より、当該債
務消滅益は資本等取引には該当しないとして、益金の計上漏れがあると指
摘されたものです。本件における争点は、DES は資本等取引に該当する
かどうかです。
　　この点、地裁は、DES は①会社債権者の債務者会社に対する債権の現
物出資、②混同による債権債務の消滅、③債務者会社の新株発行及び会社
債権者の新株の引受けという各段階があるが、これらの取引は資本等取引
に該当するとは認められないとして、納税者の主張を退けました。
　　納税者は控訴しましたが、高裁も地裁判決を支持しました。なお、上告
は不受理決定がなされています。
〔判示事項〕
1　本件は、関連会社からの債権の現物出資及び同社への新株発行による

Ⅱ　税務上適正評価額　*221*

同社に対する債務の株式への転化（DES）につき混同による債務消滅益の計上漏れがあるなどとして更正処分等を受けた原告会社がその取消しを求めたという事案である。

2　原告は、自社の代表取締役に対する役員報酬である本件特別手当等を他社への出向役員に対する給与と仮装して経理処理をし、かつ、これを自社の代表取締役に支給した上で、実質的には損金算入の処理がされたのと同視すべき処理に基づき所得金額からこれを控除して所得金額の申告額を算定している以上、当該経理処理をした金額については法人税法34条2項所定の「事実を隠ぺいし、又は仮装して経理をすることによりその役員に支給する報酬の額」に該当するものといわざるを得ず、同項の適用により、原告の所得金額の計算において損金として算入することができないことを前提として、当該各事業年度の所得金額の申告額に上記金額を加算した金額を原告の所得金額と認定すべきものと解するのが相当である。

3　法令上、DES を直接実現する制度について何らの規定が設けられていない以上、株式会社の債務を株式に転化するためには、既存の法制度を利用するほかなく、既存の法制度を利用する以上既存の法制度を規律する関係法令の適用を免れることはできない。

4　我が国の法制度の下において、DES は、①会社債権者の債務者会社に対する債権の現物出資、②混同による債権債務の消滅、③債務者会社の新株発行及び会社債権者の新株の引受けという各段階の過程を経る必要があり、それぞれの段階において、各制度を規律する関係法令の規制を受けることとなる。

5　原告は本件 DES は一の取引行為であり、全体として法人税法22条5項の資本等取引に該当する旨主張するが、株式会社の債務を株式に直接転換する制度が存在しない以上、本件 DES は、現行法制上、①本件現物出資による貸付債権の移転、②本件貸付債権とこれに対応する債務の混同による消滅、③本件新株発行及び新株引受けという複数の各段階の

過程によって構成される複合的な行為であるから、これらをもって一の取引行為とみることはできない。

6　上記②の混同の過程においては、資本等の金額の増減は発生しないので、資本等取引に該当するとは認められないから、①ないし③の異なる過程を併せて全体を資本等取引に該当するものということはできず、いずれにしても、上記主張は理由がない。

7　原告が、本件自己株式の譲渡により得た利息債権の時価は、1億1202万2256円であると認められ、混同により消滅した利息債務3億2470万円から本件利息債権の取得価額1億1202万2256円を控除した残額である2億126万7744円につき、債務消滅益が生じたものと認めるのが相当であり、所得金額の計算上、これを益金の額に算入すべきものと解される。

8　原告が給与の名目で支払った特別手当額等は、仮装経理により原告代表者に支払った役員報酬に該当し、その額を損金の額に算入することはできない。

下記は判示の一部を抜粋したものです。

「そもそも債権の時価は、債務者の財務状況だけでなく、物的・人的担保の有無、利息の有無及び多寡、利息・元本の種別、返済期間、従前の支払状況等の諸要素を総合的に勘案して定まるものであり、」

当該判示自体は非常に興味深いので、ぜひ原文を確認していただきたいのですが、肝心の債権の「時価」概念に対する言及は上記に留まり、課税実務で直接利用できるものとはなっていません。

II　税務上適正評価額　　*223*

Q II-18　会社分割＋清算スキーム等で特に留意すべき株価評価

土地譲渡類似株式等の短期譲渡所得課税についてご教示ください。

Answer

会社分割＋清算スキームなどでは留意すべき点です。

【解説】

　下記のいずれかに該当する株式を、下記の一定の条件で譲渡した場合には、短期譲渡所得課税になってしまいます。

〈土地譲渡類似株式等（次のいずれかに該当する株式）〉

- ・株式発行法人の総資産価額の70％以上が、譲渡した年の1月1日において所有期間が5年以下の土地等である場合のその株式
- ・その年の1月1日において所有期間が5年以下の株式で、かつ、その発行法人の総資産価額の70％以上が土地等である場合のその株式

〈一定の条件（次のいずれかに該当する譲渡）〉

- ・その年以前3年以内のいずれかの時において、その年に株式を譲渡した者を含む特殊関係株主等の持株割合が30％以上であること
- ・特殊関係株主等が、その年において発行済株式の5％以上の株式を譲渡し、かつ、その年以前3年以内において15％以上の株式を譲渡していること

　上記に該当しても必ずこの取扱いをしなければならないわけではありません。その例外規定が下記です。

【租税特別措置法第32条一部抜粋】

（短期譲渡所得の課税の特例）

第32条　個人が、その有する土地等又は建物等で、その年1月1日において第31条第2項に規定する所有期間が5年以下であるもの（その年中に取得をした土地等又は建物等で政令で定めるものを含む。）の譲渡をした

場合には、当該譲渡による譲渡所得については、所得税法第22条及び第89条並びに第165条の規定にかかわらず、他の所得と区分し、その年中の当該譲渡に係る譲渡所得の金額（同法第33条第3項に規定する譲渡所得の特別控除額の控除をしないで計算した金額とし、第31条第1項に規定する長期譲渡所得の金額の計算上生じた損失の金額があるときは、同項後段の規定にかかわらず、当該計算した金額を限度として当該損失の金額を控除した後の金額とする。以下この項において「短期譲渡所得の金額」という。）に対し、課税短期譲渡所得金額（短期譲渡所得の金額（第4項において準用する第31条第3項第3号の規定により読み替えられた同法第72条から第87条までの規定の適用がある場合には、その適用後の金額）をいう。）の100分の30に相当する金額に相当する所得税を課する。この場合において、短期譲渡所得の金額の計算上生じた損失の金額があるときは、同法その他所得税に関する法令の規定の適用については、当該損失の金額は生じなかったものとみなす。

2　前項の規定は、個人が、その有する資産が主として土地等である法人の発行する株式又は出資（当該株式又は出資のうち次に掲げる出資、投資口又は受益権に該当するものを除く。以下この項において「株式等」という。）の譲渡で、その年1月1日において前項に規定する所有期間が五年以下である土地等の譲渡に類するものとして政令で定めるものをした場合において、当該譲渡による所得が、事業又はその用に供する資産の譲渡に類するものとして政令で定める株式等の譲渡による所得に該当するときについて準用する。

【租税特別措置法施行令第21条一部抜粋】
（短期譲渡所得の課税の特例）

第21条　法第32条第1項に規定するその年中に取得をした土地等又は建物等で政令で定めるものは、当該個人がその年中に取得（建設を含む。）をした同項に規定する土地等又は建物等（当該土地等又は建物等が第20条

Ⅱ 税務上適正評価額　*225*

第 3 項第 1 号又は第 3 号に掲げる土地等又は建物等に該当するものである場合には、その年 1 月 1 日において法第31条第 2 項に規定する所有期間が 5 年を超えるものを除く。）とする。

2　法第32条第 1 項の場合において、同項に規定する課税短期譲渡所得金額のうちに同条第 3 項に規定する土地等の譲渡に係る部分の金額とその他の部分の金額とがあるときは、これらの金額を区分してそのそれぞれにつき同条第 1 項の計算を行うものとする。

3　法第32条第 2 項に規定する政令で定める譲渡は、次に掲げる株式等（同項に規定する株式等をいう。以下この項及び次項において同じ。）の譲渡とする。

　一　その有する資産の価額の総額のうちに占める短期保有土地等（当該法人がその取得をした日から引き続き所有していた法第32条第 1 項に規定する土地等（以下この項において「土地等」という。）でその取得をした日の翌日から当該株式等の譲渡をした日の属する年の 1 月 1 日までの所有期間が 5 年以下であるもの及び土地等で当該株式等の譲渡をした日の属する年において当該法人が取得をしたものをいう。）の価額の合計額の割合が100分の70以上である法人の株式等

　二　その有する資産の価額の総額のうちに占める土地等の価額の合計額の割合が100分の70以上である法人の株式等のうち、次に掲げる株式等に該当するもの

　　イ　その年 1 月 1 日において当該個人がその取得をした日の翌日から引き続き所有していた期間（第20条第 3 項第 2 号又は第 3 号に規定する贈与、相続、遺贈又は譲渡により取得をした株式等については、同項第 2 号又は第 3 号に掲げる日の翌日から当該贈与、相続、遺贈又は譲渡があった日までの期間を含む。）が 5 年以下である株式等

　　ロ　その年中に取得をした株式等（第20条第 3 項第 3 号に規定する贈与、相続、遺贈又は譲渡により取得をした株式等については、同号に規定する者がその取得をした日の翌日からその年 1 月 1 日までの期間

が5年を超えるものを除く。）

4　法第32条第2項に規定する政令で定める株式等の譲渡は、次に掲げる要件に該当する場合のその年における第2号の株式等の譲渡とする。

一　その年以前3年内のいずれかの時において、その株式等に係る発行法人の特殊関係株主等がその発行法人の発行済株式（投資信託及び投資法人に関する法律第2条第12項に規定する投資法人にあっては、発行済みの同条第14項に規定する投資口。次項第3号において同じ。）又は出資（当該発行法人が有する自己の株式（同条第14項に規定する投資口を含む。次項第3号において同じ。）又は出資を除く。次号において「発行済株式等」という。）の総数又は総額の100分の30以上に相当する数又は金額の株式等を有し、かつ、その株式等の譲渡をした者がその特殊関係株主等であること。

二　その年において、その株式等の譲渡をした者を含む前号の発行法人の特殊関係株主等がその発行法人の発行済株式等の総数又は総額の100分の5以上に相当する数又は金額の株式等の譲渡をし、かつ、その年以前3年内において、その発行法人の発行済株式等の総数又は総額の100分の15以上に相当する数又は金額の株式等の譲渡をしたこと。

　土地を単純に取得から5年以内に売却すると、短期譲渡所得課税がかかってしまうので、ペーパーカンパニーを作り、土地を現物出資して、そのペーパーカンパニーの株式を売却する形であれば、5年以内でも短期譲渡所得課税にならずに済むのではないかという、脱法行為を禁止するためのものです。

　会社分割スキームで不動産部門を売却するものがありますが、これに該当しないように留意する必要があります。

Ⅱ　税務上適正評価額　**227**

Q Ⅱ-19　事業譲渡の場合の営業権の適正評価

　事業譲渡の際の営業権評価についてご教示ください。

Answer

　同族法人同士の事業譲渡においても営業権を計上します。

【解説】

　まず、同族法人同士で事業譲渡を実行した場合、営業権はそもそも計上すべきなのかという点ですが、これは計上すべきです。寄附金認定リスクがあります。

　次に、営業権はどのように評価するのかということについては、諸説あります。

　非上場株式評価は法人税基本通達9-1-14で行うのでこれは財産評価基本通達178から189-7を準用しますから、その際、営業権についても財産評価基本通達165項、166項（営業権の評価明細書のこと）で評価して良いかというものです。

　評価方法については、法令上の明確な定めはありません。実務では、

　　・時価総額／事業価値と時価純資産価額（個別資産の時価の合計）との差額をもって営業権の時価を求める方法

　　・収益還元法等により営業権の時価を求める方法

　　・財産評価基本通達165項準用

が考えられました。

　バリュエーションの評価目的によってどれを採用するか異なります。

　なお、非適格合併等（法法62の8）における資産調整勘定（法令123の10④）の計算上、当該非適格合併等により移転を受けた事業の価値として当該事業により見込まれる収益の額を基礎として合理的に見積もられる金額を時価純資産価額とすることが容認されています（法規27の16①イ）。

　また、DCF法－純資産価額＝営業権とする考え方もあります。法人税法

上、DCF法の許容を明示しているのは「適正評価手続に基づいて算定される債権及び不良債権担保不動産の価額の税務の取扱いについて（法令解釈通達課法2-14、査調4-20、平成10年12月4日）」です。ここでは、各手法で計算の基礎とした収支予測額及び割引率が適正であれば税務上も許容されるとあります。

　また、明文化されていないが、黙示できるものとして、税制非適格再編成における資産調整勘定は非適格合併等対価資産の交付時価額−移転事業の収益額を基礎として合理的な価値見積額における事業価値をDCF法（収益還元価値）があります（法令123の10、法規27の16）。

　中小・零細企業実務においては、考慮外でよいのですが、財産評価基本通達165項をベースに、それぞれの項目につき当該事業に対して個別具体的に算定する方法もあります。例えば、企業者報酬の額、製品ライフサイクルに応じた営業権の持続年数、資金調達コストを基礎とした基準年利率等々を個別具体的に算定し直すという方法です。各々の項目につき論拠があれば税務上許容されます。

　これはもともと個人の相続財産評価基準であって法人同士では使えないのではないかという見解もあり理論的にはそれは正しいと思われますが、課税実務上、便宜のため、これを使うことが多いです。金額が非常に大きくなる場合も往々にしてあるので、シミュレーションは十分注意しなければなりません。

　各同族法人の株主構成が違っていた場合、営業権を計上しなかった分だけ株主間贈与の認定があり得るのかという論点もあります。計上しなかった場合、または低かった場合、その差額が法人間での寄附の問題になり得る可能性があります。

　株主間の贈与は、会社に対して時価より著しく低い価額の対価で財産を譲渡した場合、財産を譲り受けた会社の株式の価額が増加した場合には、当該増加部分を、譲渡した者から贈与により取得したものとみなすという、相続税法第9条の問題です。

　この両者の課税関係が生じる余地があります。

Ⅱ　税務上適正評価額　　*229*

Q Ⅱ-20　保険積立金は譲渡損益調整資産か、また、適格現物分配できるか

1）保険積立金はグループ法人税制における「譲渡損益調整資産」に該当しますか。

2）保険積立金を現物配当することは可能ですか。また、現物配当した場合、税務上適格要件を満たしていたら、適格現物分配に該当させることは可能ですか。

3）上記それぞれについていわゆる「全損型・ただし解約返戻金あり」の保険商品でも可能でしょうか。

Answer

1）該当しません。

2）私見ですが、可能だと思います。

3）「全損型・ただし解約返戻金あり」の保険商品は帳簿価額は0です。この場合でも通常の保険商品（養老等）と同様、1）については該当せず、2）については可能かと思われます。

【解説】

1）について

譲渡損益調整資産は下記条文で定義されています。

【法人税法第61条の13第1号】

第61条の13　内国法人（普通法人又は協同組合等に限る。）がその有する譲渡損益調整資産（固定資産、土地（土地の上に存する権利を含み、固定資産に該当するものを除く。）、有価証券、金銭債権及び繰延資産で政令で定めるもの以外のものをいう。以下この条において同じ。）を他の内国法人（当該内国法人との間に完全支配関係がある普通法人又は協同組合等に限る。）に

譲渡した場合には、当該譲渡損益調整資産に係る譲渡利益額（その譲渡に係る収益の額が原価の額を超える場合におけるその超える部分の金額をいう。以下この条において同じ。）又は譲渡損失額（その譲渡に係る原価の額が収益の額を超える場合におけるその超える部分の金額をいう。以下この条において同じ。）に相当する金額は、その譲渡した事業年度（その譲渡が適格合併に該当しない合併による合併法人への移転である場合には、次条第2項に規定する最後事業年度）の所得の金額の計算上、損金の額又は益金の額に算入する。

　上記、法人税法第61条の13第1号の括弧書内によれば、固定資産、土地、有価証券、金銭債権及び繰延資産です。一方「政令で定めるもの」については、法人税法施行令第122条の14第1項で定められており、以下のものは除外されます。

① 　売買目的有価証券（第1号）
② 　譲受法人で売買目的有価証券として処理されるもの（第2号）
③ 　帳簿価額1,000万円未満の資産

【法人税法施行令第122条の14第1項】

第122条の14　法第61条の13第1項（完全支配関係がある法人の間の取引の損益）に規定する政令で定めるものは、次に掲げる資産とする。

　一　法第61条の3第1項第1号（売買目的有価証券の評価益又は評価損の益金又は損金算入等）に規定する売買目的有価証券（次号及び第4項第6号において「売買目的有価証券」という。）

　二　その譲渡を受けた他の内国法人（法第61条の13第1項の内国法人との間に完全支配関係があるものに限る。以下この条において同じ。）において売買目的有価証券とされる有価証券（前号又は次号に掲げるものを除く。）

　三　その譲渡の直前の帳簿価額（その譲渡した資産を財務省令で定める単

位に区分した後のそれぞれの資産の帳簿価額とする。）が千万円に満たない資産（第1号に掲げるものを除く。）

　上記の定義から、消去法で考慮すると、保険は「未確定の金銭債権」に極めて近似しているものと想定できます。結論は該当しませんが、その結論に行くまでのアプローチは様々な考え方があります。

　上記の「未確定」は下記からアプローチできます。

・類似業種計算時に「非経常的な利益」は除外されるが、保険の満期解約金もこれに該当する。すなわち「未確定」だからである。

　譲渡損益調整資産に該当しないという考え方は下記からアプローチできます。

・そもそも「金銭債権」ではないという考え方……課税実務上ではこのアプローチが大勢を占めます。

　保険積立金（長期前払費用）は、従来までの支払保険料のうち資産計上されたものの総額であるにすぎないこと、保険積立金の会社間での異動は、単に保険契約の当事者（契約者、被保険者、受取人等）の契約上の地位の変更にすぎないという考え方です。

　以上は、「全損型・ただし解約返戻金あり」の保険商品でも取扱いは全く同様です。

２）について

　旧商法下では、金銭以外の財産を配当（現物配当）として株主に交付できるかについては争いがありました。しかし、会社法では、会社法第454条第1項より現物配当は明確化されています。

　一方、会社法第309条第2項第10号より、現物配当については、株主に対して金銭分配請求権を与える場合を除き、株主総会の特別決議が必要とされています。これは下記のように株主利益保護の趣旨によるものです。

　株主の属性如何によっては、当該現物配当財産を有効利用できない、また

は、換価が困難である、といった不利益が生じる恐れがあり、これの救済措置が上記です。

他にも金銭配当を同様の各種規制（財源規制等）があったり、当該現物は上記の制度趣旨から資産性のあるものに限定されるなど、そもそも現物の定義自体（射程）についてはまだ議論の余地があるところかもしれません。

保険は上記、「当該現物配当財産を有効利用できない、または、換価が困難である」とも考えられず、また「資産性のあるもの（会計上、税務上認識・計上されるいわゆる資産ではありません）」といえることから（ただし、譲渡損益調整資産でみた「金銭債権」ではありません）、現物に該当し、現物配当は可能です。

会社法上の「現物」に該当する限り、税務上適格要件を満たしている場合、適格現物分配も可能になります。

以上は、「全損型・ただし解約返戻金（解約返戻金は資産性あるものだから）あり」の保険商品でも取扱いは全く同様です。

QⅡ-21 節税商品（コンテナ・コインパーキングの機械／LED／オペレーションリース（航空機・船舶）／特区民泊／マイニング機器／海外不動産／コインランドリー／足場（レンタル・リース含む）／中古トラック等）で税務上適正評価額に疑義ある問題点及び従来の節税保険（全損保険）のピーク時解約にあたって、これら節税商品をぶつける時の留意点

1）いわゆる節税商品（コンテナ・コインパーキングの機械／LED／オペレーションリース（航空機・船舶）／特区民泊／マイニング機器／海外不動産／コインランドリー／足場（レンタル・リース含む）／中古トラック等）で税務上適正評価額に疑義ある問題点があればご教示ください。

2）従来の節税保険（全損保険）がピーク時解約に当たって、これら商品

II 税務上適正評価額 **233**

をぶつける時の留意点についてご教示ください。

Answer

　従来の節税保険が令和元年6月28日改正通達をもって封じ込められました。それでも節税ニーズはあるので、代替として節税商品が売れています。また、従来の節税保険のピーク時解約は、加入時期が同じため、一斉に向かえることになります。そこで、新たな節税保険が開発されていれば、それとぶつければ問題ないのですが、それがない場合に備えて各種節税商品の検討をしている方は多いです。

　1）と2）は一体としてご回答すべき問題です。

　ここでは商品そのものに疑義があるものは意図的に説明を割愛し（例えば、いわゆるコンテナの0.1mだけ短い論点等）、税務上の適正評価額自体に疑義あるものについて、商品別に解説をします。

【解説】

1）オペレーションリース（航空機・船舶）

　スキーム概要は従来通りです。実際に提案を受ける際には、ドクターヘリ、タンカーが多いように思われます。金額いかんによっては、株価算定上、通常の株価痛みつけの他、株特、土特外しスキームに利用されます（上場企業における資産管理会社で利用される）。事業承継税制における資産保有型会社外しスキームには利用できません。オペレーションリースは特定資産に該当するからです。

　株価算定において、当該終了時の物件処分益は想定利益として類似業種計算上の「非経常的な利益」には該当しません（当然ですが、生命保険、損害保険の「保険金収入」は「非経常的な利益」に該当します）。

　問題点、リスクについても従来通り、実損リスク（処分損、為替差損）となります。

2）特区民泊

　スキーム概要は下記となります。

そもそも特区民泊とは、「国家戦略特別区域外国人滞在施設経営事業」をいいます。国家戦略特別区域法に基づく旅館業法の特例制度を活用した民泊を指します。

一般的に業者から提案されるスキームは、

(STEP1) 特区民泊取扱業者へ必要経費を一括払い、全額損金計上可能です。

(STEP2) 賃料（保証がある場合が多いです）収入を獲得します。

(STEP3) 当該民泊の名義を法人からオーナーへ変更します。こうすることで（保証）賃料をオーナーに移転することが可能です。オーナーの老後資金の確保として謳っている商品もあります。

さらに

(STEP4) 従来の節税型全損保険（令和元年6月28日規制のもの）がある場合、当該法人保険の解約返戻率のピーク時解約と同時に実行します。

問題点、リスクについては、「実損リスク」「名義変更時の税務上適正譲渡価額」「従来型節税全損保険との相殺」が考えられます。

このうち「名義変更時の税務上適正譲渡価額」について検証します。下記は論者によって明確に意見が分かれるところであるのは十分承知しています。

民泊への投資は出資時に全額損金計上できると言われています。投資の内容が「民泊業者に対する業務委託契約」（民泊用のマンションの一室を賃貸契約、民泊用に改装、合法民泊の届出代行等）だからです。

つまり当初から資産として計上されないものとなりますから、名義変更は単に契約書のまき直しということになります。

しかし、会計上、税務上、確かに「資産」として計上されないにせよ、当該契約から固定収入（賃料収入）は入ってくるわけです。実態としては資産「性」のあるもの（収益還元価値と極めて近似の概念）に該当すると思われます。

II 税務上適正評価額 **235**

3）海外不動産

あまりに有名なので詳細説明は割愛しますが、スキーム概要は下記の通りです。

法定耐用年数経過後の中古建物について簡便法の適用可です。結果、法定耐用年数は極めて短くなります。国外では、中古不動産（建物）の流通は日本より遥かに活発のため、建物の価値は（あまり）減価せず、そもそも取得原価が高いことを利用したものです。

問題点、リスクとしては平成27年11月会計検査院報告での指摘による税制改正でしょう。「国外に所在する中古等建物については、簡便法により算定された耐用年数が建物の実際の使用期間に適合していない恐れがあると認められる」との指摘です。一般的に下記のとおり、会計検査院の指摘項目は税制改正への足が速いため、リスクを承知の上での購入が現実的対応になります。

～会計検査院指摘⇒税制改正の最近の主な項目～

○平成17年度決算検査報告（平成18年年公表）

　　小規模宅地等の特例（相続税の大幅な節税が可能な特例）に関する規制、平成22年に税制改正。

○平成20年度決算検査報告（平成21年公表）

　　賃貸不動産などの建築取得にかかる消費税を、自動販売機設置等を利用して還付するスキームが著しく公平性を害すると指摘、平成22年に税制改正。

○平成18年度決算検査報告（平成19年公表）

　　定期金の評価に関する規制。個人年金保険に加入、年金受給権を35年超とすれば相続税評価額を大幅圧縮できるスキーム。平成22年度税制改正。

○平成23年度決算検査報告（平成24年公表）

　　相続税の取得費加算に係る規制。旧法では、土地を相続した際に係る相続税全体に対し、そのうち一部でも売却した場合においても、売

却した金額から全体の相続税が控除可能であった。平成26年改正。

　では、海外不動産の動向はどうなるでしょうか。同じ過去の減価償却に係る改正（動向）を参照してみます。

　平成10年度税制改正において、建物耐用年数の短縮化された際は、改正前取得・改正後取得問わず、耐用年数は短縮されました。

　平成19年度税制改正において、建物減価償却方法について、定率法が選択不可となった際には、平成19年年4月1日以降の取得分から適用という取扱いでした。

　本書は租税法の学術書ではないため、学術的なコメントは控えますが、理論上は、遡及は不可のため（つまり納税者有利）、平成19年度税制改正と同様の措置になるとも思われます。本稿脱稿時点では、駆け込み需要があります。

４）コインランドリー

　スキーム概要は下記の通りです。

　土地は購入しません。あくまで借りるだけのため、地代支払いのみになり、地代額について損金計上が可能となります。店舗（機器と建物、取得原価は通常、機器＞建物となります）を購入します。当該機器は、財産評価基本通達129項にある「一般動産」で評価されます。

　本稿脱稿時点では、ものによっては、中小企業投資促進税制の適用が可能であり、当初投資金額の約70％程度が即時償却されることになります。減価償却後の簿価が売却時の時価（法基通9-1-19）で評価されるといわれています。償却終了後、法人からオーナーに低額移転（退職金の現物支給としても可）してオーナーの老後資金の安定を図るというものです。

【財産評価基本通達129項】
（一般動産の評価）
129　一般動産の価額は、原則として、売買実例価額、精通者意見価格

等を参酌して評価する。ただし、売買実例価額、精通者意見価格等が明らかでない動産については、その動産と同種及び同規格の新品の課税時期における小売価額から、その動産の製造の時から課税時期までの期間（その期間に１年未満の端数があるときは、その端数は１年とする。）の償却費の額の合計額又は減価の額を控除した金額によって評価する。（昭41直資３-19・平20課評２-５外改正）

【法人税基本通達９-１-19】
（減価償却資産の時価）

９-１-19　法人が、令第13条第１号から第７号まで《有形減価償却資産》に掲げる減価償却資産について次に掲げる規定を適用する場合において、当該資産の価額につき当該資産の再取得価額を基礎としてその取得の時からそれぞれ次に掲げる時まで旧定率法により償却を行ったものとした場合に計算される未償却残額に相当する金額によっているときは、これを認める。（昭55年直法２-８「三十一」により追加、平12年課法２-７「十六」、平17年課法２-14「九」、平19年課法２-３「二十一」、平19年課法２-７「九」、平21年課法２-５「七」により改正）

(1)　法第33条第２項《資産の評価換えによる評価損の損金算入》　当該事業年度終了の時

(2)　同条第４項《資産評定による評価損の損金算入》　令第68条の２第４項第１号《再生計画認可の決定等の事実が生じた場合の評価損の額》に規定する当該再生計画認可の決定があった時

　(注)　定率法による未償却残額の方が旧定率法による未償却残額よりも適切に時価を反映するものである場合には、定率法によって差し支えない。

　問題点、リスクとしては、「不動産投資と同じ（将来性、収益不確実性、飽和性等）」「法人からオーナーへの移転時の簿価の妥当性、すなわち、業者が謳っ

ているように本当に1円移転可能か」というものです。ここでは後者について検証します。下記は論者によって異論があることは十分承知しています。

問題は、一般動産としての評価の妥当性です。上記スキームは財産評価基本通達129項後段、つまり例外での取得原価採用で成立しています。しかし、これほどコインランドリーが飽和している中で原則的評価である売買実例価額での評価が何故採用「されない」といい切れるのか筆者には理解できません。

建物の売買実例価額なので「結果として」大した金額にならないとしても、当該評価が原則であり、そもそも財産評価基本通達129項後段の償却、もしくは法人税基本通達9-1-19の償却は採用されないと思われます。

なお、上記とは逆にオーナーから法人へ移転する場合は不動産所有型法人における建物の適正譲渡価格と全く同じ論点が登場すると思われます。

例えば1円薄価での移転は不可等です。

5）足場（レンタル・リース含む）

スキーム概要は下記の通りです。

工事・建設現場での足場を購入します（投資金額によってはレンタル又はリース契約の場合も多いです）。足場は原則として「その構成する部品1本ごとに判定する」ため、少額備品の大量購入という扱いになり、通常は消耗品費として購入した分だけ全額損金計上が可能です。

なお、レンタル、リースの場合は、賃料収入（保証付きの場合も多いです）と売却益収入が見込めます。

問題点、リスクとしては下記が考えられます（下記以外に、実損リスクは当然あります）。

少額の減価償却資産の判定は

1．使用可能期間が1年未満のもの

2．取得価額が10万円未満のもの

でなされます。

足場資材は、1本当たり10万円未満です。そして、税務上、工具・器具・備

品については1個・1組ごとに、10万円未満かどうかを判定していきます。上記スキームは、大蔵書籍（減価償却質疑応答関係）の現行解釈によっています。

すなわち、足場は、「何をもって」1組という判別ができないことから、1本ごとに判定しても「良い」という、あくまで「解釈」によっているということです。「解釈」は、制度趣旨ではありません。裁決、裁判例、判例での判断、指針、もっといえば、現場の当局調査レベルでもコロコロ変わるのが課税実務です。上記だけをスキーム根拠の指針とすることは大変危険といえます。

なお、「週刊税のしるべ令和元年9月9日第3378号」に資産の一体性を巡る非公開裁決が掲載されています。当該商品の税務上適正評価額を検証するにはよい裁決事例と考えます。

Ⅲ

不動産所有型法人等／
その他総則6項対策等

QⅢ-1 不動産所有型法人：建物適正売買価額と当局審理資料

同族会社に個人所有の賃貸不動産の家屋のみ売却する建物の金額について教えてください。

【前提】

個人事業主は、不動産所得において定額法に基づき計算しており、「買替特例の適用」を受けていなかったり、「特別償却の適用」を受けていなかったりや「帳簿価額1円でなかった」場合は、譲渡所得税が課税されない帳簿価額による譲渡が課税実務上には多いと思われます。

H1年に2億円で建築した鉄筋コンクリート造の共同住宅について、下記の各試算をしました。

現在の固定資産税評価額は、5,000万円です。

1．現在の帳簿価額4,500万円です。

H25年まで先代が定率法により計算していました（新築から25年間）。相続後、相続人は定額法により計算しています。

2．譲渡所得の建物の標準的な建築価額表のH1年の鉄筋コンクリート造の単価の坪単価80万円を再調達価額としたとします。

法人税基本通達9-1-19により計算した、未償却残率表によると6,000万円になりました。

【法人税基本通達9-1-19】

（減価償却資産の時価）

9-1-19　法人が、令第13条第1号から第7号まで《有形減価償却資産》に掲げる減価償却資産について次に掲げる規定を適用する場合において、当該資産の価額につき当該資産の再取得価額を基礎としてその取得の時からそれぞれ次に掲げる時まで旧定率法により償却を行ったものとした場合に計算される未償却残額に相当する金額によっているときは、これを認める。（昭55年直法2-8「三十一」

により追加、平12年課法2-7「十六」、平17年課法2-14「九」、平19年
課法2-3「二十一」、平19年課法2-7「九」、平21年課法2-5「七」に
より改正)

(1) 法第33条第2項《資産の評価換えによる評価損の損金算入》
当該事業年度終了の時

(2) 同条第4項《資産評定による評価損の損金算入》 令第68条の
2第4項第1号《再生計画認可の決定等の事実が生じた場合の評
価損の額》に規定する当該再生計画認可の決定があった時

(注) 定率法による未償却残額の方が旧定率法による未償却残額よりも
適切に時価を反映するものである場合には、定率法によって差し支
えない。

3. 再調達価額2億×残存年数18年÷耐用年数47年＝約8,500万円にな
りました。

4. 仮に最初から定額法により計算していたら理論値で6,000万円にな
りました。

【質問】

上記を総合勘案した上で、譲渡所得税がかからない1.の帳簿価額
4,500万円を売却金額としたいと思います。金額の妥当性はどうでしょう
か。

Answer

上記の設例で具体的に考えてみます。

【解説】

建物の場合、本設例の後ページに挿入した、時価との差額基準を精査する差
額表はないと思われます。

上記の2.3.4.は当局側のあくまで理論値として税務署の主張する時価の

可能性はないとは限りません。

　しかし、当該ケースにおいては、この数値によると帳簿価額で売却しても、みなし譲渡が発動しないため、みなし贈与の発動可能性が問題になります（時価よりも低額譲渡したことによる他株主へのみなし贈与（相法7））。

　この点、当局に対する対抗弁として一般的なのは、

　　「所得税法の減価償却は法人税法と違い、強制償却。強制償却とは税務上の耐用年数、償却方法でむりやり償却したもの。これを税務上の時価といわずして何を時価というのか」

というものです。

　私見では所得税法上の帳簿価額で問題ないと存じます。

　なお、不動産鑑定評価（土地のみ）に係る当局の精査表を添付しておきます。出所はTAINZです。

評価事例708250
質疑応答事例8250　Ⅶ　財産評価審理上の留意点
東京国税局課税第一部　資産課税課　資産評価官　　　　（平成23年8月作成）
「資産税審理研修資料」　　　　　　【情報公開法第9条第1項による開示情報】
　　　　　　　　　　　　　　　　　　　　　　　　　　　　（出所：TAINS）

Ⅶ　財産評価審理上の留意点

1　鑑定評価書の仕組み

鑑定評価額の決定までの流れは、次のとおりである。

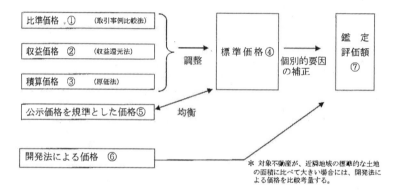

① 比準価格
　比準価格とは、鑑定評価の手法のひとつである取引事例比較法により求めた価格をいう。
　取引事例比較法とは、類似の取引事例の取引価格について、事情補正（売り急ぎなどの特殊事情のある場合、正常な事情の下に補正すること。）、時点修正（価格時点の価格に修正すること。）等を行った後に、標準化補正（事例地の存する地域における標準的な宅地の価格に補正すること。）及び地域格差の補正（事例地と対象不動産の存する地域が異なる場合に地域相互間の比較・補正をすること。）を行うことにより価格を求める手法である。
② 収益価格
　収益価格とは、鑑定評価の手法のひとつである収益還元法により求めた価格をいう。
　収益還元法とは、価格と賃料には元本と果実との間に認められる相関関係が存在するという考え方に基づき、賃料から価格を求める手法である。すなわち、対象不動産から将来得られると予想される賃料収入等の総収益から経費等の総費用を控除して求めた純収益を、還元利回りによって還元して価格を求める手法である。
③ 積算価格
　積算価格とは、鑑定評価の手法のひとつである原価法により求めた価格をいう。

原価法とは、対象不動産と同じ不動産を価格時点において再び調達した場合のコストである再調達原価を基に価格を求める手法である。

再調達原価は、素地の取得原価に造成工事費等を加算して求める。

この手法は新しく開発造成された団地や埋立地など、素地の取得原価がわかる土地には適用が可能である。しかし、造成されてから年数が経過して熟成した既成市街地等には、素地の取得原価が把握できないため適用できない。

④ 標準価格

標準価格とは、対象不動産が存する近隣地域における標準的な宅地の価格をいう。

この場合の「標準的な宅地」とは、「近隣地域の状況」に示されるような街路条件、交通接近条件、環境条件及び行政的条件等を備えている地域において、標準的な状態にある宅地をいう。

標準価格は、比準価格、収益価格、積算価格を関連付け、公示価格を規準とした価格との均衡を勘案して求める。

なお、取引事例比較法、収益還元法、原価法の各手法から算出された3つの価格及び開発法による価格は、適正な鑑定評価額を求めるための試算的な価格であるため「試算価格」と呼ばれている。

⑤ 公示価格を規準とした価格（公示規準価格）

公示価格を規準とした価格とは、地価公示法第11条により、対象不動産と類似する公示地の公示価格と比較して求めた価格をいう。

⑥ 開発法による価格

開発法による価格とは、対象不動産を開発する場合に、一体利用をすることが合理的と認められるときは、価格時点において、最有効使用の建物が建築されることを想定して、販売総額から通常の建物建築費相当額及び発注者が直接負担すべき通常の付帯費用を控除して得た価格をいう。また、分割利用をすることが合理的と認められるときは、価格時点において、区割りして、標準的な宅地とすることを想定し、販売総額から通常の造成費相当額及び発注者が直接負担すべき通常の付帯費用を控除して得た価格をいう。

⑦ 鑑定評価額

鑑定評価額は、上記④の標準価格を基に、その地域における標準的な宅地との個別的要因の比較を行って求める。対象不動産が、その地域における標準的な宅地である場合、標準価格と鑑定評価額は一致する。

III 不動産所有型法人等／その他総則6項対策等　247

2　鑑定評価書の検討の進め方

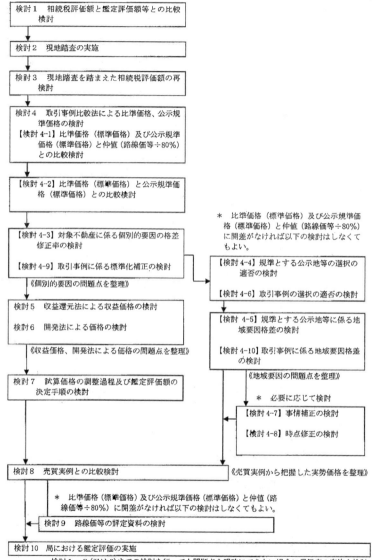

3 検討の方法及び手順の概要

(1) 個別的要因、地域要因の把握と適正な相続税評価額の算定（検討1、検討2、検討3）

不動産の評価における最も重要なことは、現地及びその周辺の状況を的確に把握することである。したがって、鑑定評価の内容を検討するためには、現地及びその周辺の状況を確認し、鑑定評価書に記載されている現地及びその周辺の現状把握に誤りがないかを把握し、その状況を織り込んだ相続税評価額を適正に算定し、鑑定評価額との比較を行うことが第一段階の作業となる。

(2) 比準価格（標準価格）及び公示規準価格（標準価格）と路線価等の価格水準との比較（4 相続税評価額と鑑定評価額等の比較表（以下「比較表」という。）II-1、II-2)【検討4-1】、【検討4-2】

鑑定評価書の検討の目的は、相続税評価額との開差の原因を把握し、鑑定評価のどこに問題があるのかを抽出することである。

その意味で、最初に比準価格（標準価格）及び公示規準価格（標準価格）が路線価等を80%で割り戻した金額と均衡しているかを確認する。

標準価格は、近隣地域の標準的使用における標準的画地規模の価格のため、比準価格（標準価格）及び公示規準価格（標準価格）は、路線価等評定の基になる価格と同水準の価格ということになる（評価事務ではこの価格を「仲値」という。）。実際には、路線価等においてはその年の1月1日時点、鑑定評価においては依頼者の指示した時点（価格時点）で評価するため、時点の相違はあるが、まず、鑑定評価書の比準価格（標準価格）及び公示規準価格（標準価格）が路線価等評定の基になる仲値と開差が生じているかどうかを確認することが検討を進める上で非常に重要となる。

つまり、比準価格（標準価格）及び公示規準価格（標準価格）が仲値（路線価等÷80%）と均衡していれば、その鑑定評価書では、路線価等は適正な価格水準ということになる。

なお、仲値（路線価等÷80%）と均衡が取れていない場合には、「(6) 取引事例の検討」を行うことにより問題点を把握することになる。

| 比準価格（標準価格）・公示規準価格（標準価格） | ≒ | 仲値（路線価等÷80%） | 均衡しているか？ |

Ⅲ　不動産所有型法人等／その他総則6項対策等　**249**

(3) 対象不動産の個別的要因及び取引事例に係る標準化補正の検討（比較表Ⅱ-3）〔【検討4-3】、【検討4-9】〕

　　(2)で比準価格（標準価格）及び公示規準価格（標準価格）が仲値（路線価等÷80％）と均衡しているにもかかわらず、比準価格（対象土地ベース）と相続税評価額に開差が発生している場合には、相続税評価額との開差の原因は、対象不動産の個別的要因の格差査定を過大に行っていることが考えられる。したがって、①比準価格を試算するための取引事例に係る標準化補正との比較、②評価通達に定める画地調整率との比較、③「土地価格比準表」の格差率との比較により、何の項目について過大な格差査定を行っているかを確認する。

　＊　土地価格比準表

　　　平成6年に国土庁（現国土交通省）が発出した通達で、不動産の鑑定理論に精通していない都道府県職員でも適正な土地評価を行い、国土利用計画法に規定する規制区域内の土地取引の許可等を適正に執行できることを目的としたもので、鑑定士が鑑定評価を行うに当たっても利用されている。

(4) 収益価格及び開発法による価格の検討（比較表Ⅱ-4）（検討5、検討6）

　　収益価格及び開発法による価格を試算している場合には、これらの試算価格の問題点の把握を行うことになる。

　　収益価格及び開発法による価格は、実際の取引事例を基に価格を試算する比準価格に比べ、想定の要素が多く、鑑定士の判断如何で実勢から乖離した価格になりやすいため、収益価格及び開発法による価格の検討については、標準的な建築費、賃料等がいくらかを把握する必要がある。

(5) 試算価格の調整過程と鑑定評価の決定手順の検討

　イ　試算価格の調整過程（比較表Ⅱ-4）（検討7）

　　　鑑定評価額は1つの試算価格のみで決定せず、他の試算価格との比較検討、公示規準価格との均衡確保が求められることから、比準価格のほか、収益価格や開発法による価格を試算することになる。そして、これらの試算価格を、鑑定士の専門的判断、経験則に基づき比較検討した上で、最終的な鑑定評価額を決定するが、比準価格と収益価格の単純平均額、あるいは区画を分割して分譲するのが最も有効な使用方法であるという理由だけで十分な比較検討を行わないまま開発法による価格のみで鑑定評価額を決定するなどにより、相続税評価額との開差が発生する例も多く見受けられる。

このようなことから、鑑定評価額の決定段階で、どの試算価格を重視しているかを把握する必要がある。例えば、比準価格、収益価格、開発法による価格を試算しても、鑑定評価額は開発法による価格のみで決定している場合には、開発法による価格を重点的に検討することが効率的であり、また、収益価格及び開発法による価格は参考程度にとどめている場合には、比準価格を重点的に検討することが効率的である。

　ロ　公示規準価格との均衡確保の有無（比較表II-2）（【検討4-2】）

　鑑定評価額の決定手順の検討において、公示規準価格との均衡確保を行っているかどうかの確認も重要である。

　稀に公示規準価格を考慮しないで鑑定評価額を決定している鑑定評価書があるが、公示価格等を規準とすることは、法令（地価公示法8）でも規定されている重要な手順であるため、公示規準価格との均衡確保を行っていない場合には注意が必要となる。

(6) 取引事例の検討（【検討4-4】～【検討4-8】、【検討4-10】）

　(2)で比準価格（標準価格）又は公示規準価格（標準価格）と仲値（路線価等÷80％）との均衡がとれていない場合に、鑑定評価書に記載されている取引事例についての検討を行う。

　ここでは、①取引事例地の属する地域間の格差の比較（矛盾がないか。）、②取引事例地に接面する路線価等の格差の比較、②周辺の公示地等との比較を行う。

(7) 売買実例との比較検討（検討8）

　(5)イの試算価格の調整過程で、収益価格や開発法による価格を重視すること等により、相続税評価額との乖離が発生している場合には、売買実例を確認することが効果的となる。鑑定評価書が専門的事項や経験則に基づく鑑定士の判断であったとしても、実際の取引の実情からみると時価を的確に捉えていないケースがある。

　また、鑑定評価書の採用した取引事例が不適切なものかどうかの判断も、売買実例の検討を行うことにより確認することができる。

(8) 路線価等の評定資料の検討（検討9）

　鑑定評価書で査定している取引事例に係る地域要因の格差の問題点を明確にするため、路線価等の評定資料（標準地に係る鑑定評価額、精通者意見価格等）が参考になる。

路線価等の評定に当たっては、地価動向を的確に把握するため、鑑定評価額や精通者意見価格を収集している地点が数多くあり、必要に応じて、それらの資料を確認することで、鑑定評価の問題点を把握することができる。

(9) 局における鑑定評価の実施等（検討10）

以上の検討を行っても、問題点が明確に抽出できない場合には、他の鑑定評価書と比較することも有効である。また、鑑定評価額による申告等事案の処理支援として、局において鑑定評価を実施しているため、その必要性について検討を行う。

4　鑑定評価書チェックシート

※　記載に当たっては、該当する項目（□)に✓を付ける。

チェックポイント	注　意	問題なし
《検討1　相続税評価額と鑑定評価額等との比較検討》 1　相続税評価額と鑑定評価額等に開差があるか。 　☞　開差がある場合には、「相続税評価額と鑑定評価額等の比較表」（以下「比較表」という。）を作成し、両者の開差が、どの段階でどの程度生じているかを抽出する。 　☞　比較表 I-2	□はい	□いいえ
2　評価通達に定める評価単位と鑑定評価の評価単位は一致しているか。 　☞　評価通達では評価単位を複数でとらえている土地であっても、鑑定評価書では1評価単位でとらえている場合があるので注意する。双方で異なる場合には総額で検討する。	□いいえ	□はい
3　相続税評価額の算定の際、評価通達上のしんしゃくを正しく適用しているか。	□いいえ	□はい
《検討2　現地踏査の実施》 **【検討2-1】対象不動産の周辺の状況の確認** 1　鑑定評価書に記載されている対象不動産の周辺の状況（商業地、住宅地等）、都市計画上の用途地域、建ぺい率、容積率、街路状況、環境などが現地の状況と一致しているか。	□いいえ	□はい
2　鑑定評価書に記載されている近隣地域の標準的な土地の使用状況（標準的画地規模、標準的使用）が現地の状況と一致しているか。	□いいえ	□はい
【検討2-2】対象不動産の状況の確認 1　鑑定評価書に記載されている対象不動産の個別的要因の各項目が現地の状況と一致しているか。 　☞　前面道路の幅員、減価要因の有無等の確認を実施するとともに、写真撮影（撮影方向を住宅地図に明示）を実施する。なお、個別的要因（例えば、「無道路地」等）で、市区町村担当課で確認できるものについては必ず確認する。	□いいえ	□はい
2　対象不動産が売却されているか。 　☞　対象不動産が売却されている場合もあるため、登記事項証明書で確認をする。	□はい	□いいえ
3　対象不動産が造成されているか。 　☞　造成費の実額（単価）が判明することから、開発法を適用している場合の有力な検証手段となる。	□はい	□いいえ

Ⅲ　不動産所有型法人等／その他総則6項対策等　**253**

チェックポイント	注　意	問題なし
《**検討3　現地踏査を踏まえた相続税評価額の再検討**》 1　現地踏査により新たに把握した個別的要因について、評価通達に基づきしんしゃくできる事項があるか。	□はい	□いいえ
2　相続税評価額の算定の際、傾斜度に応じた宅地造成費を適用しているか。	□いいえ	□はい
《**検討4　取引事例比較法による比準価格、公示規準価格の検討**》 【**検討4-1】比準価格（標準価格）及び公示規準価格（標準価格）と仲値（路線価等÷80%）との比較検討** 1　取引事例比較法による比準価格（以下「比準価格」という。）で近隣地域の標準的使用における標準的画地規模の価格（以下「標準価格」という。）と仲値（路線価等÷80%）に開差があるか。 　☞　比較表Ⅱ-1	□はい	□いいえ
2　公示価格等を規準とした価格（以下「公示規準価格」という。）と仲値（路線価等÷80%）に開差があるか。 　☞　比較表Ⅱ-2 　☞　標準価格と仲値に開差がなければ、【検討4-4】～【検討4-8】及び【検討4-10】の検討をしなくてもよい。	□はい	□いいえ
【**検討4-2】比準価格（標準価格）と公示規準価格（標準価格）との比較検討** 1　標準価格の決定に当たって、近隣地域内等の公示規準価格との均衡確保の検討を行っているか。 　☞　公示地の所在する地域の正常価格を求める場合には、必ず公示規準価格を求めて、試算価格との均衡確保の検討を行わなければならないが（地価公示法8）、近隣地域等から遠隔にある公示地等又は用途地域の異なる公示地等により公示規準価格を求めている場合がある。なお、公示地等から導かれる公示規準価格は、比準価格と並んで重要なものである。 　☞　広大地、雑種地、農地、山林等については、稀に公示規準価格との均衡確保の検討を行っていない場合も認められるので注意が必要である。	□いいえ	□はい
【**検討4-3】対象不動産に係る個別的要因の格差修正率の検討** 1　対象地の個別的要因の格差修正率は適切か。 　☞　格差修正率が150%程度を超えるもの又は65%程度を下回るものは、標準的画地と比較して個別性の強い土地といえるが、この修正率の合理的な算定根拠を示さずに査定している場合には、評価通達に定める画地調整率及び土地価格比準表により検証する。	□いいえ	□はい
2　同様の個別的要因を重ねて査定しているか。 　☞　広大地補正と市場減価補正等及び不整形地補正と市場減価補正等は同じレベルのものであり重ねて査定することはできない。	□はい	□いいえ

チェックポイント	注意	問題なし
3　個別的要因の格差（画地規模、画地条件（道路との接面状況、形状等））は標準化補正と比較して整合性はとれているか。 ☞　比較表Ⅱ-3 ☞　個別的要因の格差修正率と取引事例地の標準化補正の補正率に整合性がとれていない場合がある。	□いいえ	□はい
【検討 4-4】規準とする公示地等の選択の適否の検討 1　近隣地域等から公示地等を選択しているか。 ☞　近隣地域等に公示地等が存するにもかかわらず、遠方の公示地等を採用している場合がある。なお、遠方の公示地等を採用せざるを得ない場合としては、公示地等の数が少ない宅地見込地、市街化調整区域内の山林等が考えられる。	□いいえ	□はい
2　都市計画法上の用途地域及び容積率等の行政的条件は、対象不動産と同一又は類似しているか。	□いいえ	□はい
【検討 4-5】規準とする公示地等に係る地域要因格差の検討 1　地域要因の格差補正の査定は適正か。 ☞　地域要因格差が 150%程度を超えるもの又は 65%程度を下回るものは、類似地域に存する公示地等に該当するかどうか検証を要する（【検討 4-6】参照）。	□いいえ	□はい
【検討 4-6】取引事例の選択の適否の検討 1　近隣地域等から取引事例を選択しているか。 ☞　近隣地域等に取引事例が存するにもかかわらず、遠方の取引事例を採用している場合には、売買実例を確認して取引事例の選択の適否を検討する。（検討 8 参照）。	□いいえ	□はい
2　土地の評価に当たり複合不動産（土地及び建物）の取引事例を採用している場合に、土地及び建物の価額の総額から適正に建物価額の控除を行って土地価額を算定しているか。 ☞　複合不動産の価額から控除すべき建物価額を過大評価して土地価額を過小に算定している場合がある。	□いいえ	□はい
3　都市計画法上の用途地域及び容積率等の行政的条件は、対象不動産と同一又は類似しているか。 ☞　地域の特性（標準的使用）又は価格水準が類似する地域の取引事例であるか確認する。	□いいえ	□はい
4　対象地と取引事例地の画地規模等は類似しているか。 ☞　例えば、マンション用地等の大規模画地の評価に際して小規模な更地等の取引事例を採用することは適切でない。	□いいえ	□はい

Ⅲ　不動産所有型法人等／その他総則6項対策等　**255**

チェックポイント	注　意	問題なし
5　著しく個別格差（画地規模、画地条件（道路との接面状況、形状等））の大きい事例を選択しているか。 　☞　取引事例に係る標準化補正の補正率の査定は、補正率の低い方（類似性が高い方）が客観的である。	□はい	□いいえ
6　取引時点が古く、適切な時点修正をすることができないような取引事例を選択しているか。	□はい	□いいえ
【検討4-7】事情補正の検討 1　事情補正は適正に行われているか 　☞　土地取引に特殊な事情があっても、その内容は不明なことが多いから事情補正を行う必要があると認められる取引事例は極力採用しない傾向にある。 　☞　事情補正が不適切な使われ方（例：取引価格を低くするために、事情補正の必要がないにもかかわらず行っているなど。）をしていないか注意する必要がある。	□いいえ	□はい
【検討4-8】時点修正の検討 1.　近隣地域等に所在する公示地等の価格変動率と比較して時点修正率は適切に査定されているか。 　☞　近隣地域等に所在する公示地等によらないで、遠方又は用途地域の異なる公示地等の価格変動率を採用している場合がある。	□いいえ	□はい
【検討4-9】取引事例に係る標準化補正の検討 1　標準化補正（間口、奥行、形状等）は適正か。 　☞　取引事例地の標準的画地のとり方等について、住宅地図、近隣地域等の公示地等を参考にする。	□いいえ	□はい
2　対象地に係る個別的要因の格差修正率と取引事例地の標準化補正の補正率に整合性はあるか。 　☞　対象地の個別的要因の格差修正率又は取引事例地の標準化補正を故意に歪め、対象地の比準価格を低額に算定する場合があることから、評価通達に定める画地調整率及び土地価格比準表を参考に検証する。	□いいえ	□はい
3　取引事例相互間の標準化補正に整合性はあるか	□いいえ	□はい
【検討4-10】取引事例に係る地域要因格差の検討 1　地域要因格差の査定は適正か。 　☞　地域要因格差の修正率が150％程度を超えるもの又65％程度を下回るものは、類似地域に存する取引事例に該当するかどうか検証を要するが、具体的には相続税路線価の格差割合、固定資産税路線価の格差割合、土地価格比準	□いいえ	□はい

チェックポイント	注　意	問題なし
表を参考にする（地域要因格差が 70%〜130%程度の範囲内の取引事例を採用するのが一般的である。）。		
2　取引事例相互間の地域要因格差に整合性はあるか。	□いいえ	□はい

《検討5　収益還元法による収益価格の検討》

（想定建物）

	注　意	問題なし
1　想定する建物の敷地面積、延床面積が対象地の面積、形状、基準容積率等及び周辺の状況からみて適切か。	□いいえ	□はい

（収益項目）

	注　意	問題なし
2　賃貸用住宅等の賃貸を想定している場合、その賃料は、近隣の賃料と比較して適切に算定されているか。	□いいえ	□はい

（還元利回り）

	注　意	問題なし
3　還元利回りの査定における割引率、純収益の変動率は、地価公示と比較して、適切に査定しているか。 　☞　割引率、純収益の変動率は、地域・用途等により異なるものであるが、最近の地価公示で用いられている割引率（地価公示では基本利率）は、住宅地・商業地とも5％程度、純収益の変動率に関しても 0.5％程度である。通常、還元利回りは、純収益の変動率を考慮して、割引率から純収益の変動率を控除して求める。	□いいえ	□はい

（費用項目）

	注　意	問題なし
4　賃貸住宅用等の賃貸を想定している場合、それに係る経費項目は適切に算定されているか。 　☞　総経費率は総収益の 25％前後が一般的である（経費内訳は次のとおり。）。 　　・修繕費：再調達原価の 1.0％程度又は総収益の5〜7％程度 　　・維持管理費：年間賃料の3〜5％程度 　　・公租公課：実額又は見積り 　　・損害保険料：再調達原価の 0.1％程度 　　・貸倒れ準備費：敷金等で担保されているので原則として計上しない 　　・空室等損失相当額：総収益の5％程度又は月額賃料の 1/2〜1 か月分程度 　　・減価償却費：原則として計上しないことに留意〔償却前純収益を使用〕	□いいえ	□はい
5　賃貸用住宅等の建築を想定している場合、その再調達原価（建築工事費）は、類似の建築事例や各種統計資料から推定した金額に比して適切に算定されているか。 　☞　標準的な建築工事費は、国土交通省の建築統計年報によると、平成 21 年で鉄骨 169.5 千円/㎡、ＳＲＣ（鉄骨鉄筋コンクリート）265.2 千円/㎡であり、これに設計監理料として建築工事費の3〜5％程度が加算されるのが一般的である。	□いいえ	□はい

Ⅲ　不動産所有型法人等／その他総則6項対策等　**257**

チェックポイント	注　意	問題なし
《検討6　開発法による価格の検討》 　※　開発法は対象不動産の面積が近隣地域の標準的な土地の面積に比べて大きい場合等（鑑定士の判断による。）に適用する。 1　最有効使用の判定（区画分譲用地なのか又はマンション用地なのか。）は適切か。 　☞　過去数年間の住宅地図は、近隣地域の開発状況が明らかになることから、最有効使用の判定に当たり有力な検証材料となる。 　☞　開発法による鑑定評価が必要であるかどうか（評価対象地が標準的な土地の面積に比べて大きいといえるか。）も検討する。	□いいえ	□はい
（有効面積の算定） 2　開発行為を行うとした場合の潰れ地は、市区町村等の開発指導要綱に定められた必要最小限度のものとしているか（課税時期の開発指導要綱を市区町村に確認すること。）。 　（例）・　必要以上の道路幅員又は道路延長距離にしている。 　　　　・　小規模開発なのに公園、集会場等の公共施設を設置している。 　　　　・　都市計画公園等の指定を受けていると一体開発できない場合もある。 　　　　・　前面道路の位置関係等から区画分譲又はマンション開発を行うことができない場合もある。	□いいえ	□はい
3　開発想定図は合理的なものと認められるか。 　☞　区画を異常な形状にするなど、無理な開発計画を策定している場合がある。	□いいえ	□はい
（分譲単価） 4　区画分譲を想定している場合、その宅地の1㎡当たりの平均分譲単価は適切か。 　☞　区画の分譲単価の査定に当たって、取引事例比較法、収益還元法を適用している場合には、比準価格及び収益価格のチェックポイントも参考にすること。 　　　また、近隣地域等の公示価格等及び周辺の分譲地の広告等も検証の際の参考になる。	□いいえ	□はい
5　マンション分譲を想定している場合、1㎡当たりの平均販売単価は適切か。 　☞　周辺のマンションの広告等が検証の際の参考となる。	□いいえ	□はい
（費用項目） 6　建築工事費は、類似事例や精通者等意見から推定した金額に比して過大となっているか。 　☞　標準的な建築工事費は、国土交通省の建築統計年報によると、平成21年で鉄骨169.5千円/㎡、SRC（鉄骨鉄筋コンクリート）265.2千円/㎡。それに設計監理料として建築工事費の3〜5％程度が加算されるのが一般的である。	□はい	□いいえ
7　造成工事費は、類似事例や精通者意見等から推定した金額に比して過大となっているか。 　☞　造成工事費については、業者からとった見積書等を添付している場合もあるが、造成単価が高額となっている場合や不要な造成工事に係る費用を含めている場合（調整池等）もあるので注意が必要である。	□はい	□いいえ

チェックポイント	注意	問題なし
8　投下資本収益率の査定、販売費及び一般管理費の計上は適切か。 ☞　一般に投下資本収益率は、区画分譲の場合は 10%程度、マンション分譲の場合は 12%程度、開発の危険率の高いものは 15%程度となっている。なお、危険率の高いものとは、造成・建築期間が長期におよぶ、造成工事費がかさむ、開発の難易度、区画分譲・マンション販売にリスクを伴う場合等をいう。 ☞　区画分譲に係る販売費及び一般管理費は、分譲総額の 8〜10%程度、マンション販売に係る販売費及び一般管理費は、販売総額の 10%程度が一般的である。	□いいえ	□はい
9　宅地造成工事は類似の工事期間に比して長いか。 ☞　宅地造成工事は、1,000 ㎡規模でおよそ 9 か月位が一般的である。	□はい	□いいえ
《検討7　試算価格の調整過程及び鑑定評価額の決定手順の検討》 1　一つの試算価格に偏って鑑定評価額を決定しているか。 ☞　比較表Ⅱ-4 ☞　住宅地域の場合、収益性よりも居住の快適性、利便性が重視されることから、重視される価格は、収益価格よりも比準価格や公示規準価格である。 ☞　広大地について、比準価格を算定しないで、開発法による価格だけで鑑定評価額を決定しているものもあるが、これは鑑定基準に沿ったものではないので、画地規模の大きな取引事例から時価の検証を行い、比準価格を試算する必要がある。	□はい	□いいえ
2　各試算価格の間に開差が生じている場合、開差が生じた理由の解明に努めているか。 ☞　単純に試算価格の平均値により鑑定評価額を決定している場合等は合理的と認められない。	□いいえ	□はい
（公示規準価格との均衡確保） ※　鑑定評価額の決定の段階で、公示規準価格との均衡確保を行っている場合には、この項でチェックする（【検討4-2】と同一内容）。 3　鑑定評価額の決定に当たって、公示規準価格との均衡確保の検討を行っているか。	□いいえ	□はい
《検討8　売買実例との比較検討》 1　売買実例との検証の結果、取引事例の選択、地域要因の把握は適正か。	□いいえ	□はい
2　売買実例による検証の結果、試算価格の調整に問題があるか。	□はい	□いいえ
3　取引実例のうち、署で収集した売買実例と一致するものがあるか。 ☞　一致するものがあれば、取引事例に係る標準化補正の適否についても具体的に判断することができる。	□はい	□いいえ

Ⅲ　不動産所有型法人等／その他総則 6 項対策等　　**259**

チェックポイント	注　意	問題なし
《検討 9　路線価等の評定資料の検討》 1　路線価等を評定する場合の標準地の鑑定評価額、精通者意見価格等からみて、地域要因の格差等の把握は適正と認められるか。 ☞　標準価格と仲値に開差がある場合など、必要に応じて評価専門官へ標準地の位置、鑑定評価額又は精通者意見価格等を確認する。	□いいえ	□はい
《検討 10　局における鑑定評価の実施》 1　局の鑑定評価を要望するに当たり、検討 1 から検討 8（標準価格と仲値（路線価等÷80％）に開差がある場合は検討 9 を含む。）を的確に行っているか。	□いいえ	□はい

5 相続税評価額と鑑定評価額等の比較表

整理番号 [   ]

I 対象不動産の状況等

1 評価対象不動産の概要

所在地 (住居表示)		地積	公簿： ㎡ 実測： ㎡	課税時期： 価格時点：

2 相続税評価額と鑑定評価額との比較

	①鑑定評価額	②相続税評価額	開差割合((①-②)/②)	開差額(①-②)	検討の 要否
総額	円	円	％	円	
単価(㎡)	円	円	％	円	

3 評価対象不動産の路線価等

路線価方式	正面路線価 円/m	倍率方式	固定資産税評価額* 円/㎡	倍率 倍	倍率を乗じた価格 円/㎡

* 固定資産税路線価ベースの評価額を記入。

II 検討

1 比準価格(標準価格)と仲値との比較

③比準価格 (標準価格)*	④路線価等 (I-3)	⑤仲値(標準価格ベー ス)(④÷80%)	開差割合 ((③-⑤)/⑤)	開差額(③-⑤)	検討の 要否
円/㎡	円/㎡	円/㎡	％	円/㎡	

* 標準価格を求めていない場合には記入不要。なお、標準価格を求めていない場合で、区画分譲を想定した開発法を適用して
いる場合には、分譲価格を求める際の比準価格(標準価格)の内容を記入する。

2 公示規準価格(標準価格)と仲値との比較

公示地 等番号	⑥公示規準価格 (標準価格)*	④路線価等 (I-3)	⑤仲値(標準価格 ベース)(④÷80%)	開差割合 ((⑥-⑤)/⑤)	開差額(⑥-⑤)	検討の 要否
	円/㎡			％	円/㎡	
	円/㎡	円/㎡	円/㎡	％	円/㎡	

* 標準価格を求めていない場合には、公示規準価格について、個別的要因の格差修正率を乗じる前の価格を記入する。

3 対象不動産に係る個別的要因の格差修正率と評価通達の画地補正率との比較

鑑定評価	相続税評価*	検討の要否

* 「相続税評価」については、評価通達
の画地調整率の増減率を％で記入
する(側方路線価等の考慮は不要)。

4 試算価格等(対象土地ベース)の比較

		⑦試算価格	①鑑定評価額	⑤仲値(対象土地ベー ス)(②単価÷80%)	鑑定評価額と の開差割合 ((⑦-①)/①)	仲値との開差 割合((②-⑤) /⑤)	検討の 要否
イ	比準価格	円/㎡	【検討内容等】*	円/㎡	％	％	
ロ	収益価格	円/㎡		円/㎡	％	％	
ハ	開発法による価格	円/㎡		円/㎡	％	％	
ニ	公示規準価格	円/㎡		円/㎡	％	％	

* 鑑定評価書に記載されている鑑定評価額の決定に当たっての検討内容等を簡記する。

Ⅲ　不動産所有型法人等／その他総則6項対策等　　**261**

○　相続税評価額と鑑定評価額等の比較表　　| 記　載　例 |　　整理番号 | 18-0001 |

Ⅰ　対象不動産の状況等

1　評価対象不動産の概要

所在地 （住居表示）	○○県○○市○○○○丁目○番○○ （○○○○丁目○－○○）	地積	公簿：　208.50 ㎡ 実測：　210.00 ㎡	課税時期：H○○.○.○ 価格時点：H○○.○.○

2　相続税評価額と鑑定評価額との比較

	①鑑定評価額	②相続税評価額	開差割合（（①-②)/②)	開差額（①-②)	検討の 要否
総額	54,000,000 円	61,792,500 円	△ 12.6 %	△ 7,792,500 円	
単価(㎡)	257,000 円	294,250 円	△ 12.7 %	△ 37,250 円	

3　評価対象不動産の路線価等

路線価方式	正面路線価	倍率方式	固定資産税評価額*	倍率	倍率を乗じた価格
	280,000 円/㎡		円/㎡	倍	円/㎡

*　固定資産税路線価ベースの評価額を記入。

Ⅱ　検　討

1　比準価格（標準価格）と仲値との比較

③比準価格 （標準価格）*	④路線価等 （Ⅰ-3)	⑤仲値（標準価格ベース)④÷80%)	開差割合 ((③-⑤)/⑤)	開差額（③-⑤)	検討の 要否
270,000 円/㎡	280,000 円/㎡	350,000 円/㎡	△ 22.9 %	△ 80,000 円/㎡	

*　標準価格を求めていない場合には記入不要。なお、標準価格を求めていない場合で、区画分譲を想定した開発法を適用して
いる場合には、分譲価格を求める際の比準価格（標準価格）の内容を記入する。

> ライブラリからダウンロードした
> エクセルファイルでは、色の付
> いたセル以外の数値欄は自動
> 計算されます。

2　公示規準価格（標準価格）と仲値との比較

公示地 等番号	⑥公示規準価格 （標準価格）*	④路線価等 （Ⅰ-3)	⑤仲値（標準価格ベース)④÷80%)	開差割合 ((⑥-⑤)/⑤)	開差額（⑥-⑤)	検討の 要否
公○-3	258,000 円/㎡	280,000 円/㎡	350,000 円/㎡	△ 26.3 %	△ 92,000 円/㎡	
	円/㎡			%	円/㎡	

*　標準価格を求めていない場合には、公示規準価格について、個別的要因の格差修正率を乗じる前の価格を記入する。

3　対象不動産に係る個別的要因の格差修正率と評価通達の画地補正率との比較

鑑定評価		相続税評価*		検討の要否
二方路	3	二方	5	
不整形	△5	不整形	△2	
		奥行	△1	
	△2		2	

*　「相続税評価」については、評価通達
の画地調整率の増減価率を%で記入
する（側方路線価等の考慮は不要）。

4　試算価格等（対象土地ベース）の比較

		⑦試算価格	①鑑定評価額	⑤仲値（対象土地ベース)②単価÷80%)	鑑定評価額との 開差割合 (⑦-①)/①	仲値との開差 割合（⑦-⑤)/⑤	検討の 要否
イ	比準価格	265,000 円/㎡	【検討内容等】*	367,813	3.1 %	△ 28.0 %	
ロ	収益価格	256,000 円/㎡	収益価格を重視し、比 準価格を参酌。		△ 0.4 %	△ 30.4 %	
ハ	開発法による価格	円/㎡			%	%	
ニ	公示規準価格	円/㎡	257,000 円/㎡	円/㎡	%	%	

*　鑑定評価書に記載されている鑑定評価額の決定に当たっての検討内容等を簡記する。

Q Ⅲ-2 不動産管理会社の資本戦略：中小・零細企業版アーンアウト、組織再編成における事業単位の考え方

【前提】

・製造業A社のオーナーが引退します。それに伴い得意先の上場企業B社が買手となることを予定しています。

・A社は創業数十年で、主な資産は土地・建物数万円（含み益1億円程度）、現金預金3億円、売掛金1億円、特許等が計上されています。

・B社は土地の土壌汚染リスクを懸念し、これを承継対象から外したいと思っています。

　この対策として、当面の間は当該土地をA社側から賃借し、いずれ製造拠点を移す方針です。

・上記当該土地は切り離したいため包括承継にあたる株式譲渡方式は避けたいと思っています。

　一方、A社に剰余金が3億円ありオーナーへの課税を考慮した結果、事業譲渡方式も抵抗があるという状況です。

・上記を総合勘案して、当該土地等を分割対象とする適格分割型分割方式を検討しています。なお、適格性は満たしています。

　具体的には、オーナーが新設する会社にA社が土地＋αを適格分割型分割により移転し、分割後のA社株式をB社に譲渡するという不動産部門切り離しスキームに該当すると思われます。

【質問】

1）A社の単一事業である製造事業に係る資産のうち、土地だけを分割対象資産とすることに税務上問題はありますでしょうか？

　完全支配関係があれば主要資産等引継要件も該当せず、任意に資産負債を選択しても問題ないように思っています。

Ⅲ　不動産所有型法人等／その他総則 6 項対策等　　**263**

　　　例えば土地だけ移転させて、建物や設備、従業員を残すことが可能
　　なのでしょうか。
　2）売掛金 1 億円のうち、一部（海外債権、滞留債権）を分割対象資産
　　に加えることは問題ありますでしょうか？
　　　これらの回収リスクを B 社が負わなければ財務 DD も楽になりま
　　す。ただし、1）と同様の趣旨で分割資産・負債を都合よく選択して
　　いいものか判断に迷っています。
　3）本件分割において、不動産取得税の非課税措置は適用できないと考
　　えてよろしいでしょうか。
　　　非課税要件である「分割事業」を分割前の製造事業の一部と捉えれ
　　ば、従業員等の引き継がないため要件は満たしません。しかし「分割
　　事業」を分割後の不動産賃貸業とするならば、オーナーと土地だけ新
　　会社へ移転しても要件は満たすように思われます。
　　　私見では、不動産の B 社への賃貸は分割後に始めるため、この理
　　屈は厳しいような気がしています。
　4）この分割スキームでは土地の土壌汚染リスクは遮断できても、その
　　他のオフバランスリスク（代表的なのが簿外負債、未払残業代等）は遮
　　断できないと考えます。
　　　上記の次の策として A 社株式の売買契約書に表明保証・損害賠
　　償・代金分割払いを明記しようと思っています。いかがでしょうか。

Answer

　不動産部門の切り離し（再編成＋ M&A も含む）はよく資本戦略として考慮
事項にあがります。ここでは典型事例の確認をしていきます。

【解説】

1）について

　不良資産（当該ケースの場合、土地だけ）のみを会社分割によって引き離すス
キームは原則として、特に問題はないと思われます。

通説では、組織再編成税制が制度化された平成13年の事業単位の考え方は平成22年度改正をもって当初の考え方が後退した、と考えられています。実質的には解釈変更です。

平成18年度改正税法のすべてにおいて、「事業」の譲渡は下記のように解説されています。

「この場合の事業（営業）とは、旧商法において会社の分割における承継の対象が営業の全部又は一部とされていたところのその「営業」や会社法の事業譲渡（会社法467）における「事業」の概念と基本的に同様のものと考えられます。なお、旧商法等における営業とは「営業用財産である物及び権利だけでなく、これに得意先関係、仕入先関係、販売の機会、営業上の秘訣、経営の組織等の経済的価値のある事実関係を加え、一定の営業目的のために組織化され、有機的一体として機能する財産」という（最大判昭40.9.22）こととされています。」

一方、平成22年税制改正によりグループ法人税制が制度化されたころの「勉強会論点とりまとめ」では、下記の内容が確認できます。

「（適格現物分配について）通常の譲渡取引ではないので、完全支配関係がある場合の譲渡損益課税とは異なり、組織再編成における取扱いとする方向で検討するのが適当と考えられる。」

当該現物は会社法上の現物配当における「現物」要件性チェック、すなわち「金銭以外の資産性のあるもの（負債は除かれる）」に従い、現物に適合するか判定するのが実務であるため、ここで大きく事業単位の考え方は変化があったと認識できます。

上記に関連し参照すべきものとして、朝長英樹氏は、「ヨーロッパは『事業の継続性』に着目した制度、アメリカは『投資の継続性』に着目した制度、そして、我が国の場合には『グループ』に着目した制度、ということになります。（朝長英樹『組織再編成をめぐる包括否認と税務訴訟』484頁（平成24年、清文社））」と説明しており、完全支配関係であっても、事業単位の移転が必要であると解釈されていることを示しておきます。

Ⅲ　不動産所有型法人等／その他総則6項対策等　　**265**

下記の不動産取得税の非課税特例の適用余地は原則としてなくなります。

２）について

一部の不良資産を分割することは事業再生局面では原則として度々見かけることです。今回は会社分割手法ですから、どの債権債務を引き継ぐかについて特に問題が生じることはないと思われます。

３）について

一般的に、本件のような事業再生スキームにおける不良資産の切り離しは不動産取得税の非課税要件を満たすことはできません。従業員の引継要件を満たすことができないためです。

【地方税法第73条の 7 第 2 号後段及び地方税法施行令第37条の14】[41]
（会社分割に係る不動産取得税の非課税措置について）

地方税第73条の 7 第 2 号後段及び地方税法施行令第37条の14に定める会社分割により不動産を取得した場合、不動産取得税は非課税となります。以下の要件に該当する場合は、申告をお願い致します。

【非課税の要件】

1　以下のいずれかの分割において、それぞれの条件を満たすこと（吸収分割、新設分割とを問わない）

〈分割型分割〉

①　分割対価資産として、分割承継法人の株式以外の資産が交付されないこと

②　当該株式が分割法人の株主等の有する当該分割法人の株式の数の割合に応じて交付されるもの

〈分社型分割〉

41　http://www.tax.metro.tokyo.jp/shitsumon/tozei/kaisyabunkatsu.pdf

① 分割対価資産として、分割承継法人の株式以外の資産が交付されないこと
2　以下の項目に全て該当すること
　① 当該分割により分割事業にかかる主要な資産及び負債が分割承継法人に移転していること
　② 当該分割に係る分割事業が分割承継法人において当該分割後に引き続き営まれることが見込まれていること
　③ 当該分割の直前の分割事業に係る従業者のうち、その総数のおおむね100分の80以上に相当する数の者が当該分割後に分割承継法人に従事することが見込まれていること

【申告に必要な提出書類】
　申告書の添付書類は写しで結構ですが、必要に応じて原本を確認させていただくことや、その他の書類を提出していただくことがあります。
□　不動産取得税非課税申告書
□　分割について承認又は同意があったことを証する書類
　　（例）分割会社の株主総会議事録、取締役会議事録等
□　分割の内容がわかるもの（要件１及び要件２②の要件を確認するもの）
　　〈新設分割の場合〉分割計画書〈吸収分割の場合〉分割契約書
□　履歴事項全部証明書【分割法人、分割承継法人とも】（要件２②を確認するもの)
□　定款【分割法人、分割承継法人とも】（要件２②を確認するもの）
□　分割法人から承継する権利義務に関する事項を確認できる書類
　　（例）貸借対照表、承継権利義務明細表等、要件２①に該当することが確認できる書類
□　分割事業に係る従業員のうち、分割承継法人に従事する人数がわかる書類
　　（例）会社分割に伴う労働契約の承継等に関する法律に係る書面、雇用契約書、分割前後における当該分割事業部門の従業者の

Ⅲ 不動産所有型法人等／その他総則6項対策等 **267**

人数比較表、従業者名簿等、要件2③を確認できる書類

4）について

ご質問において、通常の株式譲渡スキームにおけるリスク回避を列挙されていますがそれを実行してください。

実務上、有用なのは上記のうち、代金分割払いです。この代金分割払いは、株式譲渡M&Aでも事業譲渡M&Aでも非常に有効だと思います。例えば株式譲渡スキームなら、

・株式譲渡予定時期

・1株当たりの譲渡価額、あるいは、譲渡価額を決定する計算方法

※この際、役員報酬を業績連動型（税務上の利益連動給与ではありません。会社が任意に決定すればよいと思います）として、株式譲渡対価の一部にその当該報酬を充当するなどの交渉も行ったりします。こうすることで、1株当たりの譲渡価額の計算に過去3期分それぞれの経常利益増加割合等を反映させることが可能となり、譲渡価額を大きくすることも可能です。ただし、上記各種エビデンスの整理は必須となります。

だけを決定しておけば、後は段階取得（段階譲渡、すなわち、代金分割払い）が可能となります。中小・零細企業版アーンアウトです。また、後日表明保証違反が発覚すれば、代金支払いをストップします。

設計次第では上記スキームは事業譲渡M&Aでも可能です。一括払いよりも代金は上乗せになることが通常だと思いますが、実効力はあると思われます。一般的なM&A契約条項に必ず組み込まれる表明保証条項などよりよほど効果があると存じます。

中小企業・零細企業においてM&A最終契約書の表明保証条項は実効力を有しないものと思っていただいて構いません。

QⅢ-3 不動産管理法人、不動産所有型法人の基本的な考え方

個人地主の法人化にまつわる論点についてご教示ください。

Answer

下記のような論点がありますが通説はありません。

【解説】

不動産所有型法人の場合、地主が建物と土地を持っているところを、不動産所有型法人を設立して、個人である地主が建物だけを不動産所有型法人に売却するという形で行われます。

1）家の売却価額の注意点

建物だけを売却した場合の、適正売却価額は、通常、所得税法上の簿価となります。しかし、簿価で売却してはいけないパターンが2つあります。1つは簿価が1円の場合、もう1つは所得税法上の（主に買換等の）圧縮記帳の適用を受けている場合です。

1円簿価の場合は不動産鑑定評価額にする必要があり、所得税法上の圧縮記帳の適用を受けた建物であれば、その圧縮記帳の適用を受ける前の簿価に引き直して売らなければなりません。

ちなみに、所得税法上の簿価が売却時の時価である根拠としては課税実務では以下の見解を取られることが多いようです。

「所得税法上の減価償却は法人税法上と異なり、強制償却である。償却方法も耐用年数も法令に従ったものである。これを時価といわずして何を時価というのか」

というものです。

ただし、みなし譲渡の発動可能性には十分留意してください。

２）地代の支払方法に関する注意点

　上記スキームだと、土地は個人が持っています。個人が土地を持っていて、不動産所有型法人はその土地を借りることになるので、地代を支払うことになります。その地代の支払い方法は３つあります。

　①　「相当の地代」の方法
　②　「通常の地代＋無償返還方式」による方法
　③　「定期借地権」

による方法です。

　①相当の地代は、土地評価額×６％の相当地代を１年間で支払うという方法です。②の「通常の地代」に関しては、通常の地代の求め方はいろいろありますが、固定資産税の2.5～３倍が通常だと言われています。固定資産税の２倍前半なら少し低く、固定資産税の１倍台だと当局から指摘されることになるでしょう。通常は「通常の地代＋無償返還」方式で地代を設定します。

　③として「定期借地権」というものを提示しました。相当の地代方式や通常の地代＋無償返還方式だと、株価に自用地の20％部分を乗せなければなりませんが、定期借地権だと当局から何も情報が出ていないので、この20％上乗せは不要、という見解が類書では多く採用されています。

　ところが、「国税速報」（平成６年３月17日号）に、「財産評価基本通達25項但書適用の際は株価に20％上乗せること」と書かれているものが見つかります。「国税速報」の記事は、発遣された当初の当局担当者が執筆したものと想定されます。

　つまり定期借地権通達を適用する場合も、株価に20％乗せることは必要だと考えられます。当局から公式の見解が出ているというわけではないので、20％上乗せしないことが、必ずしも間違っているとは言い切れません。しかし、相続税の当局調査で指摘されることがあり得るため、念のためにクライアントへの説明責任を果たす必要があります。

Q Ⅲ-4 相続した賃貸物件を相続直後に売却する行為について今後の動向・対策

【前提】

・相続開始日は H30.2.6 です。

・中古の賃貸アパート 1 棟を H26.8に購入しています。

・購入金額は土地約3,600万円、建物約2,900万円です。

・H29年度の路線価で貸家建付地評価した土地として

　自用地約4,300万円×85%（貸家建付地）＝約3,600万円

　家屋として約2,200万円×70%（貸家）＝約1,500万円

・借入金残高約6,000万円になっています。

【質問】

1）相続税評価額と購入金額との差額が約1,300万円でそれほど乖離が ないということになり、相続直後の売却は問題ないものでしょうか？

2）相続後、代償金支払いや自分の相続税の支払でお金も必要なので売 却をしたいと相談をうけています。申告期限内の現在において相続登 記後、売りに出してもよさそうなケースでしょうか。相続前に購入し た賃貸物件を相続直後に売却するという行為についての問題点があり ましたら教えてください。

Answer

下記の裁決事例が参照に資すると思われます。

【解説】

相続財産のうち一部の不動産については、財産評価基本通達によらないこ とが相当と認められる特別の事情があると認められることから、ほかの合

理的な時価の評価方法である不動産鑑定評価に基づいて評価することが相当であるとした事例（平成24年6月相続開始に係る相続税の各更正処分及び過少申告加算税の各賦課決定処分・棄却・平29-05-23公表裁決）【国税不服審判所ホームページ】（TAINZ コード　J107-4-07）

《ポイント》

本事例は、被相続人による各不動産の取得から借入れまでの一連の行為は、他の納税者との間での租税負担の公平を著しく害し、富の再分配機能を通じて経済的平等を実現するという相続税の目的に反するものであるから、各不動産について、財産評価基本通達に定める評価方法を画一的に適用するという形式的な平等を貫くことによって、かえって実質的な租税負担の公平を著しく害することが明らかであり、財産評価基本通達によらないことが相当と認められる特別の事情があると認められると判断したものである。

《要旨》

請求人らは、相続財産のうち一部の不動産（本件各不動産）については、財産評価基本通達（評価通達）に定める評価方法によらないことが相当と認められる特別の事情がないから、評価通達6《この通達の定めにより難い場合の評価》を適用することはできず、評価通達に定める評価方法により評価すべきである旨主張する。しかしながら、被相続人による本件各不動産の取得から借入れまでの一連の行為は、被相続人が、多額の借入金により不動産を取得することで相続税の負担を免れることを認識した上で、当該負担の軽減を主たる目的として本件各不動産を取得したものと推認されるところ、結果としても、本件各不動産の取得に係る借入金が、本件各不動産に係る評価通達に定める評価方法による評価額を著しく上回ることから、本件不動産以外の相続財産の価額からも控除されることとなり、請求人らが本来負担すべき相続税を免れるものである。このような事態は、相続税負担の軽減策を採らなかったほかの納税者はもちろん、被相続人が多額の財産を保有していないために同様の軽減策によって相続税負

担の軽減という効果を享受する余地のないほかの納税者との間での租税負担の公平を著しく害し、富の再分配機能を通じて経済的平等を実現するという相続税の目的に反するものであるから、本件各不動産について、評価通達に定める評価方法を画一的に適用するという形式的な平等を貫くことによって、かえって実質的な租税負担の公平を著しく害することが明らかであり、評価通達によらないことが相当と認められる特別の事情があると認められることから、ほかの合理的な時価の評価方法である不動産鑑定評価に基づいて評価することが相当である。

1　事実

　(1)　事案の概要

　　　本件は、審査請求人G、同J及び同K（以下、順に「請求人G」、「請求人J」及び「請求人K」といい、これら3名を併せて「請求人ら」という。）が、相続により取得した財産の価額について、財産評価基本通達（昭和39年4月25日付直資56ほか国税庁長官通達。以下「評価通達」という。）に定める方法により評価して相続税の申告をしたところ、原処分庁が、一部の土地及び建物の価額は、評価通達の定めによって評価することが著しく不適当と認められるとして、国税庁長官の指示を受けて評価した価額により相続税の各更正処分等をしたのに対し、請求人らが原処分の全部の取消しを求めた事案である。

　(2)　関係法令等（省略）

　(3)　審査請求に至る経緯（省略）

　(4)　基礎事実

　　　当審判所の調査及び審理の結果によれば、以下の事実が認められる。

　　イ　本件相続に係る関係人等

　　　(イ)　本件被相続人は、大正〇年〇月〇日生まれで、〇歳で死亡し、本件相続が開始した。本件相続に係る共同相続人は、本件被相続人の妻であるN、同長女である請求人J、同長男である請求人

G、同二男であるP及び同養子である請求人K（二男Pの長男）の5名である。

㈠　本件被相続人は、平成20年8月○日、請求人Kを養子とする養子縁組をした。

㈢　Q社は、昭和40年10月○日に不動産の売買及び賃貸借並びに不動産の管理等を目的として設立され、平成21年6月○日以前の代表取締役は本件被相続人、同日以後は請求人Gである。

ロ　不動産の取得状況等

㈠　本件被相続人は、平成20年5月13日、Q社の代表者として、R銀行に対し、○○診断を申し込んだ。○○診断を申し込むに当たり、本件被相続人は、R銀行に対し、次期後継者を請求人G、請求人Gの後継者を請求人Kと考えており、孫である請求人Kの代まで事業を承継させたい旨及び当該事業承継に伴う遺産分割や相続税が心配である旨を伝えた。

㈡　本件被相続人は、平成21年1月30日付で、売主である法人との間で、別表2に記載のd県e市f町○-○の土地（以下「本件甲土地」という。）及び別表3に記載の本件甲土地上に存する家屋番号○番○の○の建物（以下「本件甲建物」といい、本件甲土地と併せて「本件甲不動産」という。）を総額XXX,XXX,XXX円で買い入れる旨の不動産売買契約を締結し、本件甲不動産を取得した。

㈢　本件被相続人は、平成21年1月30日付で、R銀行との間で金銭消費貸借契約を締結し、XXX,XXX,XXX円を借り受けた。なお、当該金銭消費貸借契約において、Q社、N、請求人G及びPが保証人となっている。

㈣　本件被相続人は、平成21年10月16日、本件甲不動産を含む多くの財産を請求人Kに相続させる旨の公正証書遺言をした。

㈤　本件被相続人は、平成21年12月18日付で、請求人Jとの間で金銭消費貸借契約を締結し、XX,XXX,XXX円を借り受けた。

㈡　本件被相続人は、平成21年12月21日付で、Nとの間で金銭消費貸借契約を締結し、XX,XXX,XXX円を借り受けた。

㈢　本件被相続人は、平成21年12月25日付で、売主である法人との間で、別表4に記載のg市h町○－○の土地及び当該土地上に存する建物（以下、当該土地及び建物を併せて「本件乙不動産」といい、本件甲不動産と併せて「本件各不動産」という。）を総額XXX-,XXX,XXX円で買い入れる旨の不動産売買契約を締結し、本件乙不動産を取得した。

㈣　本件被相続人は、平成21年12月25日付で、R銀行との間で金銭消費貸借契約を締結し、XXX,XXX,XXX円を借り受けた。なお、当該金銭消費貸借契約において、Q社、N、請求人G及びPが保証人となっている。

㈤　平成24年10月17日、共同相続人の間で、上記㈡の公正証書遺言に係る本件被相続人の財産の一部について、遺産分割協議が成立し、請求人らは、当該公正証書遺言及び当該遺産分割協議に基づき、本件相続に係る相続財産を取得した。なお、請求人Kは、当該公正証書遺言に基づき、本件各不動産を取得するとともに、本件被相続人の債務の全部を承継した。当該承継債務XXX-,XXX,XXX円のうち、本件相続開始日における本件各不動産の取得の際に締結した金銭消費貸借契約に基づく借入金債務の額は、R銀行からのXXX,XXX,XXX円及びNからのXX,XXX-,XXX円である（以下、これらの借入金債務の合計額XXX,XXX-,XXX円を「本件借入金債務合計額」という。）。

㈥　請求人Kは、平成25年3月7日付で、買主である個人との間で、本件乙不動産を総額XXX,XXX,XXX円で売り渡す旨の不動産売買契約を締結し、本件乙不動産を譲渡した。

ハ　本件各不動産の価額等

㈠　請求人らは、本件申告において、評価通達の定めに従い、別表

5 の「請求人ら主張額」欄のとおり、本件甲土地の価額は XXX-,XXX,XXX 円（小規模宅地等特例を適用する前の価額。以下「本件甲土地通達評価額」という。）、本件甲建物の価額は XX,XXX,XXX 円、これらを合計した本件甲不動産の価額は XXX,XXX,XXX 円（以下「本件甲不動産通達評価額」という。）、また、本件乙不動産の土地に係る価額は XX,XXX,XXX 円、建物に係る価額は XX-,XXX,XXX 円、これらを合計した本件乙不動産の価額は XXX-,XXX,XXX 円（以下「本件乙不動産通達評価額」といい、本件甲不動産通達評価額と併せて「本件各通達評価額」という。）と評価した。なお、本件申告における本件各不動産を除く取得財産の価額は、XXX,XXX,XXX 円である（別表1の「申告」の「各人の合計」欄参照）。

㋺ S 社が平成27年4月22日付で作成した不動産鑑定評価書（以下「本件甲不動産鑑定評価書」という。）では、本件甲土地の価額は XXX,XXX,XXX 円、本件甲建物の価額は XXX,XXX,XXX 円、これらを合計した本件甲不動産の価額は XXX,XXX,XXX 円（以下「本件甲不動産鑑定評価額」という。）とされている。なお、本件甲不動産鑑定評価書の要旨は、別紙3のとおりである。

㋩ T 社が平成27年4月22日付で作成した不動産鑑定評価書（以下「本件乙不動産鑑定評価書」という。）では、本件乙不動産の価額は XXX,XXX,XXX 円（以下「本件乙不動産鑑定評価額」といい、本件甲不動産鑑定評価額と併せて「本件各鑑定評価額」という。）とされている。なお、本件乙不動産鑑定評価書の要旨は、別紙4のとおりである。

㋥ 原処分庁は、本件各更正処分において、国税庁長官の指示を受けて別表5の「原処分庁主張額」欄のとおり、本件各不動産を評価した（以下、原処分庁が評価した小規模宅地等特例を適用する前の本件各不動産の価額を「本件各原処分庁評価額」という。）。なお、本

件各原処分庁評価額は、本件各鑑定評価額と同額である。

　　(ホ)　本件甲土地は、小規模宅地等特例の適用があり、本件甲土地通達評価額に適用した後の価額はXX,XXX,XXX円、本件甲土地に係る原処分庁評価額に適用した後の価額はXXX,XXX,XXX円である。

　　(ヘ)　本件相続に係る相続財産のうち、請求人らと原処分庁との間で評価方法及びその価額に争いがある相続財産は、本件各不動産であり、請求人ら及び原処分庁が主張する本件相続開始日における価額は、それぞれ別表5の「請求人ら主張額」欄及び「原処分庁主張額」欄のとおりである。

2　争点

　　争点1　本件各不動産について、評価通達に定める評価方法によらないことが相当と認められる特別の事情があるか否か。

　　争点2　（省略）

3　争点についての主張（省略）

　(2)　争点2（本件付記理由に、本件各更正処分等を取り消すべき記載不備があるか否か。）について（省略）

4　当審判所の判断

　(1)　争点1（本件各不動産について、評価通達に定める評価方法によらないことが相当と認められる特別の事情があるか否か。）について

　　イ　法令解釈等相続税法第22条は、相続財産の価額は、特別に定める場合を除き、当該財産の取得の時における時価によるべき旨を規定しており、ここにいう時価とは相続開始時における当該財産の客観的な交換価値をいうものと解するのが相当である。しかし、客観的な交換価値というものが必ずしも一義的に確定されるものではないことから、課税実務上は、相続財産評価の一般的基準が評価通達によって定められ、そこに定められた画一的な評価方法によって相続財産を評価することとされている。これは、相続財産の客観的な交

Ⅲ　不動産所有型法人等／その他総則6項対策等　**277**

換価値を個別に評価する方法を採ると、その評価方法、基礎資料の選択の仕方等により異なった評価額が生じることが避け難く、また、課税庁の事務負担が重くなり、課税事務の迅速な処理が困難となるおそれがあること等からして、あらかじめ定められた評価方法によりこれを画一的に評価する方が、納税者間の公平、納税者の便宜、徴税費用の節減という見地からみて合理的であるという理由に基づくものと解される。そうすると、特に租税平等主義という観点からして、評価通達に定められた評価方法が合理的なものである限り、これが形式的に全ての納税者に適用されることによって租税負担の実質的な公平をも実現することができるものと解されるから、特定の納税者あるいは特定の相続財産についてのみ評価通達に定める方法以外の方法によってその評価を行うことは、たとえその方法による評価額がそれ自体としては相続税法第22条の定める時価として許容できる範囲内のものであったとしても、納税者間の実質的負担の公平を欠くことになり、許されないものというべきである。しかし、他方、評価通達に定められた評価方法によるべきであるとする趣旨が上記のようなものであることからすれば、評価通達に定める評価方法を画一的に適用するという形式的な平等を貫くことによって、富の再分配機能を通じて経済的平等を実現するという相続税の目的に反し、かえって実質的な租税負担の公平を著しく害することが明らかな場合には、別の評価方法によることが許されるものと解すべきであり、このことは、評価通達において「通達の定めによって評価することが著しく不適当と認められる財産の価額は、国税庁長官の指示を受けて評価する。」と定められていることからも明らかなものというべきである。すなわち、相続財産の評価に当たっては、特別の定めのある場合を除き、評価通達に定める評価方法によるのが原則であるが、評価通達によらないことが相当と認められるような特別の事情のある場合には、ほかの合理的な時価の評

価方法によることが許されるものと解するのが相当である。

ロ　認定事実原処分関係資料並びに当審判所の調査及び審理の結果によれば、次の事実が認められる。

(イ)　本件被相続人が本件各不動産を取得した時期は、本件被相続人が○歳となり、Ｑ社の事業承継についてＲ銀行に対し相談し、その事業承継のための方策の一環として請求人Ｋと養子縁組した時期に近接した時期である。

(ロ)　本件被相続人は、Ｒ銀行から○○診断結果の報告を受けた際、借入金により不動産を取得した場合の相続税の試算及び相続財産の圧縮効果についての説明を受けていた。

(ハ)　本件被相続人が、上記１の(4)のロの(ハ)及び(チ)の金員の借入れを申し込んだ際に、Ｒ銀行の担当者は、それぞれ「貸出稟議書」と題する書面を作成したところ、当該各書面には「採上理由」として相続対策のため不動産購入を計画、購入資金につき借入れの依頼があった旨及び相続対策のため本年１月に不動産購入、前回と同じく相続税対策を目的として収益物件の購入を計画、購入資金につき借入れの依頼があった旨の記載があり、本件被相続人は、上記の金員の借入れを申し込むに際し、Ｒ銀行との間で、金員の借入れの目的が、相続税の負担の軽減を目的とした不動産購入の資金調達にあるとの認識を共有していた。

(ニ)　Ｒ銀行は、上記１の(4)のロの(ハ)及び(チ)の貸付けにおいて、本件各不動産にそれぞれ抵当権を設定するとともに、Ｑ社が所有する不動産についても抵当権を設定した。

(ホ)　本件甲不動産通達評価額は、本件甲不動産の取得価額及び本件甲不動産鑑定評価額のそれぞれ約23.9％、約26.5％の価額であり、また、それぞれの価額との差はＸＸＸ,ＸＸＸ,ＸＸＸ円、ＸＸＸ,ＸＸＸ,ＸＸＸ円である。また、本件乙不動産通達評価額は、本件乙不動産の取得価額及び譲渡価額並びに本件乙不動産鑑定評価額

のそれぞれ約24.3％、約26.0％、約25.8％の価額であり、また、それぞれの価額との差は XXX,XXX,XXX 円、XXX,XXX,XXX 円、XXX,XXX,XXX 円である。

ハ　当てはめ

　(イ)　本件各鑑定評価額は、いずれも資格を有する不動産鑑定士により不動産鑑定評価基準に準拠した方法により算出されており、いずれも原価法による積算価格と収益還元法（DCF 法及び直接還元法）による収益価格をそれぞれ試算した上で、両者を比較検討し、最終的には収益還元法による収益価格を重視して鑑定評価を行ったものであると認められるところ、収益還元法の適用の基礎となる純収益に係る数値、DCF 法において適用する割引率及び最終還元利回り並びに直接還元法において適用する還元利回りの査定は、本件相続開始日における本件各不動産の実情及び不動産市況を反映したものと認められる。したがって、本件各鑑定評価額は、本件各不動産の本件相続開始日における時価を合理的に算定しているものと認められる。

　(ロ)　本件被相続人は、本件相続開始日において、本件各不動産以外の積極財産として、上記１の(4)のハの(イ)のとおり、総額 XXX,XXX,XXX 円の財産を有しており、ここから本件借入金債務合計額を除いた本件被相続人の債務の額 XX,XXX,XXX 円及び葬式費用の額 X,XXX,XXX 円を控除すると XXX,XXX,XXX 円となり、通常、相続税が発生する。

　(ハ)　しかし、本件申告では、本件各不動産について、上記ロの(ホ)のとおり、本件各通達評価額と本件各鑑定評価額との間には著しい乖離があり、小規模宅地等特例を適用した後の価額で比較すると、別表５の「差引金額」欄のとおり、合計 XXX,XXX,XXX 円の開差があるところ、上記１の(4)のハの(イ)及び(ホ)に基づき XXX,XXX,XXX 円を課税価格に算入し、同ロの(リ)の本件借入金債務

合計額を控除したので、本件借入金債務合計額は、その全額を当該課税価格に算入した額から控除できず、その差額 XXX,XXX,XXX 円がほかの積極財産の価額から控除されることとなり、結果として、課税価格に算入すべき金額の大半が圧縮され、請求人らは相続税の負担を免れることになる。

　このように、本件被相続人及び請求人らなどによる本件各不動産の取得から借入れまでの一連の行為は、本件被相続人が本件各通達評価額と本件各鑑定評価額との間に著しい乖離のある本件各不動産を、借入金により取得し、本件申告において評価通達に定める評価方法により評価することにより、本件借入金債務合計額が本件各不動産はもとよりほかの積極財産の価額からも控除され、請求人らが本来負担すべき相続税を免れるという結果をもたらす（下線筆者）こととなる。

�};　そして、上記１の(4)のロの(イ)及び上記ロの(イ)ないし(ハ)のとおり、本件被相続人は、①○○歳となり、Ｑ社の事業承継に伴う遺産分割や相続税の負担を懸念し、Ｒ銀行に対し○○診断を申し込んだこと、②Ｒ銀行から、借入金により不動産を取得した場合の相続税の試算及び相続財産の圧縮効果についての説明を受けていたこと、（下線筆者）③本件各不動産の購入資金の借入れの目的が、相続税の負担の軽減を目的とした不動産購入の資金調達にあると認識していたこと、及び④Ｑ社の事業承継のための方策の一環として請求人Ｋと養子縁組した時期と近接した時期に、本件各不動産を取得していることを総合すれば、本件被相続人の本件各不動産の取得の主たる目的は相続税の負担を免れることにあり、本件被相続人は、本件各不動産の取得により本来請求人らが負担すべき相続税を免れることを認識した上で、本件各不動産を取得したとみることが自然である。

㈭　また、本件被相続人が不動産を取得することで、請求人らが、

上記(ハ)のような相続税の負担を免れるという利益を享受し得るためには、不動産の購入資金の大半を借入金により賄うことで借入金債務を負担するとともに、その借入金債務が、購入する不動産以外の積極財産に係る課税価格を圧縮できる程度に多額のものでなければならない。実際、本件被相続人が、本件各不動産の購入資金の大半をＲ銀行からの借入金により賄ったところ、その借入金の総額は、本件各通達評価額を上回り、課税価格を圧縮する多額のものであった。そして、本件被相続人が、Ｒ銀行から多額の借入れをすることができたのは、本件被相続人の一族及びＱ社が保証人となり、かつ、本件各不動産に加え、上記ロの(ニ)のとおり、Ｑ社が所有する不動産に抵当権を設定することができたためであると認められる。

(ヘ)　このように、本件各不動産について、本件各通達評価額を課税価格に算入すべきものとすると、請求人らが、本件各不動産を取得しなかったならば負担していたはずの相続税を免れる利益を享受するという結果を招来する。これは、本件被相続人が、上記(ホ)のとおり、相続税の負担の軽減策を採ったことによるものであり、このような事態は、同様の軽減策を採らなかったほかの納税者との間の租税負担の公平はもちろん、被相続人が多額の財産を保有していないため、同様の軽減策によって相続税負担の軽減という効果を享受する余地のないほかの納税者との間での実質的な租税負担の公平を著しく害し、富の再分配機能を通じて経済的平等を実現するという相続税の目的に反する著しく不公平なものであるといえる。

(ト)　したがって、本件各不動産については、評価通達に定める評価方法を画一的に適用するという形式的な平等を貫くことによって、相続税の目的に反し、かえって実質的な租税負担の公平を著しく害することが明らかであることから、評価通達によらないこ

とが相当と認められる特別の事情があると認められ、本件各不動産の価額は、上記(イ)のとおり、ほかの合理的な時価の評価方法である不動産鑑定評価に基づいて評価することが相当である。

ニ　請求人らの主張について

　(イ)　請求人らは、評価通達に定める評価方法によらないことが相当と認められる特別の事情は、路線価の決定の際に考慮されていなかった潜在的な土地の価額低下要因が路線価の決定後に明らかにされた場合、すなわち路線価に反映されない客観的な時価の変動要因である地盤沈下や近隣の廃棄物処理施設等の建設予定等の客観的な評価減の根拠事実が発生し、その結果として時価が激変したことが具体的かつ客観的に立証された場合に限られる旨主張する。しかしながら、特別の事情は、上記イのとおり、「評価通達に定める評価方法を画一的に適用するという形式的な平等を貫くことによって、富の再分配機能を通じて経済的平等を実現するという相続税の目的に反し、かえって実質的な租税負担の公平を著しく害することが明らかな場合」に認められるものと解され、土地の価額が低下した場合に限られるものではない。（下線筆者）したがって、この点に関する請求人らの主張は採用することができない。

　(ロ)　請求人らは、本件被相続人に節税や租税回避の目的があったような事情をもって特別の事情があると判断することは許されず、このような判断が許されるとするならば、課税庁による恣意的な課税が可能になり、租税法律主義に反する旨主張する。しかしながら、特別の事情が認められるのは上記イのとおりであり、これに基づき上記ハのとおり判断したところ、その際に、本件被相続人に相続税の負担の軽減という目的があったことを特別の事情の有無を判断する上で考慮することは許されるものであり、このように解したとしても、特別の事情がない限り、課税庁としては、

Ⅲ　不動産所有型法人等／その他総則6項対策等　**283**

評価通達に定める評価方法以外の方法による評価を採用すること
が許されないのであるから、租税法律主義に反することにはなら
ないというべきである。したがって、この点に関する請求人らの
主張は採用することができない。

(ハ)　請求人らは、本件被相続人の本件各不動産の取得には、節税や
租税回避以外の合理的な目的が存在していた旨主張する。しかし
ながら、上記ハの(ニ)のとおり、本件被相続人が本件各不動産を取
得した主たる目的は相続税の負担を免れることにあったことが十
分に認められる。そして、本件被相続人の本件各不動産の取得
は、それ自体としてみた場合、本件被相続人が相続税の負担の軽
減以外の合理的な目的をも有した上で本件各不動産を取得したこ
とを否定するに足る証拠はないが、相続税の負担を免れる目的以
外にほかの合理的な目的が併存していたとしても、上記ハの(ト)の
とおり、本件各不動産について評価通達に定める評価方法を適用
すれば相続税の目的に反し、実質的な租税負担の公平を著しく害
することに変わりはなく、相続税の負担の軽減以外の合理的な目
的によって、本件各不動産について評価通達によらないことが相
当と認められる特別の事情の存在が肯定されなくなるものとすべ
き根拠は乏しいというべきである。したがって、本件被相続人の
本件各不動産の取得に相続税の負担の軽減以外の合理的な目的が
併存していたことは、上記ハの判断を左右する事情とはいえな
い。

(ニ)　請求人らは、納税者が通達評価額を下回る価額を課税価格に算
入して申告をした場合には、課税庁が評価通達に定める評価方法
によらないことを理由に通達評価額により課税処分を行うことか
ら、この点に課税庁による評価通達の使い分けの問題があり、本
件各更正処分が許容されるならば、課税庁による恣意的課税を許
すことになる旨主張する。しかしながら、課税庁が、通達評価額

を上回る評価額を採用する場合には、上記イのとおり、評価通達によらないことが相当と認められる特別の事情のあることが要求される。他方で、課税庁が通達評価額を採用する場合にも、課税処分が常に適法になるわけではなく、通達評価額が、対象財産の客観的な交換価値を上回るものではないことが要求されると解すべきである。したがって、課税庁が、評価通達に定める評価方法による評価額を採用するか否かについては、相続税法第22条及び租税平等原則の両面からの規制を受け、これを恣意的に決定することはできないというべきであり、この点に関する請求人らの主張は採用することができない。

(ホ) 請求人らは、通達評価額と不動産鑑定士等によるほかの評価方法による評価額との間の乖離が著しいことはまれではなく、その場合の全てに評価通達に定める評価方法以外の評価方法が採用されているわけではなく、特に本件各不動産の近隣不動産の評価においても、評価通達に定める評価方法以外の方法による評価額に基づく課税処分が行われているかどうか明らかではないから、本件各不動産について特別の事情があるとして評価通達に定める評価方法を採用しないことは、租税公平主義に反する旨主張する。しかしながら、上記ハの(ト)のとおり、本件各不動産について特別の事情があると認められる以上、仮に同様の事案において、評価通達に定める評価方法以外の方法による評価額に基づく課税処分が行われなかった事例があったとしても、課税庁が、殊更恣意的に本件についてのみ異なる取扱いをしたというような特段の事情がない限り、これをもって直ちに租税公平主義に反するものとはいえず、本件各不動産について評価通達によらないことが相当と認められる特別の事情の存在を否定すべきであるとはいえない。また、そのような特段の事情があることをうかがわせる証拠もない。したがって、この点に関する請求人らの主張は採用すること

Ⅲ　不動産所有型法人等／その他総則6項対策等　**285**

ができない。

(ヘ)　請求人らは、本件各鑑定評価額は、自由な取引が行われるとした場合におけるその取引において通常成立すると認められる価額を前提とするのに対し、相続税法第22条にいう時価は、それとは異なり、控えめな評価額を採用している路線価に基づく価額をいうから、本件各鑑定評価額をもって同条にいう時価ということはできない旨主張する。しかしながら、上記イのとおり、相続税法第22条にいう時価は、客観的な交換価値、すなわち財産の現況に応じ、不特定多数の当事者間で自由な取引が行われる場合に通常成立すると認められる価額にほかならないと解されるから、本件各鑑定評価額をもって同条にいう時価であると認めることに支障はないというべきである。したがって、この点に関する請求人らの主張は採用することができない。

(ト)　請求人らは、評価通達に定める評価方法とは別の方法による評価額に基づき更正処分をすることは、納税者の信頼を裏切るものであり、信頼保護の原則に反する旨主張する。しかしながら、評価通達6が「通達の定めによって評価することが著しく不適当と認められる財産の価額は、国税庁長官の指示を受けて評価する。」と定めているとおり、評価通達自体、評価通達に定める評価方法による評価がいかなる場合にも適用されるものではないことを明示しているのであるから、その主張の前提を欠くものというべきである。したがって、この点に関する請求人らの主張は採用することができない。

(2)　争点2（本件付記理由に、本件各更正処分等を取り消すべき記載不備があるか否か。）について（省略）

　この裁決は公表裁決です。一般的に裁決のうち公表裁決になるのは1％にすぎないといわれていますので、本ケースはまさに見せしめということが伺い知

れます。なお、本案件は、東地令和元年8月27日においても納税者敗訴です。

1）結論

　　一定の条件のもとでは、総則6項に抵触しないものと考えられます。

（一定の要件）

・不動産購入＋貸付開始時期～相続発生時期～不動産売却が一定期間あいていること

・不動産購入が相続税対策でないことを客観的資料をもって疎明できること

・相続税申告は財産評価基本通達に従って行っていること

・裁判例（東地令和元年8月27日）では、財産評価基本通達評価額と時価との乖離が約4倍程度あったため、6項が発動されており、仮に相続対策で不動産を購入する場合には、「当初」不動産購入は生前のなるべく早い時期に行っていること。

2）理由

　　平成29年5月23日裁決（東地令和元年8月27日判決）の特徴点を列挙します。

①　不動産の購入及び借入は平成21年1月30日付け、その後も借入は何回か続きます。

②　平成24年10月17日相続人による遺産分割があります（死亡日も近似日？裁決書では明確にわかりません）。

③　平成25年3月7日当該不動産売却しています（取得費加算適用のため？）。

④　借入の際の認定事実として

4(1)(ハ)　本件被相続人が、上記1の(4)のロの(ハ)及び(チ)の金員の借入れを申し込んだ際に、R銀行の担当者は、それぞれ「貸出稟議書」と題する書面を作成したところ、当該各書面には「採上理由」として相続対策のため不動産購入を計画、購入資金につき借入れの依頼があっ

た旨及び相続対策のため本年1月に不動産購入、前回と同じく相続税対策を目的として収益物件の購入を計画、購入資金につき借入れの依頼があった旨の記載があり、本件被相続人は、上記の金員の借入れを申し込むに際し、R銀行との間で、金員の借入れの目的が、相続税の負担の軽減を目的とした不動産購入の資金調達にあるとの認識を共有していた。

⑤　当てはめ（結論のことです）

4(1)ハ(ホ)　…このように、本件被相続人及び請求人などによる本件各不動産の取得から借入れまでの一連の行為は、本件被相続人が本件各通達評価額と本件各鑑定評価額との間に著しい乖離のある本件各不動産を、借入金により取得し、本件申告において評価通達に定める評価方法により評価することにより、本件借入金債務合計額が本件各不動産はもとよりほかの積極財産の価額からも控除され、請求人らが本来負担すべき相続税を免れるという結果をもたらすこととなる。

(ニ)　そして、上記1の(4)のロの(イ)及び上記ロの(イ)ないし(ハ)のとおり、本件被相続人は、①○歳となり、Q社の事業承継に伴う遺産分割や相続税の負担を懸念し、R銀行に対し○○診断を申し込んだこと、②R銀行から、借入金により不動産を取得した場合の相続税の試算及び相続財産の圧縮効果についての説明を受けていたこと、③本件各不動産の購入資金の借入れの目的が、相続税の負担の軽減を目的とした不動産購入の資金調達にあると認識していたこと、及び④Q社の事業承継のための方策の一環として請求人Kと養子縁組した時期と近接した時期に、本件各不動産を取得していることを総合すれば、本件被相続人の本件各不動産の取得の主たる目的は相続税の負担を免れることにあり、本件被

相続人は、本件各不動産の取得により本来請求人らが負担すべき相続税を免れることを認識した上で、本件各不動産を取得したとみることが自然である。

(ホ) また、本件被相続人が不動産を取得することで、請求人らが、上記(ハ)のような相続税の負担を免れるという利益を享受し得るためには、不動産の購入資金の大半を借入金により賄うことで借入金債務を負担するとともに、その借入金債務が、購入する不動産以外の積極財産に係る課税価格を圧縮できる程度に多額のものでなければならない。実際、本件被相続人が、本件各不動産の購入資金の大半をR銀行からの借入金により賄ったところ、その借入金の総額は、本件各通達評価額を上回り、課税価格を圧縮する多額のものであった。そして、本件被相続人が、R銀行から多額の借入れをすることができたのは、本件被相続人の一族及びQ社が保証人となり、かつ、本件各不動産に加え、上記ロの(二)のとおり、Q社が所有する不動産に抵当権を設定することができたためであると認められる。

当該乖離幅を課税実務上割り切りの数値として使用するのも乱暴な話だと思われます。

不動産購入+貸付期間〜相続発生までの期間が長いほど、「本当に投資用物件として賃貸不動産を所有していた」という認定がされやすくなります。

現にタワマン節税では不動産購入+貸付期間〜相続発生〜当該不動産売却の一連のスパンが短すぎたため、当該不動産が棚卸資産と認定された事案もあります(参考、平成23年7月1日裁決等々)。

本質問事例では事情が事情なだけに売却を急ぐ必要があるかもしれません。課税実務上は特段問題は生じないと思われます。

確実な安全策をとるなら、例えば不動産担保による一時的な納税資金の借入等で対応するのも一法です。

Ⅲ　不動産所有型法人等／その他総則６項対策等　**289**

　なお、相続税当局調査が終了してから、売却すればよいとの通説も今後は通用しなくなってくるでしょう。

Q Ⅲ-5　総則６項への目配せ、普段から留意すべき点

【前提】

　株式譲渡や贈与時に VORTEX などの不動産証券を購入し、株式評価が引き下がるタイミングで実行することはよく実行されるスキームだと思います。

【質問】

　この場合、総則６項が発動されるか否かのリスク軽減策として、どのようなことを関与先へアドバイスされていますか？そもそも、財産評価基本通達に準じた評価を行っている以上、総則６項は発動されないものとして考えることができるのか、それとも、やはり納税者側で多額の評価減を利用しようとする客観的な資料等で発動されるものなのか、いかがでしょうか？

　私見としては、後者の認識ですので、評価減も取れるが、他に投資することのメリットなどを資料に残し、投資判断として「評価減以外にもメリットがあるので、不動産証券を購入した」というストーリーが残っていれば、総則６項の発動は困難だと考えるのですが、いかがでしょうか？

Answer

　財産評価基本通達の本来の制度趣旨を逸脱又は濫用したという「事実」が課税庁側で疎明されると、総則６項は発動可能性は極めて高くなると思われます。

【解説】

私の研修でも自身が作成したスキーム（主に持株会社スキーム）でも経済的合理性＞税負担目的となるような理論武装が必要だと申し上げております。本ケースで当てはめると、

　「資産の組換えにより投資業務に注力することとした。結果として現在及び将来の財務体質の改善につながる」ことを前提としたスキームであることを役員会の議事録メモ等に残しておくことが実務上は肝要です。ちなみに

　　　https://www.sankei.com/west/news/160829/wst1608290009-n1.html
という記事があります。

　従来の持株会社スキーム（リンク先のスキームは新設法人資金調達スキームであり、最も原始的な持株会社スキームです）が総則6項により否認されたというのもあります。この記事の信憑性についてはここでは留保しておきますが、上記リンク先のような伝統的な持株会社スキームにおいても「なぜ、今持株会社を作成したか」の理論武装は必要となってきたようです。

　TAINZにおいて総則6項発動のための要件チェックシートが掲載されております。巻末、資料1をご参考下さい。

【資料１】

(TAINZ コード　特別国税調査官会議（資産税）東京局 H300727)
行政文書　全管特別国税調査官（資産税担当）会議資料　平成30年７月27日　東京国税局　課税第一部　資産課税課　資産評価官
【情報公開法第９条第１項による開示情報】（一部抜粋）

(出所：TAINS)

第１　平成30事務年度の評価事務の運営について

　　評価事務は、評価専門官が配置された署（以下「配置署」という。）に集中化して実施している。評価事務の実施に当たっては、効率的かつ効果的な事務運営に努める。

【参考】評価専門官及び（総括）統括官の主な事務等

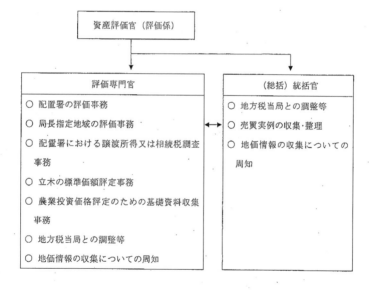

1　評価専門官の事務運営

　(1)　所掌事務及び指揮命令

　　イ　評価専門官は、次の事務を所掌する。
　　　　なお、財産評価基準、財産評価基本通達等その他の財産評価に関する通達の適用に関する事務には、原則として従事しない。

(イ) 配置署及び局長が指定する地域（以下、局長が指定する地域を管轄する署を「指定署」という。また、配置署及び指定署の管轄区域を併せて「所掌区域」という。）における全ての評価事務

(ロ) 配置署における実地調査事務

ロ　評価専門官は、配置署の署長又は副署長の指揮命令に従う。

　　なお、評価専門官は、別紙1「評価事務進行管理チェック表」に掲げる各事務の開始日、終了日等を各評価担当者に確実に入力させ、事務処理が遅延することのないよう進行管理を徹底するとともに、評価事務の進捗状況を確認の上、別紙2「評価事務進捗状況表（総括表）」及び別紙3「評価事務進捗状況表」を作成する。

　　また、「評価事務進捗状況表（総括表）」については、翌月5日までに、担当副署長へ報告する。

【参考】評価専門官の配置署及び局長が指定する地域

配置署	局長指定地域	配置署	局長指定地域
千葉東	千葉西及び船橋署の管轄区域	江戸川北	本所、向島、江東西、江東東、葛飾及び江戸川南署の管轄区域
千葉南	館山、木更津及び茂原署の管轄区域	八王子	青梅、町田及び日野署の管轄区域
市　川	松戸及び柏署の管轄区域	武蔵府中	立川、武蔵野及び東村山署の管轄区域
成　田	銚子、佐原及び東金署の管轄区域	横浜中	保土ケ谷、横浜南及び戸塚署の管轄区域
神　田	麹町、日本橋、京橋、芝、麻布及び渋谷署の管轄区域	川崎北	鶴見、神奈川、緑、川崎南及び川崎西署の管轄区域
四　谷	新宿、中野、豊島、板橋、練馬東及び練馬西署の管轄区域	藤　沢	横須賀、鎌倉及び大和署の管轄区域
目　黒	品川、荏原、大森、雪谷及び蒲田署の管轄区域	厚　木	平塚、小田原及び相模原署の管轄区域
世田谷	北沢、玉川、杉並及び荻窪署の管轄区域	甲　府	山梨、大月及び鰍沢署の管轄区域
足　立	小石川、本郷、東京上野、浅草、王子、荒川及び西新井署の管轄区域		

(2) 担当地域の指定等

　　評価専門官は、配置署及び指定署管内の標準地数、管内面積、地価動向、地域の特性等を総合勘案するとともに、評価担当者の経験年数を考慮した上、各評価担当者（評価専門官を除く。）の担当地域を指定する。

(3) 重要事案審議会の開催

　　評価専門官は、配置署及び指定署の①署の最高標準宅地の仲値及び評価基準額、②路線価又は倍率に係る署案の決定に当たっては、重要事案審議会を開催する。

(4) 配置署幹部との評価検討会の開催

　　評価専門官は、前事務年度から引き継がれた評価上の問題点や重点事項について、適

時、的確に署幹部との評価検討会を開催し、その処理方針等を検討する。

なお、署幹部による指定署を含む各署最高標準宅地等の視察を早期に実施する。

(5) 指定署幹部への評価事務の概要等の説明

評価専門官は、評価事務の運営体制、本年分の路線価及び評価倍率（以下、「路線価等」という。）の概要等について、早期に指定署幹部へ説明する。

(6) （総括）統括官等との連絡協調等

評価専門官は、配置署及び指定署の（総括）統括官並びに配置署及び指定署と隣接する署の評価専門官及び（総括）統括官との連絡協調を図り、随時協議するなど、効果的な事務運営に努める。

また、地方税当局との連絡調整などの円滑な実施を図るため、配置署及び指定署の（総括）統括官と十分に協議する。

(7) 事務計画の策定等

イ 事務計画の策定

評価専門官は、事務計画の策定に当たって、事務計画の基本的な考え方や所掌区域の特徴、前事務年度の事務実績の分析・検討結果を職員に確実に説明するとともに、十分な意見交換を行い、職員からの建設的な意見を計画に反映させ、部門職員構成等を勘案し、署の実情に即した事務計画を策定する。

また、事務計画の策定に当たっては、配置署の（総括）統括官と協議の上、事務区分表を基に的確に事務計画を策定する。

ロ 事務実績の検討

評価専門官は、各事務の事務実績及び改善を要する事項等を検討・整理し、事務実績書に確実に記載して、翌事務年度における事務計画の策定及び事務運営に反映させる。

> 【留意事項】
>
> ○ 事務計画の策定等については、資料2「平成30事務年度の事務計画について」を参照する。

(8) 実地調査の実施

評価担当者は、原則として、12月末までに実地調査を実施する。

なお、実地調査対象事案は、原則として、平成30年6月中旬までに配置署の（総括）統括官等と協議の上選定した譲渡所得（原則として、平成29年分の不動産に係る譲渡所得）又は相続税（原則として、短期又は一般）事案とする。

【留意事項】

〇 実地調査に当たっては、平成30年7月2日付東局課一資3-23ほか1課合同「平成30
事務年度資産税各税の実地調査事務等の実施要領について」指示を参照する。

資料1　**295**

評価事務進行管理チェック表

別紙1

作業事務		担当地域 担当者	担当地域 担当者	担当地域 担当者	担当地域 担当者	担当地域 担当者	担当地域 担当者
		月　日	月　日	月　日	月　日	月　日	月　日
標準地の選定替えに係る財産評価システムへの入力							
入力開始月日		/	/	/	/	/	/
入力終了月日		/	/	/	/	/	/
評専官チェック							
鑑定評価員等・土地評価精通者の選任							
選任作業開始月日		/	/	/	/	/	/
選任作業終了月日		/	/	/	/	/	/
局報告月日		/	/	/	/	/	/
評専官チェック							
地価情報等の収集							
民間情報資料せん（地価情報関係）	7月末 確認完了月日	/	/	/	/	/	/
	7月末 評専官チェック						
	8月末 確認完了月日	/	/	/	/	/	/
	8月末 評専官チェック						
	9月末 確認完了月日	/	/	/	/	/	/
	9月末 評専官チェック						
	10月末 確認完了月日	/	/	/	/	/	/
	10月末 評専官チェック						
	11月末 確認完了月日	/	/	/	/	/	/
	11月末 評専官チェック						
	12月末 確認完了月日	/	/	/	/	/	/
	12月末 評専官チェック						
	1月末 確認完了月日	/	/	/	/	/	/
	1月末 評専官チェック						
	2月末 確認完了月日	/	/	/	/	/	/
	2月末 評専官チェック						
	3月末 確認完了月日	/	/	/	/	/	/
	3月末 評専官チェック						
	4月末 確認完了月日	/	/	/	/	/	/
	4月末 評専官チェック						
	5月末 確認完了月日	/	/	/	/	/	/
	5月末 評専官チェック						
	6月末 確認完了月日	/	/	/	/	/	/
	6月末 評専官チェック						
平の前協議資料の確認	9月末 確認完了月日	/	/	/	/	/	/
	9月末 評専官チェック						
	3月末 確認完了月日	/	/	/	/	/	/
	3月末 評専官チェック						
法規制情報の確認	9月末 確認完了月日	/	/	/	/	/	/
	9月末 評専官チェック						
	3月末 確認完了月日	/	/	/	/	/	/
	3月末 評専官チェック						
区画整理情報の整理・確認	9月末 確認完了月日	/	/	/	/	/	/
	9月末 評専官チェック						
	1月末 確認完了月日	/	/	/	/	/	/
	1月末 評専官チェック						
地域内状況	9月末 確認完了月日	/	/	/	/	/	/
	9月末 評専官チェック						
精通者意見価格等の収集							
メール送信（提出依頼）月日		/	/	/	/	/	/
メール受信（提出）月日		/	/	/	/	/	/
財産評価システム入力完了月日		/	/	/	/	/	/
データ補正完了月日		/	/	/	/	/	/
評専官チェック							
固定資産税評価額の収集							
メール送信（提出依頼）月日		/	/	/	/	/	/
メール受信（提出）月日		/	/	/	/	/	/
変更の有無確認月日（固定地域のみ）		/	/	/	/	/	/
財産評価システム入力完了月日		/	/	/	/	/	/
評専官チェック							

作業事務	担当地域担当者		担当地域担当者		担当地域担当者		担当地域担当者		担当地域担当者		担当地域担当者	
	月	日	月	日	月	日	月	日	月	日	月	日
最高地等の評定及び報告等												
報告資料作成開始月日	/		/		/		/		/		/	
報告資料完成月日	/		/		/		/		/		/	
決裁月日	/		/		/		/		/		/	
局報告月日	/		/		/		/		/		/	
評専官チェック												
標準地の評定(仲値・評価基準額)												
評定作業開始月日	/		/		/		/		/		/	
評定作業完了月日	/		/		/		/		/		/	
精通者意見価格等の見直し完了月日	/		/		/		/		/		/	
評専官チェック												
作業図の作成												
作業図完成月日	/		/		/		/		/		/	
評専官チェック												
路線価の評定(路線間の格差検討)												
評定作業開始月日	/		/		/		/		/		/	
評定作業完了月日	/		/		/		/		/		/	
財産評価システム入力完了月日	/		/		/		/		/		/	
評専官チェック												
倍率の評定												
評定作業開始月日	/		/		/		/		/		/	
評定作業完了月日	/		/		/		/		/		/	
財産評価システム入力完了月日	/		/		/		/		/		/	
評専官チェック												
借地権割合の評定												
評定作業開始月日	/		/		/		/		/		/	
評定作業完了月日	/		/		/		/		/		/	
財産評価システム入力完了月日	/		/		/		/		/		/	
評専官チェック												
隣接署間の権衡査案												
権衡査案開始月日	/		/		/		/		/		/	
権衡査案終了月日	/		/		/		/		/		/	
財産評価システム入力完了月日	/		/		/		/		/		/	
評専官チェック												
路線価及び倍率表のチェック												
一次　チェック開始月日	/		/		/		/		/		/	
チェック終了月日	/		/		/		/		/		/	
二次　チェック開始月日	/		/		/		/		/		/	
チェック終了月日	/		/		/		/		/		/	
三次　チェック開始月日	/		/		/		/		/		/	
チェック終了月日	/		/		/		/		/		/	
財産評価システム　チェック開始月日	/		/		/		/		/		/	
チェック終了月日	/		/		/		/		/		/	
財産評価システム入力完了月日	/		/		/		/		/		/	
評専官チェック												
路線価図・倍率表の局への報告												
局報告用路線価図(紙)の印刷月日	/		/		/		/		/		/	
局報告用路線価図(データ)の作成月日	/		/		/		/		/		/	
報告資料完成月日	/		/		/		/		/		/	
局送付月日	/		/		/		/		/		/	
評専官チェック												
標準地の選定及び整理												
選定(見直し)開始月日	/		/		/		/		/		/	
選定(見直し)終了月日	/		/		/		/		/		/	
評専官チェック												
財産評価システム年次更新作業												
作業開始月日	/		/		/		/		/		/	
作業完了月日	/		/		/		/		/		/	
評専官チェック												
評価事務の引継ぎ												
作業開始月日	/		/		/		/		/		/	
作業完了月日	/		/		/		/		/		/	
評専官チェック												

【共通(その他) 重要な事項に係る意思決定又は確認を行うための書類 第1年】

別紙2

評価事務進捗状況表（総括表）

部門長・評価専門官		確認者	副署長	確認印

1 現地踏査実施日数

日数＼月	7月	8月	9月	10月	11月	12月	1月	2月	3月	4月	5月	6月	年間合計
① 計画日数	日	日	日	日	日	日	日	日	日	日	日	日	日
② 実施日数	日	日	日	日	日	日	日	日	日	日	日	日	日
③ 累計日数	日	日	日	日	日	日	日	日	日	日	日	日	日
④ 計画割合（②/年間計画日数）	％	％	％	％	％	％	％	％	％	％	％	％	％
⑤ 累積達成割合（③/年間計画日数）	％	％	％	％	％	％	％	％	％	％	％	％	％

2 特定路線価及び個別評価処理状況

(単位：件)

区分＼月	7月	8月	9月	10月	11月	12月	1月	2月	3月	4月	5月	6月
① 前月繰越												
② 当月発生												
③ 当月処理												
④ 翌月繰越（①＋②－③）												

【共通・事務計画係】　事務計画及び実績把握係様式　平5年］

別紙3

評 価 事 務 進 捗 状 況 表

担当者
（担当区域）（　　　　）

確認者	評価専門官	識認印
確認印		

○ 現地踏査実施状況

(1) 現地踏査実施日数

月 日数	7月	8月	9月	10月	11月	12月	1月	2月	3月	4月	5月	6月
実 施 日 数	日	日	日	日	日	日	日	日	日	日	日	日
累 計 日 数	日	日	日	日	日	日	日	日	日	日	日	日

(2) 現地踏査実施内容

最先地 ・ ●●土地区画整理事業地 ・ 路線価図00001〜00003	7月	優先的
		計画的
	8月	優先的
		計画的
	9月	優先的
		計画的
	10月	優先的
		計画的
	11月	優先的
		計画的
	12月	優先的
		計画的
	1月	優先的
		計画的
	2月	優先的
		計画的
	3月	優先的
		計画的
	4月	優先的
		計画的
	5月	優先的
		計画的
	6月	優先的
		計画的

〔共通・事務計画及び実施関係書類　第5号〕

資料1　**299**

別紙4

平成31年分　鑑定評価員等・土地評価精通者の選任基準

1　統括鑑定評価員及び副統括鑑定評価員
　　次の公的土地評価の役職経験がある等、各都県内の地価事情に特に精通していると認められる者を選任する。
(1)　各都県内の地価公示における分科会幹事会の代表幹事
(2)　各都県内の都道府県地価調査における分科会幹事会の代表幹事
(3)　統括鑑定評価員、副統括鑑定評価員
(4)　その他の公的土地評価の役職

2　主幹鑑定評価員及び副主幹鑑定評価員
　　次の公的土地評価の役職経験がある等、各ブロック内の地価事情に特に精通していると認められる者を選任する。
(1)　各ブロック内の地価公示における分科会幹事
(2)　各ブロック内の都道府県地価調査における分科会幹事
(3)　主幹鑑定評価員、副主幹鑑定評価員
(4)　その他の公的土地評価の役職

3　鑑定評価員・土地評価精通者
(1)　宅地
　　次の上位の基準に該当する者から選任する。
イ　平成31年地価公示において、ブロック内を担当する分科会に所属する不動産鑑定士等
ロ　平成30年都道府県地価調査において、ブロック内を担当する分科会に所属する不動産鑑定士等
ハ　平成30基準年度の固定資産税評価において、ブロック内を担当した不動産鑑定士等
ニ　平成30年分の鑑定評価員
ホ　上記ニの他、過去において、上記イからハに掲げる公的土地評価の経験がある等、ブロック内の地価事情に精通していると認められる不動産鑑定士等
ヘ　次に掲げる者で、ブロック内の地価事情に精通していると認められる者
　(イ)　金融機関において不動産評価に関連する業務に従事する者
　(ロ)　不動産取引業者又は不動産取引業者に勤務する者
ト　平成30年分の土地評価精通者
チ　その他、ブロック内の宅地の地価事情に精通していると認められる者
(2)　大規模工場用地・ゴルフ場用地等
　　次の上位の基準に該当する者から選任する。
イ　大規模工場用地・ゴルフ場用地等の鑑定評価の実績等から、依頼地域の大規模工場用地・ゴルフ場用地等の地価事情に精通していると認められる不動産鑑定士等
ロ　次に掲げる者で、大規模工場用地・ゴルフ場用地等の地価事情に精通していると認められる者
　(イ)　金融機関において不動産評価に関連する業務に従事する者
　(ロ)　不動産取引業者又は不動産取引業者に勤務する者
ハ　その他、依頼地域の大規模工場用地・ゴルフ場用地等の地価事情に精通していると認められる者

(3) 純農地

次の上位の基準に該当する者から選任する。

イ 次に掲げる者で、ブロック内の純農地の地価事情に精通していると認められる者

(イ) 農業協同組合の役員

(ロ) 金融機関において不動産評価に関連する業務に従事する者

ロ ブロック内の純農地の地価事情に精通していると認められる農業経営者

ハ 上記(1)のイからホのいずれかに該当する不動産鑑定士等（該当者が複数の場合においては、イ、ロ、ハ、ニ、ホの順に選任する。）で、ブロック内の純農地の地価事情に精通していると認められる者

ニ 平成30年分の土地評価精通者で、ブロック内の純農地の地価事情に精通していると認められる者

ホ その他、ブロック内の純農地の地価事情に精通していると認められる者

(4) 中間農地

次の上位の基準に該当する者から選任する。

イ 上記(1)のイからホのいずれかに該当する不動産鑑定士等（該当者が複数の場合においては、イ、ロ、ハ、ニ、ホの順に選任する。）で、ブロック内の中間農地の地価事情に精通していると認められる者

ロ 次に掲げる者で、ブロック内の中間農地の地価事情に精通していると認められる者

(イ) 農業協同組合の役職員

(ロ) 金融機関において不動産評価に関連する業務に従事する者

ハ 平成30年分の土地評価精通者で、ブロック内の中間農地の地価事情に精通していると認められる者

ニ その他、ブロック内の中間農地の地価事情に精通していると認められる者

(5) 純山林

次の上位の基準に該当する者から選任する。

イ 次に掲げる者で、ブロック内の純山林の地価事情に精通していると認められる者

(イ) 森林組合の役職員

(ロ) 金融機関において不動産評価に関連する業務に従事する者

ロ ブロック内の純山林の地価事情に精通していると認められる林業経営者

ハ 上記(1)のイからホのいずれかに該当する不動産鑑定士等（該当者が複数の場合においては、イ、ロ、ハ、ニ、ホの順に選任する。）で、ブロック内の純山林の地価事情に精通していると認められる者

ニ 平成30年分の土地評価精通者で、ブロック内の純山林の地価事情に精通していると認められる者

ホ その他、ブロック内の純山林の地価事情に精通していると認められる者

(6) 中間山林

次の上位の基準に該当する者から選任する。

イ 上記(1)のイからホのいずれかに該当する不動産鑑定士等（該当者が複数の場合においては、イ、ロ、ハ、ニ、ホの順に選任する。）で、ブロック内の中間山林の地価事情に精通していると認められる者

ロ 次に掲げる者で、ブロック内の中間山林の地価事情に精通していると認められる者

(イ) 森林組合の役職員

(ロ) 金融機関において不動産評価に関連する業務に従事する者

ハ 平成30年分の土地評価精通者で、ブロック内の中間山林の地価事情に精通していると認められる者

ニ その他、ブロック内の中間山林の地価事情に精通していると認められる者

別紙5

鑑定評価員等・土地評価精通者選任判定表

●●署

1 選任する人数

鑑定評価員等	12人	理由	土地評価精通者の人数と同一とする。
土地評価精通者	12人	理由	担当地区を4つの地区に分け、各地区に3人ずつ割り当てる。

2 選任判定表

	不動産鑑定業者又は勤務先等	氏名	鑑定評価員担当（鑑定評価士）	鑑定歴評価歴等 [1][2][3]	非鑑定評価歴等 [1][2][3][4]	鑑定評価員（宅地 イ〜ト／大規模工場・ゴルフ場等／農林地／土地評価精通者 イ〜ト他）	固定3年間の鑑定実績	摘要	結果（鑑定評価員／精通者）	判定
1	A不動産鑑定士事務所	A山 春子	○	○ ○		○ ○ ○ ○	30件	平成30年地価公示分科会代表幹事 平成30年地価調査分科会代表幹事	○ ○	宅地、主幹（一般）
2	B不動産鑑定士事務所	B山 夏子	○	○ ○		○ ○ ○ ○	20件	平成30年地価調査分科会代表幹事 平成30年地価公示幹事	○ ○	樹林地、副主幹（一般）
3	(株)C不動産鑑定事務所	C山 秋子	○	○ ○		○ ○ ○	30件	平成30年地価公示幹事 大槻工事費の標準精算区	○ ○	宅地、幹部
4	D不動産鑑定士事務所	D山 冬子	○	○ ○		○ ○	20件	平成29年地価公示担当 ゴルフ場用地等の鑑定実績豊富	○ ○	宅地、大規模、宅地
5	E不動産鑑定士事務所	E山 一郎	○	○ ○		○ ○	30件	△△会等で退任	× ×	宅地、住宅、ゴルフ、農地
6	F不動産鑑定士事務所	F山 二郎	○	○ ○		○ ○	30件	□□等で退任	× ×	
7	G不動産鑑定士事務所	G山 三郎	○	○ ○		○ ○	30件	平成30年地価固定資産担当	○ ○	一般、宅地
8	H不動産鑑定士事務所	H山 四郎	○	○ ○		○ ○	30件	平成30年度路線価固定資産担当	○ ○	一般、宅地
9	I不動産鑑定士事務所	I山 大郎	○	○		○	30件	平成30年地価公示担当	○ ○	一般、宅地
10	J不動産鑑定士事務所	J山 七郎	○	○		○ ○	30件	平成30年地価調査担当	○ ○	一般、農地
11	K不動産鑑定士事務所	K山 八郎	○	○		○	20件	平成29年地価調査担当	○ ○	一般、宅地
12	L不動産鑑定士事務所	L山 九郎	○	○		○	30件	平成30年地価公示担当	○ ○	一般、山林
13	M不動産鑑定士事務所	M山 十郎	○	○		○	40件	平成29年地価調査担当	○ ○	一般、山林
14	N不動産鑑定士事務所	N山 十一郎	○	○		○	30件	平成29年地価調査担当	○ ○	一般
15	O不動産鑑定士事務所	O山 十二郎	○	○		○	20件	平成29年地価調査担当	× ×	

2　選任判定表

【課税（資産課税関係）財産評価基準書作成関係文書　第5年】

不動産鑑定業者又は勤務先等	氏名	届出(提出)書類受理（鑑定士）	結論判定評価員等 (1)(2)(3)(4)	主判定評価員等 (1)(2)(3)(4)	鑑定評価員・土地評価面積選定｜宅地								大規模工場・ゴルフ場				雑種地	山林他	市街化他	○○山他	イ他	最近3年間の鑑定実績	備考	結果 鑑定調査員	結果 和解調整員	判定
					イ	ロ	ハ	ニ	ホ	ヘ	ト	チ	イ	ロ	ハ	ニ									
16	P不動産鑑定士事務所	P山 五郎	○					○												30 件	平成27基準年度の想定実施担当	×	×	
17	Q不動産鑑定士事務所	Q山 十三郎	○					○												30 件	平成27年地価公示担当	×	×	
18	R不動産鑑定士事務所	R山 十四郎	○								○									30 件	関連する○○市○平成○地区の示を担当、当地域の地価事項に も精通	×	×	
19	S不動産鑑定士事務所	S山 十五郎	○								○									20 件	事業所所在地が当地域	×	×	
20	T不動産鑑定士事務所	T山 十七郎	○								○									10 件	居住地が当地域	×	×	
21	U不動産鑑定士事務所	U山 十五郎	○								○									10 件	当地域で鑑定実績あり	×	×	
22	V不動産鑑定士事務所	V山 十七郎	○																	5 件	県の意見を希望	×	×	
23																			件				
24																			件				
25																			件				
26																			件				
27																			件				
28																			件				
29																			件				
30																			件				
31																			件				
32																			件				
33																			件				
34																			件				
35																			件				

資料1　303

別紙6

ブロック　　　　　　　　　　　　　　　　　　　　　　　　　　　　　　　　　　印　評価専門官

鑑定評価員等及び土地評価精通者選任名簿

区分番号	精通者	鑑定士の登録番号	氏名又は名称	役職（主幹・議長／副主幹・副議長）	電話・副所属	契約者の屋号、名称又は氏名	代表者の役職名	代表者氏名	住所又は所在地	郵便番号	鑑定業先	鑑定業者登録番号	登録番号
1													
2													
3													
4													
5													
6													
7													
8													
9													
10													
11													
12													
13													
14													
15													
16													
17													
18													
19													
20													

評定17-1号

［5-3-0　報告関係書類　第5年］

ブロック

鑑定評価員等及び土地評価精通者選任名簿 [記載例]

否 評価臨専門員

番号	鑑定評価者	精通者	鑑定士の登録番号	氏名又は名称	役職 主幹・副主幹	役職 幹部・副幹部	契約者の屋号・名称又は氏名	代表者の役職名	代表者氏名	郵便番号	住所又は所在地	登録先	登録番号
1	1		9001	A山 一郎	主幹		株式会社A山鑑定	代表取締役	A山 一郎	000-0000	(事業所所在地を記載)	神奈川	801
2	1		9002	B山 二郎	主幹		株式会社A山鑑定	代表取締役	A山 一郎	000-0000	(事業所所在地を記載)	神奈川	801
3	1		9003	C山 三郎	副主幹		C山鑑定株式会社	代表取締役	C山 三郎	000-0000	(事業所所在地を記載)	神奈川	701
4		3	9003	C山 三郎			C山 三郎			000-0000	(個人の住所所在地を記載)		
5	2	2	9004	D山 四郎			D山四郎鑑定士事務所		D山 四郎	000-0000	(事業所所在地を記載)	千葉	601
6	2		9005	E山 五郎			D山四郎鑑定士事務所		D山 四郎	000-0000	(事業所所在地を記載)	千葉	601
7		3		E山 五郎			E山 五郎			000-0000	(個人の住所所在地を記載)		
8	1		9006	F山 六郎			株式会社○○鑑定 本店	代表取締役	F山 六郎	000-0000	(本店の所在地を記載)	国交	501
9	1		9007	G山 七郎			株式会社○○不動産鑑定事務所 神 岳川支店	支店長	G山 七郎	000-0000	(支店所所在地を記載)	国交	501
10		4		H信用金庫			H信用金庫	代表取締役	H山 八郎	000-0000	(事業所所在地を記載)		
11		4		I山 九郎			I信用金庫 △△支店	支店長	甲山 花子	000-0000	(支店の所在地を記載)		
12		5		J山 十郎			J山 十郎			000-0000	(個人の住所所在地を記載)		
13		6		K山 十一郎			○○村役場		甲山 十一郎				
14													
15													
16													
17													
18													
19													
20													

[共通 (報告関係)]　報告関係書類　第5年

評定17-1号

資料1　　**305**

鑑定評価員等及び土地評価精通者選任名簿の記載要領

1　「＿＿ブロック」欄

　　「＿＿ブロック」欄は、選任に係るブロックごと（都区内は区単位、島しょ地域は全域、山梨県は全県単位、その他の地域は税務署の管轄区域単位）に作成する。

2　「区分」欄

区分	契約形態	該当
1	鑑定業者（法人）が、鑑定業者（法人）として契約する場合	鑑定評価員等 土地評価精通者
2	鑑定業者（個人事業者）が、鑑定業者（個人事業者）として契約する場合 ※　選任する不動産鑑定士が非業主でない場合も含む。	鑑定評価員等 土地評価精通者
3	不動産鑑定士が、鑑定業者としてではなく個人として契約する場合	土地評価精通者
4	鑑定業者以外の法人（金融機関等）が、法人として契約する場合 ※　特定の役職の者を選任する場合及び法人自体を選任する場合のいずれも含む。	土地評価精通者
5	不動産鑑定士以外の個人が、個人として契約する場合	土地評価精通者
6	市町村に協力依頼する場合（報酬辞退）	土地評価精通者

（注）　鑑定評価員等と土地評価精通者とを兼任する者で、土地評価精通者が区分3となる者については、鑑定評価員等（区分1又は2）と土地評価精通者（区分3）について、それぞれ別の行に記載する（記載例の「C山　三郎」、「E山　五郎」）。

3　「鑑定評価員等及び土地評価精通者」欄

　　「鑑定士の登録番号」欄は、次のとおりとなる。

　(1)　区分1～3・・・不動産鑑定士の登録番号を転記

　(2)　区分4～6・・・空欄

4　「契約者」欄

　(1)　「契約者」欄の各欄については、区分に応じて、記載例を参照して記載する。

　(2)　「契約者の屋号、名称又は氏名」、「代表者の役職名」、「代表者氏名」欄については、代表権（対外的な契約権限）がある者を記載する。

　(3)　「鑑定業者登録」欄は、不動産鑑定業者の登録番号を転記する。「登録先」欄については、国土交通大臣登録の場合は「国交」とし、知事登録の場合は都県名を記載する。

　　　なお、登録番号のかっこ書き（登録の更新回数）については転記不要である。

別紙7

鑑定評価及び精通者意見提出（依頼）状況報告書

ブロック　　　　　　　　　　　　　　　　　　　　　　　　　　　　署評価専門官

鑑定評価員等及び土地評価精通者				契約者	鑑定評価					精通者意見価格等									地価公示地の借地権割合	飛高地等の評定理由書
区分		鑑定士の登録番号	氏名又は名称	契約者の番号、名称又は氏名	役職		地点数			地点数								合計		
番号	鑑定評価員 / 精通者				主幹等	統括等	一般	大規模工場	ゴルフ場等	宅地	田	畑	山林	大規模工場	ゴルフ場等					
1																	0		
2																	0		
3																	0		
4																	0		
5																	0		
6																	0		
7																	0		
8																	0		
9																	0		
10																	0		
11																	0		
12																	0		
13																	0		
14																	0		
15																	0		
16																	0		
17																	0		
18																	0		
19																	0		
20																	0		
21																	0		
22																	0		
23																	0		
24																	0		
25																	0		
26																	0		
27																	0		
28																	0		
29																	0		
30																	0		
合計					0	0	0	0		0	0	0	0	0	0		0	0	0

※　「番号」欄から「役職」欄までは、「鑑定評価員等及び土地評価精通者選任名簿」から転記する。

評定17-3号　　　　　　　　　　　　　〔共通（報告関係）　報告関係書類　事5年〕

資料1　**307**

別紙8

平成　事務年度　路線価等によらない申告等案の整理簿案処理状況連絡せん

平成　年　月　日　税務署

税目 登載年月日	被相続人（受贈者）課税時期	申告等区分 提出年月日	評価の態様	不動産鑑定業者名 担当鑑定士名	審査区分	交付年月日 調査担当者	①申告等の評価額 ②処理額 ③差額（②-①）	対象不動産の処理結果 処理年月日	備考	連絡年月日
相続税 贈与税	（　-　）	申告 更正の請求 その他	鑑定評価 業者査定 売却価額 改正通達 その他		実地調査 実調以外 行政指導 省略 非課税		① 千円 ② ③	認 否 答 認	乖離率 開差額 ％ 千円	発生連絡せん 鑑定要望連絡 処理状況連絡せん
相続税 贈与税	（　-　）	申告 更正の請求 その他	鑑定評価 業者査定 売却価額 改正通達 その他		実地調査 実調以外 行政指導 省略 非課税		① 千円 ② ③	認 否 答 認	乖離率 開差額 ％ 千円	発生連絡せん 鑑定要望連絡 処理状況連絡せん
相続税 贈与税	（　-　）	申告 更正の請求 その他	鑑定評価 業者査定 売却価額 改正通達 その他		実地調査 実調以外 行政指導 省略 非課税		① 千円 ② ③	認 否 答 認	乖離率 開差額 ％ 千円	発生連絡せん 鑑定要望連絡 処理状況連絡せん
相続税 贈与税	（　-　）	申告 更正の請求 その他	鑑定評価 業者査定 売却価額 改正通達 その他		実地調査 実調以外 行政指導 省略 非課税		① 千円 ② ③	認 否 答 認	乖離率 開差額 ％ 千円	発生連絡せん 鑑定要望連絡 処理状況連絡せん
相続税 贈与税	（　-　）	申告 更正の請求 その他	鑑定評価 業者査定 売却価額 改正通達 その他		実地調査 実調以外 行政指導 省略 非課税		① 千円 ② ③	認 否 答 認	乖離率 開差額 ％ 千円	発生連絡せん 鑑定要望連絡 処理状況連絡せん

(注)　1　「税目」、「申告等区分」、「評価の態様」及び「審査区分」欄は、該当する事項を○で囲む。
2　「登載年月日」欄は、当該事案の発生を把握し整理簿に登載した日付を記載する。
3　「①申告等の評価額」及び「②処理額」の各欄は、対象不動産に係る評価額（複数の不動産がある場合にはその合計額）を記載する。
4　「対象不動産の処理結果」欄は、「③差額」欄の金額が零等又は負数の場合には「認容」、正数の場合には「否認」、をつで囲む。

〔共通（届出・整理簿等）　一般事務整理簿　事務5年〕

評附3-2号

別紙9

路線価等によらない申告事案等の整理簿（総括表）

[相続税・贈与税]　　税務署

平成　　年度　事務年度

月	総括官認印（毎月5日まで）	①前月繰越 件数	②発生 件数	③処理 件数	処理の内訳 認容	処理の内訳 否認	④差引件数（①+②-③）	備考
7月		件	件	件	件	件	件	
8月		件	件	件	件	件	件	
9月		件	件	件	件	件	件	
10月		件	件	件	件	件	件	
11月		件	件	件	件	件	件	
12月		件	件	件	件	件	件	
1月		件	件	件	件	件	件	
2月		件	件	件	件	件	件	
3月		件	件	件	件	件	件	
4月		件	件	件	件	件	件	
5月		件	件	件	件	件	件	
6月		件	件	件	件	件	件	
累計				件	件	件	件	

（注）
1　右上の「[相続税・贈与税]」には、該当する税目を○で囲み、税目別ごとに作成する。
2　各欄の件数は、被相続人又は受贈者ごとに記載する。
3　各欄の路線価は、更正の路線改事業の件数を記載する。
4　「②発生件数」欄は、路線価等によらない申告事案等の整理際後処理状況連絡せん」に登載した件を基に月をカウントする。
5　「処理の内訳」欄の「認容」及び「否認」の件数は、様式42「路線価等によらない申告事案等の整理際後処理状況連絡せん」の「対象不動産の処理結果」欄の「認容」又は「否認」の件数をそれぞれカウントする。

[共通（届出・整理済等）]　一般平務整理簿（前・平5年）

評定18号

資料1　**309**

別紙10

路線価等によらない申告等事案の発生連絡せん

東京国税局						税務署
資産評価官（審査指導係）		平成　　年　　月　　日			資産課税部門	
御中		次のとおり連絡する			（総括）統括国税調査官	

税　目	相続税　・　贈与税	名簿番号		課税時期　平成　　年　　月　　日
被相続人　氏名			職業	
受贈者　納税地				
関与税理士　氏名			所在地	
申告区分	申告　・　更正の請求　・　嘆願		提出年月日　平成　　年　　月　　日	

評価の態様	1　鑑定評価額 （業者名称：　　　　　　　　　　　　） （業者所在地：　　　　　　　　　　　） （担当鑑定士：　　　　　　　　　　　） 2　売却価額 （譲渡年月日：　平成　　年　　月　　日） 3　業者査定 （業者名等：　　　　　　　　　　　　　） 4　その他

①	所在及び地番 （住居表示）	（　　　　　　　　）	（　　　　　　　　）	
②	地　　目			
③	地　　積	㎡	㎡	
④	利用区分			
1㎡当たり	⑤　申告等の価額	円		
	⑥　正面路線価	円	円	
	⑦　申告等の価額	円		
総額	⑧　相続税評価額	円	円	
	⑨　差　引 （⑦－⑧）	円	円	
	参考事項			

(注)　1.　「④利用区分」は、自用地、貸宅地、借地権、貸家建付地等の区分を記載する。
　　　2.　「⑧相続税評価額」は、財産評価基本通達に基づいて計算した価額を記載する。
　　　3.　「⑦申告等の価額」は、小規模宅地等の特例適用前の価額を記載する。

添付書類
　☐　鑑定評価書写し　・　売買契約書写し　・　業者査定書写し等
　☐　土地評価明細書
　☐　該当する路線価図及び住宅地図

評陆3-1号

〔共通（報告関係）　報告関係書類　邪5年〕

別紙11

財産評価に関する照会等事績票

＿＿＿＿＿署

	年 月 日	署 長	副 署 長	特 官	総括統括官	審 理 担 当
起 案	・ ・					
決 裁	・ ・					

税 目	相続・贈与・その他	調 査 区 分	実調・事後・更正請求・他		更 正 見 込	有 ・ 無

整理番号	－	課 税 時 期	・ ・	被相続人 受 贈 者		調査着手日	・ ・

照会等内容（箇記）　　〇〇〇について（評基通〇〇）

【事実関係】

【納税者主張】

【署処理案】

【審理専門官処理案】

添付書類
□争点整理表　　□相続税等申告書写し　　□争点部分の評価明細書　　□その他関係書類

〔共通（その他）　簡易な事項に係る意思決定又は確認を行うための書類　非1年〕

資料1　**311**

別紙12

第　　号
平成　年　月　日

東京■税局長　殿

税務署長

財産評価基本通達第5項又は第6項に該当すると見込まれる財産の報告書

税　目	相続税・贈与税・(　　)		課税時期	年　月　日（相続等年月日：　年　月　日）	
被相続人 （受贈者）	氏　名			職　業	
	住　所				
財産の種類	土地等　・　家屋　・　株式等　・　公社債　・　その他（　　　　　　　　）				
財産の所在地・名称等					

該　当　見　込　財　産　の　詳　細　及　び　事　案　の　概　要

〔財産評価基本通達　第5項　・　第6項　に該当見込〕

報　告　ま　で　の　調　査　等　に　よ　り　把　握　し　た　事　実　の　詳　細

評価通達にその財産の評価方法に係る定めがないもので評価することが困難な理由
又は評価通達の定めにより評価することが著しく不適当と認められる特別の事情

〔添付書類〕
(1)　「相続税申告相談・申告審理事績書兼非課税省略決議書」又は「平成　年分贈与税申告相談及び
　　申告審理事績書」（写し）
(2)　相続税の申告書又は贈与税の申告書（写し）
(3)　該当見込財産に係る評価明細書、契約書等の関係書類（その財産の内容を紹介したパンフレット
　　等の参考資料を含む。）一式
(4)　その他（　　　　　　　　　　　　　　　　　　　　　　　　　　　　　　　　　　　）

評　随	1

〔共通（報告関係）　報告関係書類　報告関係決裁文書　事5年〕

別紙13

評価通達第5項チェックシート

1 事案に関する事項

税 目		
被相続人（受贈者）		
	氏 名	
	住 所	
	職 業	
	年 齢	歳
課税時期	平成　年　月　日	申告等年月日　平成　年　月　日

2 財産に関する事項

財産の種類	大分類		小分類	
財産の所在				
名称等(銘柄、商品名等)				

3 判断

(1)	「評価通達に定めのない財産」に該当するかどうか			
(2)	「個別の法令解釈通達や情報で評価方法が明らかにされているもの」で、これに準拠して処理可能な事案		準拠する通達等	
(3)	「判例等により先例として示されているもの」で、これに準拠して処理可能な事案		準拠する判例等	
(4)	(2)又は(3)に該当するが、評価方法等について特に検討を要すると認められる特別の事情がある事案		検討を要する特別の事情	
(5)	評価通達等のうち、当該財産に最も適合する財産の評価方法			
		左の評価通達等に準じる理由		

資料1　　**313**

<u>評価通達第5項チェックシートの記載要領</u>

1　事案に関する事項
　　事案に関する事項を記載する。

2　財産に関する事項
　(1)　財産の種類の「大分類」欄は、土地等、家屋、動産、無体財産権、株式、出資、公社債、その他の
　　金融商品、信託受益権などの財産の種類を記載(リストボックスから選択又は直接入力)する。

　(2)　財産の種類の「小分類」欄は、財産の種類に応じ、評価通達の定め等に基づき、例えば、次のとお
　　り記載する。
　　　・　土地等:宅地、農地、山林、雑種地、借地権、貸宅地　など
　　　・　家屋:貸家、建築中の家屋　など
　　　・　動産:一般動産、書画骨とう、船舶　など
　　　・　無体財産権:特許権、著作権、営業権　など
　　　・　株式:上場株式、取引相場のない株式、配当期待権　など
　　　・　出資:持分会社の出資、医療法人の出資、農業協同組合等の出資、企業組合の出資　など
　　　・　公社債:利付公社債、割引発行の公社債、転換社債型新株予約権付社債、仕組債　など
　　　(注)更に詳しい商品名などについては、下欄の「名称等(銘柄、商品名等)」に入力する。

・3　判断
　(1)~(4)
　　　・　該当か非該当かを記載(リストボックスから選択)する。
　　　・　(2)又は(3)に該当する場合には、右の欄に準拠するものを記載する。
　　　・　(4)に該当する場合には、右の欄に特に検討を要すると判断した具体的な理由を記載する。

　(5)　評価通達等のうち,当該財産に最も適合する財産の評価方法
　　　・　左の欄には、例えば、「評価通達●」、「平成●年資産評価企画官情報●号」などと記載する。
　　　・　右の欄には、当該財産の性質等に照らして左の欄の評価通達の定め等に準じることが相当
　　　　であると判断した具体的な理由を記載する。
　　　　(注)理由が書ききれない場合は、理由を記載した適宜の様式を添付することにより、当該欄の
　　　　記載を「別添資料参照」など省略して差し支えない。

別紙14

評価通達第6項チェックシート

1 事案に関する事項

税 目		
被相続人（受贈者）		
	氏 名	
	住 所	
	職 業	
	年 齢	歳
課税時期	平成　年　月　日	申告等年月日　平成　年　月　日

2 財産に関する事項

財産の種類	大分類		小分類	
財産の所在				
名称等(銘柄、商品名等)				
関係通達		評価通達に定められた評価方法による評価額(A)		円

3 判断

(1) 「この通達の定めによって評価することが著しく不適当である」かどうか

① 評価通達に定められた評価方法を形式的に適用することの合理性が欠如しているか

② 評価通達に定められた評価方法以外に、他の合理的な評価方法が存在するか

③ 評価通達に定められた評価方法による評価額と他の合理的な評価方法による評価額との間に著しい乖離が存在するか

評価通達に定められた評価方法による評価額と(6)の評価方法による評価額との乖離額(B)　(B-A)		円	(B-A)/B

④ 上記のほか、第6項を適用すべき特別な事情があるか

(2) 地価の大幅な下落その他路線価等に反映されない事情が存することから、路線価等を基として評価通達の定めに従って評価することが適当ではないと認められる土地等に係る事案

(3)	「個別の法令解釈通達で評価方法が明らかにされているもの」で、これに準拠して処理可能な事案	準拠する通達等	
(4)	「判例等により先例として示されているもの」で、これに準拠して処理可能な事案	準拠する判例等	
(5)	(2)ないし(4)のいずれかに該当するが、評価方法等について特に検討を要すると認められる特別の事情がある事案	検討を要する特別の事情	

(6) 当該財産に最も適合する評価方法

具体的内容等

当該評価方法による評価額(B)		円

(7) 「相続税法64条((同族会社等の行為又は計算の否認等))」等の法令の適用の余地について検討を行ったか

（検討を行った場合の法令等）

資料1　　**315**

評価通達第6項チェックシートの記載要領

1　事案に関する事項
　　事案に関する事項を記載する。

2　財産に関する事項
　(1)　財産の種類の「大分類」欄は、土地等、家屋、動産、無体財産権、株式、出資、公社債、その他の
　　　金融商品、信託受益権などの財産の種類を記載（リストボックスから選択又は直接入力）する。

　(2)　財産の種類の「小分類」欄は、財産の種類に応じ、評価通達の定め等に基づき、例えば、次のとお
　　　り記載する。
　　　・　土地等：宅地、農地、山林、雑種地、借地権、貸宅地　など
　　　・　家屋：貸家、建築中の家屋　など
　　　・　動産：一般動産、書画骨とう、船舶　など
　　　・　無体財産権：特許権、著作権、営業権　など
　　　・　株式：上場株式、取引相場のない株式、配当期待権　など
　　　・　出資：持分会社の出資、医療法人の出資、農業協同組合等の出資、企業組合の出資　など
　　　・　公社債：利付公社債、割引発行の公社債、転換社債型新株予約権付社債、仕組債　など
　　　（注）更に詳しい商品名などについては、下欄の「名称等（銘柄、商品名等）」に入力する。

　(3)　「関係通達」欄には、当該財産の種類に係る評価通達の定め（通達項番）を記載する（例えば、小
　　　分類が定期借地権等の目的となっている「貸宅地」の場合、「評価通達25、27−2」と記載）。

3　判断
　(1)　「この通達の定めによって評価することが著しく不適当である」かどうか
　　　・　該当か非該当かを記載（リストボックスから選択）する。
　　　・　第6項に該当するかどうかは、チェックシートの①ないし③などを総合的に勘案して判断する
　　　　　ので、①ないし③の全てについて判定する必要があることに留意する。
　　　・　③の「評価通達に定められた評価方法による評価額と(6)の評価方法による評価額との乖離額
　　　　　（率）」欄は、2の「評価通達に定められた評価方法による評価額（A）」欄と(6)の「当該評価方法
　　　　　による評価額（B）」欄を入力すると、自動計算される。
　　　・　①ないし③のほかに、当該事案について第6項を適用すべき特別な事情がある場合には、④
　　　　　欄に記載する。

　(2)〜(5)
　　　・　該当か非該当かを記載（リストボックスから選択）する。
　　　・　(3)又は(4)に該当する場合には、右の欄に準拠するものを記載する。
　　　・　(5)に該当する場合には、右の欄に特に検討を要すると判断した具体的な理由を記載する。

　(6)　当該財産に最も適合する評価方法
　　　・　左の欄には、評価通達の定めに代えて当該財産に最も適合すると考えられる評価方法を記
　　　　　載する。
　　　・　右の欄には、当該財産の性質等に照らして左の欄の評価方法により評価することが相当であ
　　　　　ると判断した具体的な理由を記載する。
　　　（注）理由等が書ききれない場合は、理由等を記載した適宜の様式を添付することにより、各欄
　　　　　の記載を「別添資料参照」など省略して差し支えない。

　(7)　評価通達第6項の適用の検討のほか、他の法令の適用によるべきか否かの検討を行った場合は
　　　該当と記載（リストボックスから選択）し、法令等を記載する。

別紙15

書画骨とう品・著作権の申告事案等連絡せん

東京国税局 資産評価官（審査指導係） 御中	平成　年　月　日 次のとおり連絡する。		税務署 資産課税部門 （総括）統括国税調査官	
税　目	相続税・贈与税	課税時期	平成　年　月　日	処理区分	実施調査・等庁処理 省略・（　　　）

被相続人 受贈者等	氏　名			職　業	
	納税地			関　与 税理士	

評価額等	書画骨 とう品	点　数	点	鑑定人等		
		評価額 （総額）	円	最高価額 最低価額	円 　　　円	
	著作権	種　類		評価 倍率等	・	印税収入期間 　　　年
		評価額	円	年平均　印税 収入の額		円
	前3年の 印税収入	平成　年	円	平成　年	円	平成　年　　　円

送付書類	共 通	□	相続税の申告書 　〔第1表、同（続）、第2表、第11表（該当部分）、第15表〕
		□	相続税申告相談・申告審理事績書兼　非課税　決議書 　　　　　　　　　　　　　　　　　　省　略
		□	平成　年分贈与税の申告書
		□	年分贈与税申告相談及び申告審理事績書
	書 画 骨 と う 品	□	評価明細書（鑑定書等）
		□	写真
		□	縦・横サイズの分かるもの
		□	その他参考となる資料（経歴書等）
	著 作 権	□	所得税の確定申告書、所得の内訳書、支払調書等 　（課税時期の属する年及びその前年以前3年間）
		□	評価明細書（印税収入期間に係る意見書等）
		□	著作権照会書（回答）
		□	その他参考となる資料（経歴書等）

評随3-3号

〔共通（その他）軽易な事項に係る意思決定又は確認を行うための書類　事1年〕

資料2　*317*

【資料２】

ホーム／国税庁等について／組織（国税局・税務署等）／札幌国税局／文書回答事例／グループ法人税制における譲渡損益の実現事由について

（別紙）

グループ法人税制における譲渡損益の実現事由について

　下記の事実関係において、譲渡損益調整資産たる有価証券を発行する法人の適格合併による解散が譲渡法人の法人税法第61条の13第２項（完全支配関係がある法人の間の取引の損益）に規定される譲渡損益調整資産に係る譲渡利益額の益金算入事由である「譲渡、償却、評価換え、貸倒れ、除却その他の政令で定める事由」に該当するか否かにつき照会したく、宜しく御願い申し上げます。

1　事前照会に係る取引等の事実関係

　本件照会の前提となる事実関係は、次のとおりである。

⑴　子会社Ｂ社株式の譲渡及び譲渡損益の繰延処理

　　当社は、100％子会社であるＢ社の株式を100％親会社であるＣ社（譲受法人）に譲渡した。その際、Ｂ社株式についての譲渡利益額（以下「Ｂ社株式譲渡益」とする。）が発生したが、法人税法第61条の13第１項の規定に基づきＢ社株式譲渡益に相当する金額を、その譲渡を行った事業年度の損金の額に算入する、いわゆる譲渡損益の繰延処理を行っている。

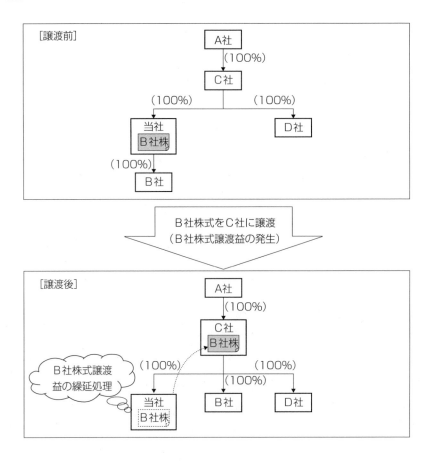

(2) C社事業の一部を適格分割（無対価）によりA社へ引継ぎ

　その後、上記(1)のB社株式（譲渡損益調整資産）の譲渡に係る譲受法人であるC社は、その保有する当社株式、B社株式及びD社株式の全てを適格分割（無対価）によりA社に移転した。

　このC社からA社へのB社株式の移転は、B社株式の譲渡に係る譲受法人であるC社から、C社との間に完全支配関係のあるA社への譲渡損益調整資産（B社株式）の適格分割による移転に該当することから、法人税法第61条の13第2項によるB社株式譲渡益に相当する金額の益金算入をする必要はなく（法令122の14④、法61の13⑥）、A社をB社株式の譲渡に係る譲受法人とみなした上で、上記(1)

によるＢ社株式譲渡益に係る譲渡損益繰延処理を当社において継続している（法61の13⑥）。

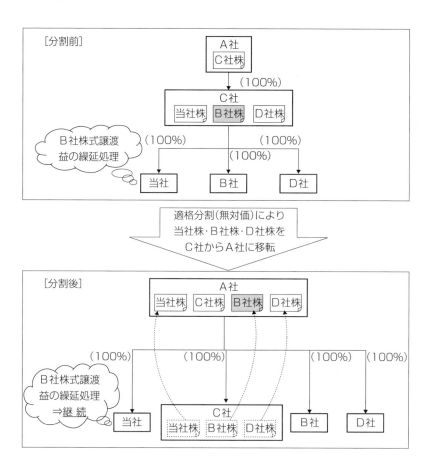

(3) 適格合併によるＢ社の消滅

今後、Ｄ社を合併法人とし、Ｂ社を被合併法人とする適格合併（無対価）を行うことを予定している。

この合併により、Ｂ社の資産及び負債並びに権利及び義務はＤ社に包括的に引き継がれ、Ｂ社及びＤ社の100％親会社であるＡ社においては、Ｂ社株式の合併による消滅に伴いＢ社株式の帳簿価額をＤ社株式の帳簿価額に加算する調整を行

うこととなる（法令119の3⑩、119の4①）。

2　照会の要旨

上記1(3)の適格合併を行った場合、当社の所得の金額の計算においては、法人税法第61条の13第2項により、B社株式譲渡益の繰延処理を終了して、このB社株式譲渡益に相当する金額を益金算入することとなると解して差し支えないか。

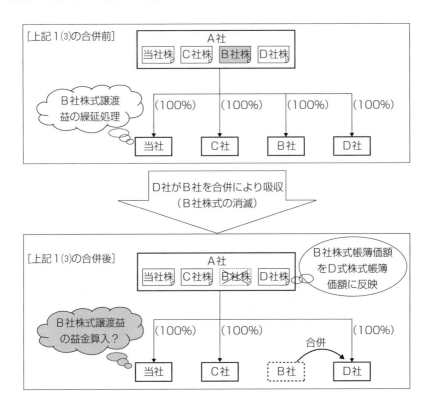

[参考]

上記1(2)の適格分割の場合、完全支配関係のある法人間での適格分割により譲渡損益調整資産（B社株式）がA社に移転したことから、B社株式譲渡益の繰延処理を継続することとなると認識している。

その一方で、上記1(3)の適格合併も、完全支配関係のある法人間での適格合併

資料2　*321*

であり、譲渡損益調整資産（B社株式）は消滅するものの、その帳簿価額は合併法人の株式（D社株式）の帳簿価額に反映されることから、A社においてD社株式に繰延処理を終了する一定の事由（法令122の14④）が生じるまでは、上記1⑵の適格分割の場合と同様に繰延処理を継続することとなるのではないかとの疑問が生じたため、念のため今回の照会により確認を行うこととしたところである。

3　事前照会者の求める見解の内容及びその理由

⑴　譲渡損益の繰延処理

　　内国法人がその有する譲渡損益調整資産を完全支配関係のある他の内国法人（以下「譲受法人」という。）に譲渡した場合には、その譲渡損益調整資産に係る譲渡利益額（又は譲渡損失額）に相当する金額は、その譲渡した事業年度の所得の金額の計算上、損金の額（又は益金の額）に算入される。

　　この損金の額（又は益金の額）への算入により、譲渡損益調整資産に係る譲渡利益額（又は譲渡損失額）は、譲渡の時点では計上せず繰り延べることとなる（以下「譲渡損益の繰延処理」という。）。

⑵　繰り延べた譲渡損益の実現

　　内国法人が譲渡損益の繰延処理を行っている場合に、譲受法人において繰延処理の対象となっている譲渡損益調整資産の譲渡、償却、評価換え、貸倒れ、除却その他一定の事由（以下「譲渡損益の実現事由」という。）が生じたときは、その譲渡損益調整資産に係る譲渡利益額（又は譲渡損失額）に相当する金額は、その内国法人の所得の金額の計算上、益金の額（又は損金の額）に算入される（法61の13②）。

　　この益金の額（又は損金の額）への算入により、上記⑴で繰り延べた譲渡損益調整資産に係る譲渡利益額（又は譲渡損失額）を実現させることとなる。

　　ところで、法人税法第61条の2第2項では、内国法人が、その有する株式の発行法人を被合併法人とする適格合併（無対価）が行われたことにより、その株式を有しないこととなった場合には、その適格合併の直前の帳簿価額によりその株式を譲渡したものとして有価証券の譲渡損益を計算するものと規定されている。当該規定から明らかなように、法人税法上、適格合併による被合併法人発行の株式の消滅は同株式の「譲渡」に該当することから、法人税法第61条の13第2項の適用に当たっても譲渡損益の実現事由が生じていることとなる。

　　ただし、譲受法人が、完全支配関係のある法人との間で、適格合併、適格分割、適格現物出資又は適格現物分配（以下「適格合併等」という。）により、合併

法人、分割承継法人、被現物出資法人又は被現物分配法人（以下「合併法人等」という。）へ譲渡損益調整資産を移転している場合には、譲渡損益の実現事由は生じていないこととされる特例措置（以下「特例措置」という。）が設けられている（法令122の14④、法61の13⑥）。

(3)　本件への当てはめ

　　上記1(3)の適格合併（以下「本件合併」という。）は、内国法人（A社）が有する株式（B社株式）を譲渡損益調整資産とする譲渡損益の繰延処理を行っている場合において、その株式（B社株式）の発行法人（B社）を被合併法人とする適格合併（無対価）が行われた場合に該当する。そうすると、上記(2)のとおり、法人税法上、適格合併（無対価）による被合併法人発行の株式の消滅は「譲渡」に該当することから、本件合併によるA社が有する譲渡損益調整資産（B社株式）の消滅は法人税法第61条の13第2項の適用に当たり、譲渡損益の実現事由に該当するものと思料する。

　　その一方で、本件合併は、完全支配関係のある法人間での適格合併であり、譲渡損益調整資産（B社株式）は消滅するものの、その帳簿価額は合併法人の株式（D社株式）の帳簿価額に反映された上で、その合併法人の株式（D社株式）を譲受法人（A社）が継続して保有することからすれば、譲渡損益の実現事由が生じていないと解することとなるのではないかとも考えられる。

　　しかしながら、上記(2)のただし書きに記載した特例措置は、適格合併等により譲渡損益調整資産が被合併法人等である譲受法人から合併法人等に移転している場合に適用されるものであるところ、本件合併はB社とD社との間で行われ、この合併によりB社株式は消滅してしまうこととなる。

　　結果として、本件合併の場合、被合併法人は譲受法人であるA社ではなくB社であり、また、B社株式（譲渡損益調整資産）が合併法人（D社）に移転することもないことから、特例措置は適用されないこととなる。

伊藤 俊一（いとう しゅんいち）

1978年（昭和53年）愛知県生まれ。

愛知県立旭丘高校卒業後、慶應義塾大学文学部入学。その後、身内の相続問題に直面し、一念奮起し税理士を志す。税理士試験5科目試験合格。一橋大学大学院国際企業戦略研究科経営法務専攻修士課程修了現在、同博士課程（専攻：租税法、研究分野：エンプティ・ボーディング）在学中。慶應義塾大学「租税に関する訴訟の補佐人制度大学院特設講座」修了。都内コンサルティング会社にて某メガバンク本店案件に係る、事業再生、事業承継、資本政策、相続税等のあらゆる税分野を担当。特に、事業承継・少数株主からの株式集約（中小企業の資本政策）・相続税・地主様の土地有効活用コンサルティングは勤務時代から通算すると数百件のスキーム立案実行を経験しており、同業士業からの御相談件数は20,000件（令和元年7月1日現在、税理士・公認会計士・弁護士・司法書士等からの御相談業務）を超えており、豊富な経験と実績を有する。

　・厚生労働省ファイナンシャル・プランニング技能検定（国家資格）試験委員
　・認定経営革新等支援機関

【所属学会】
　・税務会計研究学会所属
　・信託法学会所属

【執筆実績】
　ロギカ書房『Q&A 非上場株式の評価と戦略的活用スキーム』
　ロギカ書房『みなし贈与のすべて』
　第一法規「エンプティ・ボーティングにおける共益権の租税法上の評価」（税務会計研究〈第30号〉税務会計研究のダイナミズム─直面する課題と展望）」
　税務弘報平成30年年4月号「事業承継税制　平成30年度改正の使い勝手のホントのトコロ」
　税経通信平成28年10月号「「種類株式」と「民事信託の活用」自社株承継スキームへの当てはめに係る留意点」
　日本経済新聞朝刊平成25年12月25日21面「マネー＆インベストメント」にインタビュー記事が掲載　他多数
　東京税理士会等セミナー件数は年間約150本を超える。

伊藤俊一税理士事務所・合同会社伊藤俊一租税法研究所

　弊事務所は資産家・中小企業オーナー様の資産承継、事業承継・資本政策・M&A等のコンサルティングサービスを提供することそのものを目的とした、新業態の会計事務所です。
　弊所のホームページ
　http://www.tokyo-zeirishi-ito.com/
　セミナー案内はこちら
　http://www.tokyo-zeirishi-ito.com/seminar.html
　メーリングリスト「コンサル質問会」はこちら
　http://inspireconsulting.co.jp/lp/consulting-question/

Q&A

中小企業のための資本戦略と実践的活用スキーム

組織再編成・スクイーズアウト・税務上適正評価額

発 行 日　2019 年11月15日

著　　者　伊藤 俊一

発 行 者　橋詰 守

発 行 所　株式会社 ロギカ書房
　　　　　〒 101-0052
　　　　　東京都千代田区神田小川町 2 丁目 8 番地
　　　　　進盛ビル 303 号
　　　　　Tel 03（5244）5143
　　　　　Fax 03（5244）5144
　　　　　http://logicashobo.co.jp/

印刷・製本　藤原印刷株式会社

定価はカバーに表示してあります。
乱丁・落丁のものはお取り替え致します。
©2019　Shunichi Ito
Printed in Japan
978-4-909090-33-1　C2034